涂西畴文集

涂西畴 著

吴 波 巫培云 姜莉芳 兰 燕 常 琳 李晗枫 整理

湖南大学出版社 · 长沙

图书在版编目（CIP）数据

涂西畴文集/涂西畴著；吴波等整理. —长沙：湖南大学出版社，2023.4
（千年学府文库）
ISBN 978-7-5667-2778-7

Ⅰ.①涂…　Ⅱ.①涂…②吴…　Ⅲ.①社会科学—文集　Ⅳ.①C53

中国版本图书馆 CIP 数据核字（2022）第 246525 号

涂西畴文集
TU XICHOU WENJI

著　　者：涂西畴
整　　理：吴　波　巫培云　姜莉芳　兰　燕　常　琳　李晗枫
责任编辑：王桂贞
印　　装：长沙超峰印刷有限公司
开　　本：787 mm×1092 mm　1/16　印　　张：16.75　字　　数：319 千字
版　　次：2023 年 4 月第 1 版　　印　　次：2023 年 4 月第 1 次印刷
书　　号：ISBN 978-7-5667-2778-7
定　　价：98.00 元

出 版 人：李文邦
出版发行：湖南大学出版社
社　　址：湖南·长沙·岳麓山　　　邮　　编：410082
电　　话：0731-88822559（营销部），88821327（编辑室），88821006（出版部）
传　　真：0731-88822264（总编室）
网　　址：http://www.hnupress.com
电子邮箱：wanguia@126.com

ISBN 978-7-5667-2778-7

9 787566 727787 >

《千年学府文库》编辑出版领导小组

组　长：邓　卫　段献忠

成　员：曹升元　陈　伟　谢　赤
　　　　于祥成　谭蔚泓　徐国正
　　　　李树涛　蒋健晖　汪卫斌

出版说明

　　湖南大学历史上承岳麓书院，书院肇建于公元九七六年，为我国古代四大书院之一，历经宋、元、明、清，朝代更迭，学脉绵延，弦歌不绝。一九〇三年，书院改制为湖南高等学堂。清末民初，学制迭经变迁，黉宫数度更易。一九二六年定名为湖南大学，一九三七年改归国立。一九五三年全国高校院系调整，学校更名为中南土木建筑学院，一九五九年恢复湖南大学校名。岳麓书院享有千年学府之盛誉，承载着我国教育的发展历程和厚重的文化积淀，是中国教育史、学术史、思想史、文化史的一个缩影。

　　惟楚有材，于斯为盛。从岳麓书院到湖南大学，一批批学者先贤在此教书育人、著书立说，人才之盛、达成之功，史有明征，班班可考。为表彰前贤之述作，昭示后生以轨节，开启学海津梁，沟通中西文明，弘扬大学之道，传承中华文化，值此岳麓书院创建一千零四十周年暨湖南大学定名九十周年华诞之际，中共湖南大学委员会、湖南大学决定编纂出版"千年学府文库"。兹谨述编纂原则如次：

　　一、以"成就人才，传道济民"为主线，以全面呈现千年学府发展历程、办学模式、师生成就、学术贡献为目标，收录反映千年学府学制变迁与文化传承的学术著述。

　　二、选录人物系湖南大学及前岳麓书院、时务学堂、湖南高等学堂、高等实业学堂、优级师范学堂、高等师范学校、公立工业专门学校、法政专门学校、商业专门学校、国立商学院、国立师范学院、省立克强学院、私立民国大学、省立音乐专科学校、中南土木建筑学院、湖南工学院、湖南财经学院之卓有成效并具有重要影响之师生员工。已刊者选印，未刻者征求，切忌贪多，惟期有用。

三、收录文献，上起九七六年，下讫一九七六年，既合千年之数，更以人事皆需论定。

四、收录文献，以学术著述、校史文献、诗文日记为主，旁及其他，力求精当，不务恢张。

五、收录文献，有原刻者求原刻影印，无原刻者求善本精印，无善本者由本校校印。排版形式根据著述年代而定，古代著作采用繁体竖排；一九一九年至中华人民共和国成立前，原则上简体横排，根据版本情况，亦可用繁体竖排，规范标点；中华人民共和国成立后的著作，用简体横排。

六、文献整理，只根据底本与参校本、参校资料等进行校勘标点，对底本文字之讹、夺、衍、倒作正、补、删、乙，有需要说明的问题，则作出校记，一般不作注释。

七、收录文献，均由整理者撰写前言一篇，简述作者生平、是书主旨、学术价值、版本源流及所用底本等。

八、"千年学府文库"图书，尚待征求选定，征求所得，拟随时付印，故暂无总目。

"千年学府文库"卷帙浩繁，上下千载，疏漏缺失，在所难免，尚祈社会各界批评指正。

"千年学府文库"编辑出版委员会谨识

二〇一六年十月

前　言

涂西畴（1913—2007），原名涂先求，出生于湖南省辰溪县后塘乡漩湾村。坚定的马克思主义者，忠诚的无产阶级革命战士。湖南省民主同盟会的主要创始人之一，湖南和平解放杰出贡献者，著名的经济学家，新中国湖南高等教育发展的奠基人之一。1935年，考入湖南第一师范学校，接受了徐特立等老一辈无产阶级革命家的教育培养。1937年冬，参加了由湖南第一师范学校学生组成的"抗日民族先锋队"。1938年夏初，奔赴延安，入陕北公学学习。1938年夏末，从陕北回到家乡辰溪，组织了一支由当地一百多人参加的鸟枪梭镖队，后率队加入"辰溪抗日自卫团"并担任大队长，同年加入中国共产党。1941年，为了躲避国民党宪兵团的迫害，来到迁至广东坪石镇的中山大学法学院就读。受著名的马克思主义理论家李达、王亚南、梅龚彬等人影响，系统学习了马克思经济理论，并开始致力于马克思经济理论研究。1944年毕业后留校任教，先后担任经济系助教、讲师。抗战胜利后，中山大学回广州复校。1946年，广东党组织指定卓炯同志在中山大学协助民盟建立组织，发展盟员。受党组织委托，涂西畴加入中国民主同盟会，担任中山大学民主同盟会领导小组组长，负责在中山大学建立民盟组织，与民盟广东省委李达章主任委员直接联系，开展统战工作。中山大学民盟组织成立以后，涂西畴多次组织领导中山大学师生"反饥饿、反内战、反迫害"游行示威活动，并发动盟员响应宋庆龄等的号召，成立了"人权保障会"及"中山大学文化社团联合会"，创办《中大文讯》半月刊，民盟组织在学生运动中发挥了强大的力量。1949 年，经湖南省工委统战工作组组长余志宏推荐，涂西畴担任湖南大学经济系副教授及策反程潜小组的副组长，为湖南和平解放做出了卓越贡献。新中国成立后，历任湖南大学教务长，湖南师范学院筹备委员会负责人、副院长，湖南财经学院院长等职，辛勤耕耘在高教战线上，为湖南的高等教育建设与发展做出了不可磨灭的功绩。

涂西畴与"千年学府"有着密切的关系和深厚的渊源。早在1937 年，涂西畴在湖南第一师范学校求学时，对"千年学府"就非常仰慕，经常与同学们到位于岳麓山下的岳麓书院游玩。岳麓书院古朴雅致的建筑风格、朱张会讲的故事、"实事求是"的精神深刻地印在他的心里。1938 年至 1946 年，湖南大学因为抗战而西迁至辰溪办学，经历了八年之久的艰难办学岁月。湖南大学搬迁辰溪之初，涂西畴正好从陕北回家乡辰溪训练队伍，开展抗日运动。在这短暂的时间里，湖南大学胡庶华校长"于艰苦中谋恢复，于安定中求进取"的办学思想，湖南大学师生们那种在湘西边远地区艰苦办学、传播人文与科学的精神等等事迹经常传至他的耳旁。长沙和平解放后，涂西畴与余志宏等一道参加了接管湖南大学的工作，先后担任湖南大学副秘书长、党总支书记、副教务长、经济系主任，协助李达校长积极推进各项工作，将湖南大学迅速从一所旧型大学改造成人民的湖南大学。1950 年 8 月 20 日，毛泽东主席应李达校长之请为湖南大学题写校名。李达校长收到毛主席的复信及题字后，立即打电话通知正在北京学习的涂西畴，要他尽快回校把题字精确放大，做成校匾悬挂起来。涂西畴第二天即离京返校。1951 年 1 月 1 日，湖南大学在岳麓书院正门举行了隆重的校匾升悬典礼。直至今日，毛主席亲笔题写的"湖南大学"校匾依然悬挂于学校办公楼正门。1952年，全国高校院系调整，湖南大学被分解为中南土木建筑学院、湖南师范学院等多所单科学院。1953年9月，省委任命时任省委宣传部部长和湖南大学校长的朱凡兼任湖南师范学院筹备委员会主任、涂西畴担任副主任。1957年2月，国务院任命涂西畴为湖南师范学院副院长。这一时期，他坚决执行上级指示，为创建湖南第一所师范本科院校倾注了极大的心血，同时也怀着湖南必须有一所文理工俱全的综合性大学的梦想，请求李达校长力争为湖南大学改建师范学院留下一批教授，这不仅为当时筹建师范学院克服了师资力量不足的困难，而且为后来恢复湖南大学留下了师资种子。1958年6月，涂西畴奉调参加在湖南工学院基础上恢复湖南大学的工作，协助朱凡四处奔走，调配师资、征集图书、扩充设备，得到了湖南省委、省政府的大力支持。1959年7月18日，湖南大学正式恢复，涂西畴先后担任校党委委员、副教务长、教务长，贯彻学校党委、行政"办好大学，关键在师资"和"办一所现代化的文理工综合大学"的办学理念，在很短的时间内全面恢复了学校的教学工作。1979年，涂西畴调任湖南财经学院党委委员、副院长；1981年至1984年，任院长。他锐意进取，勇于开拓，通过扩建校舍、增设科系等一系列措施，加强师资队伍建设、提高教学质量、促进学术研究，使这所办学历史不长、校园面积不大的高校在人才培养、科学研究、社会服务等方面迅速发展，尤其以特色鲜明的专业人才培养著称。学院向中国银行业输送了一千多位行长，享有"金融黄埔"的美誉。

涂西畴的人生经历富有传奇色彩。他集革命家、教育家、学者及民盟创始人等身份于一身，是我党历史上不可多得的传奇人物之一。他的一生，矢志追求真理和理想，历经苦难，百折不挠，是革命的一生、光荣的一生。他为人师表，立德树人，是教书育人的楷模。他勤于思考，善于钻研，是学术研究的巨匠；他勤俭朴诚，襟怀坦荡，是道德人格的丰碑。

为了赓续红色血脉、传承红色基因，纪念这位伟大的革命家，湖南省民盟的创始人，统一战线的先驱者，著名的教育家、经济学家，弘扬涂西畴高尚的品格和崇高的精神，怀化市民盟巫培云主委发起并组织整理了涂西畴撰写的部分学术论文及两部重要的经济学著作（《产业革命》《区域经济研究》），汇编成册，取名《涂西畴文集》（简称《文集》）。

涂西畴是一位善于思考、富有思想的经济学家。早在中山大学担任助教期间，他就对全体主义经济学说和庞巴维克经济学说体系的庸俗理论做出了基于马克思主义的政治经济学批判；对于国民党统治区出现的恶性通货膨胀，他运用马克思主义政治经济学的理论和方法，就其形成机理及恶果进行了深入的分析和揭示。特别值得提及的是，在新中国成立前夕，他就敏锐地预感到我党在取得新民主主义革命胜利后，必然会面临恢复和发展经济的问题。他经过认真思考，于1949年1月完成了富有学术价值和前瞻性的有关产业革命的学术著作《产业革命》。他认为，"新中国即将诞生，新中国的产业革命，亦无疑将会迅速完成。历史现实的发展，固然会无可抗拒地贯彻它，但人们科学地认识了它的发展法则，获得实践上的正确指导，那对于历史现实的发展，是会起着加速促进作用的"。这是涂西畴著述《产业革命》的一个重要原因。在该著作中，涂西畴运用马克思主义辩证思维方法，揭示了产业革命必须变革社会体制的必要性道理，进而阐述了产业革命是如何产生和发展壮大起来的。接着，又运用辩证唯物主义方法论，比较分析了英、德、日、俄、美等国产业革命发生和发展的原因和差异，得出的结论是："任何一个国家没有一定的社会条件的配合，产业发展是不可能的。社会条件是靠把旧社会体质彻底变革才能提炼出来的；没有哪一个国家在封建的旧社会基础上，顺利完成了产业革命，使资本主义体制正常发展起来。"同时，涂西畴还揭示了产业革命促进现代文明发展的巨大功绩，指出了因为产业革命而成长起来的资本主义社会资本剥削劳动、资本家剥削劳动者以及"资本主义商品生产的无政府状态和分配不合理而造成的国内市场狭隘"、生产过剩、经济危机、对外扩张的罪恶。涂西畴对产业革命的发生和发展，对世界各先进资本主义国家产业革命的比较分析，以及对中国产业革命如何取得成功的揭示，在当时的历史条件下，可谓远见卓识。涂西畴无疑是政治经济学的开拓者。《产业革命》也为新中国产业经济的发展指明方向和道路。

《区域经济研究》由一系列重要论文组成，集中体现涂西畴在区域经济学方面的研究成果。涂西畴对区域经济理论与应用的主要贡献表现在以下四个方面。一是揭示了发展商品生产和商品交换在区域经济协调发展中的重要作用和地位。在 20 世纪 80 年代初期，运用商品经济理论发展区域经济的认识，既要有马克思主义商品经济的理论基础，更要有改革开放的思想和胆量。二是揭示了"自然生长力"转化为社会生产力的社会经济体制机制的理论逻辑。将培育"自然生长力"思想融入发展社会生产力、促进区域经济协调发展的理念之中，是涂西畴重视生态环境建设的超前思维。三是揭示了水资源是"自然生长力"的根本形成要素以及水资源如何转化为"自然生长力"的道理。把对水资源的研究纳入区域经济学理论研究的范畴，这是区域经济学研究尚未开拓的方向，是涂西畴的创新性认识。四是在对水资源是"自然生长力"的根本形成要素，也是促进社会生产力和区域经济协调发展的重要形成要素的认识基础上，构思了水资源开发利用的宏伟规划。同时，他还对乡土工业现代化、社会主义的生产目的、异化劳动在马克思主义理论体系发展中的地位和作用，以及改革开放所面临的经济管理体制改革与"两个"调节等理论问题，展开了深入分析，为发展我国的现代化乡土工业、明确社会主义的生产目的、维护马克思主义理论体系和正确处理经济体制改革中计划调节和市场调节的关系，做出了积极的和有价值的理论贡献。

《文集》整理工作历时一年有余。一年来，整理者足迹遍及北京、上海、广州、长沙等全国各大城市的图书馆，同时还采访了涂西畴的亲朋好友、学生、同事，获得了大量有价值的第一手材料。《文集》中的文稿系多方收集整理辑录而成，版本来源不一。其中，部分论文刊载于国内的期刊；《产业革命》一书 1949 年 8 月由中华书局出版，系繁体；《区域经济研究》一书为手写的未刊本。因为《文集》所辑录的文章大多撰写于七十年前，话语体系与现当代已经明显不同。为了较好地呈现文稿的原貌，又能与现当代的话语体系接轨，我们一方面逐字逐句校勘，纠正一些明显的错讹，力求准确无误；另一方面，对于一些表达上模糊不清的字句，又根据前后语境适当加以修正。

由于时代久远，有些文稿还是手稿，校勘难度很大，遗漏甚至错讹在所难免，恳请读者批评指正。

吴 波

2022 年初冬

整理说明

一、本书依涂西畴先生生前手稿、已发表论文、已出版专著整理而成，分学术论文和学术著作两部分。

二、部分手稿，部分已发表论文、已出版专著为繁体字，整理后均依据国家语言文字规范标准，改为简体字。

三、原稿在字词、语句及标点符号等的使用上有不规范处，整理时均已进行修改。具体而言，主要包括以下几方面的工作：

1. 对原稿中表述错误或用词不规范处进行了更正。例如："远些"改为"这些"、"济济"改为"经济"、"其至"改为"甚至"、"穷困"改为"穷困"、"制束"改为"束缚"、"责在制"改为"责任制"等等，不另在文中单独说明。

2. 对原稿中不符合当下语言表达习惯的词语进行了修改。例如："以次"改为"以下"、"导来"改为"导致"、"抹煞"改为"抹杀"等等，不另在文中单独说明。

3. 原稿中标点符号使用不规范处，如"，（逗号）"应改为"、（顿号）"或者"，（逗号）"应改为"。（句号）"处，均进行了修改。

4. 原稿中有些语句表述出现漏词或重复词，根据文中表达之意，进行了增添、替换或删除。

5. 原稿中有少数语句表达不通顺处,整理时依据上下文意思进行了梳理。

6. 原稿在"的""地""得"使用上有不规范处,整理时依据国家语言文字规范标准进行了统一修改。

7. 原稿在结构序号使用上不统一,整理时依据"一、(一)、1、(1)、①"的序号使用层次进行规范修改。

目　次

上编　学术论文 ··· 001

币制改革后的物价 ··· 003

关于"乡土工业"现代化问题（上）
　　——与费孝通先生的商讨 ································ 008

关于"乡土工业"现代化问题（下）
　　——与费孝通先生的商讨 ································ 018

关于经济管理体制改革与两个调节的几个问题
　　——10 月 30 日在省经济理论讨论会上一次发言 ······· 024

认清生产目的　总结经验教训 ··································· 036

关于完善农业生产责任制问题初探 ······························ 058

异化劳动论在马克思理论体系发展中的地位和作用
　　——学习马克思《经济学手稿》体会之一 ············· 077

振兴县级经济的战略意义 ·· 092

跟踪记
　　——蓝山县执行经济、社会、科技发展规划的调查 ····· 096

关于节约用水与产业结构调整实现高效益的探索 ·············· 103

关于"自然生长力"如何充分高效转化为社会生产力的探索 ········ 110

关于消除我国洪旱严重灾害规划的构想 ························· 118

中国解决水资源问题对国内和国际的影响评析 ················ 124

下编　学术著作 ··· 135

《产业革命》 ··· 137

《区域经济学》 ··· 191

上编　学术论文

币制改革后的物价 *

　　币制改革施行仅一个多月，因为时甚短，我们对其成功与失败，不便作过早的论断，但有许多事实，已把经济学上的法则相续验证了。

　　改革之初，国内论坛一致指出，金圆券既不能自由兑现，又不能自由购买外汇，它与法币或关金券，在本质上是没有什么区别的，所不同的，只是名称而已。本来，一种不兑现的纸币，它所代表的价值，不在准备金之多寡，而在其发行数量与社会流通领域商品总价值之相对比例关系而定。因之，这种纸币价值的大小，不是由准备金所确定，而是由商品价格的涨落来表现。因为不兑现的纸币，它本身不能由兑现回归到原发行机关，自我调节其流通适需量，从而准备金对于这种纸币，根本就没有内在的自然约束的缘故。金圆券便是这样，虽其发行办法中，有准备金限制其发行额的规定，但那种条文上的规定，只能给人民一种心理的保证作用，在经济因素本身上，是毫无意义的。

　　所以，金圆券价值是否安定，它是反映在物价上的，如果要使人们不把金圆券看作变相的法币，稳定物价，便是唯一关键。自新币制宣布以来，政府以雷霆万钧之力，镇压物价，显然是企图把握这一关键，以求树立新币的信仰，以免招致现存经济秩序的崩溃，任何人皆知，政府这种措施，实有其不得已的苦衷。

　　但事实告诉我们，在币制改革宣布后一周，除京沪区或与京沪区金银外币黑市价格相差无几的几个都市外，各地物价都疯狂上涨一倍至数倍，造成这种上涨，既不是商品与货币相对需要量的变动关系，也不是人民对新币尚无信任的心理因素，而是金圆券与金银外币官定比价对各区域流通界的法币所表现之比值有着差距所造成。因为在改革前各区域由于自然的与社会的经济条件之差异，以及政府对游资管制上所运用的汇率差别政策，造成法币对金银外币之比价表现在黑市上，各地不尽一致，而存在着或大或小的比值差距。比如在改革前一天（八一九），上海港钞黑市价格已涨到二百二十万元以上，而在当天的

＊《币制改革后的物价》，《新时代》1948 年第 17 期。

广州黑市价格只达一百一十多万元。每一银元在当天上海的黑市价格，已超过六百万元，而在广州只有三百多万元。这事实表明着，同一法币对具有内含实在价值之金银外币之比值，在广州区比上海区高一倍。虽然各地商品的交易是以法币为合法的货币，但由于法币不断急剧贬值，已逐渐失去其测度商品价值之机能，所以各地商品交易又几乎无一不是以金银外币的黑市价格作标准。因此，一旦各地金银外币对法币的比价，由官定比率无差别地拉平，凡低于官定比价的地区，各种物品价格，必然要向这官定比价看齐。由是物价乃突然上涨，这种上涨是起因于法币公开官定的贬值，是不受供求法则所约束。所以它的上涨，是必然地不能阻抑，政府的限价政策，则对此也无法可以压制。

再说这次币制改革，金圆券对各地法币收兑比价是一律的，对金银外币折合比价又是以黑市价格最高的京沪区作标准。政府这种抉择，固然有首先安定全国经济重点京沪区的物价，引诱人民把所存的金银外币踊跃兑换新币，以及吸收侨汇的多种用意，但它却促使了较京沪区金银外币黑市价格或政府官定比价为低的各地区的物价普遍暴涨，使政府改革条例中那条冻结物价于"八一九"水准的法令首先变成了具文。在广州、长沙、武汉、成都、重庆、西安、昆明以及内地各大小市镇，都非常敏感，不约而同地反映出来，其上涨速度，较过去最猛烈的市场风浪，有过之而无不及，一时市场均陷入混乱状态。冻结物价的法令，在许多人心目中，便成了一句讽刺。以上便是改革币制后，政府在物价上表演的第一句戏。

基于上述的事实，在八月底，各地物价都已迅速地涨到了它的自然水准，而进入暂时休歇状态。但这种休歇是无法维持长久的，因为各地经济不是孤立绝缘的。由甲地流入乙地的物资，它在甲地市场价格业已上涨，则它运输至乙地市场，其价格就不能不加上运输费用及商业利润，因而更高。但因各地市场物价，既由于金银外币的兑价全国一律，货币购买力趋于一致，同一种货币在不同地区所表现的不同购买力而产生之价格差额上的利润，归于消灭。在这场合，如果从甲地运来乙地的商品，不能以更高的价格出售，这种商品便不会从甲地向乙地趋流。这样一来，其结果只有二途：一为物价上涨，一为物资短缺。自九月初以来，在限价管制较松弛的市场，物价已由小歇而再向上爬，而在限价管制较严格的市场，不少购买部门则形成有价无市的状态。比如上海与广州，许多工厂因原料来源缺乏而陷入停歇，蔬菜肉类很少应市，而湘黔川滇等地的物价则继续上涨，便是最好的说明。

自然，由此而引起的物价上涨，尚不足为虑，因为它本身并没有使流通领域商品与货币实际的相对数量在全盘上即行发生增减的变化，所以它的上涨，如能给予合理的疏导与调整，自可逐渐趋于平息，获致安宁。更可虑的，还是当前流通领域货币数量的增加。自币制改革以来，流通界究竟增加了多少货币？目前虽无可靠统计资料可供我们引录，但根据已公布的部分资料，已可以作约略的估计。通货的增发，在币制改革前主要的是填补赤字。根据政府前所公布的预算数字，本年度下半年，前以法币计算，岁入部分与岁出普通预算部分可以平衡，即均为三百二十多万亿，所差的只是特别预算部分（即军事费用）没有着落，需靠印刷机增印钞票来填补这赤字。但这部分的预算究竟有多少，政府从来没有真确数字的公布。惟根据过去事实，军事费用在以往几年中，平均总是占岁出百分之八十。如果本年度下半年普通预算岁出额为三百二十多万亿，则特别预算岁出部分当为一千二百多万亿，合金圆券为四亿多元。而过去的岁出，实际上总是超过预算数倍。目前财政收支情况并未改善，因此，我们有理由估计，目前每月应付特别预算的支出，至少在一亿金圆券以上。这支出过去靠印刷机，在币制改革后这一月来，当然还是要靠印刷机。其次便是收兑金银外币所发出的金圆券，据中央社南京九月二十一日电：由八月二十三日迄九月十八日，中央社记者根据上海、天津、武汉、广州、成都等全国二十二个重要城市收兑金银外币数字统计，共达一亿三千九百一十三万余美元，即合金圆券五亿五千多万元。如果把上述二十二个城市以外的各地收兑数字以及至本月底这十二天中可能收兑的数字合计起来，数目当然更可观了。政府明令，逾期人民持有金银外币者，一律处七年以上有期徒刑，在这严峻的法令下，人民只有被迫兑换之一法。两者相加，到本月底，流通界增加通货数量，至少当达金圆券十亿元以上（收兑法币所发出的金圆券，因为它收回了折价相等额的法币，对于流通界通货实际数量没有增减，故未计算在内）。如果把币制改革前所发出的法币总额六百万亿折合金圆券两亿元，与今日通货发行数量加以比较，则这三十多天中，通货的发行额，可谓已增加了四倍以上。

不错，在上面估计的通货数额中，还应把回笼的通货数额予以减除，回笼的部分中，税收部分，我们假定作为应付普通预算支出，并假定二者是平衡的，暂且不加计算。应加入计算的，只有政府在这期间抛售剩余物资和拍卖国营企业的股票所收回的通货数额，剩余物资在上海出卖，虽然全部总估价约值美金四千万元，但那些物品不独大多是旧烂的，而且也不是一般人日常生活的必需品，也不见得可以全部卖掉。目前究竟出卖了多少，还没有数字报告公布。国营事业股票呢？就中纺、招商、台糖、台纸、津纸五单位中，预计可出售股票总额金圆券五亿六千四百万元，但销路却很涩。根据大公报的报道，自九月十日开始发售，到二十日止，总计只售出合金圆券三百五十八万八千九百元。那么，即使剩余物资按预定价目全部卖掉，加上这国营企业股票出售所得，目前所进，也不过金圆券一亿余元。这笔收入，用之于币制改革后所提高的士兵待遇改善，和国营事业不能涨价所需要的补贴，恐怕还不够，自无补于通货回笼。所以打开窗子说亮话，回笼的数目等于没有。同时，政府所收兑的金银外币，过去在人民手里，虽然也有一部是作为保存价值的工具被呆板贮藏着，但大部分却是不断投入流通界周转的。在流通领域的金银外币，对法币来说，它们是一种商品的身份。政府收兑进去，当然不能自己来破坏法令把它再投入流通领域，而会冻结在仓库里，这一来是等于从流通界赶出了数亿金圆券商品的价值量于流通领域之外，其结果是等于把流通界商品总价值额对通货需容量大大地缩小，这样更使实际增发的通货在流通界所表现之膨胀程度，就愈益加大了。

流通界的通货数额既增加如上述，加上目前各种民营生产企业，由于硬性限价缺乏原料，陷入窒息停顿状态，导致游资于生产行程，是不易为力的。一种游资既无法导入生产行程，它自然仍得以游资身份停留于流通领域。流通界的游资愈多，它不独要对物价兴风作浪，而且会使业已存在生产行程的资金，脱离其原来岗位，变为自己的伙伴，扩大声势与阵容，由是而愈益增大对物价的压力。因此，在这样的场合之下，如果政府拿不出有效的措施，我们有理由敢预断，最近的将来，物价的涨风，又会以猛烈的姿态向各市场袭击，而且非警察的力量所能制止的。

说到政府对此的措施，前已论述，很少能收预期的效果。即退一步言，能有效果，但它所派生的不利因素，又可以抵销其功效。比如出售国营企业的股票，本可以收回大量大货，但又销路很涩。压低利率，其用意本在减轻工商业借贷利息，使其成本削减，但利率过低，银行钱庄又不易吸收存款，这无异阻塞游资流入储蓄部门，从而在稳定物价上所要求缓和通货流速与减少市面游资，又难以达成。整理税收，其实施办法是在提高税率，借以增加国库收入，减少赤字。在经济发达的国家，本是财政上平衡收支的平常手段，可是在当前中国，工商界早已喘不过气来，再加重其租税负担，其结果，不是加速促使工商业沦于破灭，便是直接促使物价上涨。限令商业行庄把外汇资产移存于央行，其用意是在扫除外汇黑市，灭绝外币的流通，但在目前条件下，只有驱逐大量资产向外逃遁。月来沪穗各地逃入香港的资金已够惊人，便是事实的证明。增加行庄资额，其目的当在取缔资金不足、信用薄弱、专事投机活动之行庄，但其增资结果，只是驱使资金集中，对于游资与投机，仍难生控制效力，反而会增加资力雄厚之个别行庄对金融市场之操纵实力。交易所的停开，固然是在阻缩信用的膨胀，但它又会影响到国营企业股票与公债发售上的销路。举发公债，填补赤字，在现代国家财政措施上早已视为下策，在我们这个国家，这些可以不管，但问题却在于销路，即使发行一种短期债券，要人民自由购买，根本办不到，只有强制摊派一途。但向哪些人摊派呢？工商界早已无法自救，哪里还有力量承购大量公债。豪门巨富吗？为了筹措一点"戡乱"费用的特捐，搞了几个月还没有下文，所以举发公债来收回通货，也难望有什么成效。冻结工资与薪资，在政府本是希图借此压低生产成本，减少国库支出，节制通货发行，紧缩消费购买能力，稳定物价。无奈出卖体力脑力的工薪资劳动者，早已在最低度的生活线上辗转呻吟，如果继续冻结下去，只有迫其饿死一途。至于倡导节约救国，无钱人，早已过度节约了，无需再用倡导。有钱人，正是扩大享受的时期，谁又遵从这种"倡导"呢？

说明到此，我们在目前政府所采取的措施中，实在找不出何项有效，能够对节缩当前流通界日益膨胀的新通货发生作用。如果照目前的情况发展下去，当前流通界的通货，不能予以有效的收缩，那么要使物价在警察力量之下俯首帖耳，不起来跳动，当然是做不到的。所以结论是说，如果政府拿不出王牌，物价在最近期内，恐怕将不畏一切而勇往直前了。

（九月二十四日于中山大学）

关于"乡土工业"现代化问题（上）[*]
——与费孝通先生的商讨

本文拟先将费先生的意见和主张加以介绍式的剖述，然后就个人的观感提出商讨。

一

费孝通先生在《人性与机器》一书中，首先告诉我们，他对中国农村现存手工业重视的缘由，是因为"手工业一直到现在是我们最大多数人民所倚以为生的职业"。这原因何在呢？费先生认为这是由于"中国是一个土地稀少、人口众多的国家，每一家人所能分得的土地，不过在三十华亩左右，甚至在土地比较肥沃的地带，一家能有十几亩田，已经算是小康之家了。在这样小的农场上，即使克勤克俭，不让土地休闲，春秋两季的种植结果，也不过是使这家人有一口日常的粮食吃，其他的开销，不能指望土地直接来供给，所以我们的农民并不能专靠农田来生活……几千年来，在这种小农生产中，手工业已成为农家经济中不能或缺的副业了"。同时，费先生还指出："手工业的崩溃是中国百年来经济的致命伤。"（参见上书第7-8页）

说手工业直到现在还是中国人民最大多数倚以为生的职业，这是谁也不能否认的事实，但把其原因归于"地少人多"的自然因素，而对于中国传统的社会经济结构，竟置于视野之外，那无论费先生在主观上是否接受了马尔萨斯的学说，在读者眼里是会这样"误会"的。从这种自然观出发，进而认定手工业崩溃是近百年来中国经济的致命伤，从而对机械工业之兴起将加速手工业的崩溃，怀着恐惧焦虑的情绪。这在读者，从这一面来看费先生的意识，不仅觉得费先生的看法，太直觉，太素朴；而且要当作这是经济浪漫学派西斯蒙蒂等意

---

* 《关于"乡土工业"现代化问题（上）：与费孝通先生的商讨》，《新中华》1949年第3期。

识在中国的再版，我当然不是这样片面的来理解费先生的意见。费先生上面的话，显然是要我们认清手工业在今日中国人民经济作业生活中，还占着极重要的地位，其意旨重心是在警惕地提示大家，在战后经济建设上，不要忽视现存手工业关联着的民生大问题，要详细探讨新兴机器工业的建设和手工业应该发生什么关系，以免新工业建设过程中促使手工业加速崩溃，招来大量失业的发生而造成建设计划在没有完成之前即告中断。同时，费先生在主观上，不独不排斥机器生产的工业，而且还要求这种工业的发展。只是不赞成中国现代化建设遵循西洋式产业发展的途径，主张迁就手工业现存地位，不要把机器工业集中于都市，而应把机器逐渐吸收到传统工业的社会结构中去。一方面使农村经济得到新的活力，另一方面使农村工业，因机器及动力的应用而逐渐变质。也就是机器下乡，在现存的农村经济结构中使乡土工业转变为现代机器工业。

费先生这种主张，是基于以下两个基本要求作为其立论和展开说明的核心。即安定和改善民生，解放人性。前一点可说是达成"民生"主义的要求，后一点可说是达成"人本"主义的要求。

基于民生安定和改善的要求，费先生之所以不赞成中国经济现代化建设遵循西洋式的发展旧途径，其理由是西洋式都市机器工业的兴起，吸收不了从农村因手工业崩溃而游离出来的人口，从而造成失业人口大量存在的危机，这危机在我们社会将更为严重。费先生举了这样的事例来证明他这个预断："以美国农民的例子说，从百分之八十的人口比例，改到四十多，曾费了六十多年工夫。我们不敢希望中国工业扩展的速率可以比美国大，我们人口的数量开始就比美国多好几倍，我们人口的增加率，可能在最近五十年中超过美国，这许多条件放在一起，大概在这一世纪里不容易实现这条出路所给我们的诺言。"这意思就是说，中国工业现代化建设如果遵循西洋式的旧途径，将来我们的都市工业，即使能像美国都市工业扩展那样快，也不能吸收我们农村靠手工业过活而一旦因手工业崩溃游离出来的过多人口，所以费先生认为走这条路，它导致的失业危机，比西洋现代化了的国家要更大，故提醒大家不要走这条妨害民生的危险途径。

基于人本主义的要求，费先生认为西洋式的工业现代化集中于都市，摧毁了人性。关于这一层，费先生是这样告诉我们："在资本主义中，与其说生产工具是私有的，其实不如说生产工具是自有的。因为握有生产工具的私人，并没有支配它的力量。它是向着累积的方向而活动的。人和机器的失调，人和机器的成为奴隶和主人的关系中，才发生真正的资本主义。""机器不再是工具，而是利用人力的主人，人才是机器的工具。在这种情形之中，人和人的关系也发生了失调。很多人认为现代工业中人和人的失调表现在阶级冲突中，其实所谓劳资的冲突，不过是人和机器的冲突。生产工具的所有者，并不像中世纪的封主为了自身生活享受来剥削农奴，他在劳工身上获得剩余价值，并不消费在奢侈的私人享受中，而是被吸收在再生产的资本中（正统的资本家是一个为资本服务的忠仆，绝不是一个纨绔的子弟），在机器文明中，所引起人和人的失调，最严重的是在参加生产活动的各个分子之间。""机器成了控制人类活动的主体时，是因为机器活动的方便移动了人的位置。当机器活动利用蒸汽的动力时，各部生产机的位置必须靠近发动机，于是服侍机器的人也必然集居在发动机的附近。这样，在工业兴起过程中，发生了百万人口以上的大都市，在表面看来，那摩天高楼，那如梳的烟囱，象征了现代文明的发达，但从人和人的关系上看去，人类碰着了社会生活解体的危机，人不能单独生活的，在单独生活中，人会失去其生活意义。人之所以生活是为了别人，没有了对别人的责任，自己的生活意义跟着就会消失。这就是说，个人人格的完整需要靠一个自己可以扩大所及的社区作支持。自从机器把人口反复筛动之后，它集合了许多痛痒不相关的人在一起工作，在他们之间，只有工作活动上的联系，而没有道义上的关切。现在都市中住着的是一个个生无人疼，死无人哭的孤魂，在形式上尽管热闹，可是在每个人的心头有的是寂寞，他们可以有一个表面上复杂的共同秩序，可是并没有一个内心中契合的共同目的，机器文明把社区生活的完整性销毁了。"（前书第17—20页）

上面引录了费先生这一长段话，不仅因这段话是表达费先生对资本主义弊害所在的看法，包含着很深湛的人文哲理，而且是费先生作为其主张——机器下乡——立论的一个基本出发点之一。初看这段话，很易误会费先生是排斥机器者，其实不然，费先生这段话只是作为他主张在乡土手工业原有的社区基础上吸收现代技术达成安定民生与完成人性的立论根据。他继续进一步阐述应在怎样的社会方式上来利用机器，机器才能成为造福人类的东西，他说，"机器的贡献——它把人民的生活程度提高了，使国家的实力强化了——是不能抹杀的，我们并不必因噎废食，根本不要机器。利用机器时可以有不同的社会方式，并不一定要西洋朋友所走的旧路而一成不变"，"社会机构不像机器可以过了洋不变质，它是一定要在人民生活的土中滋长出来。利用机器生产固然会影响社会机构的方式，但绝不会只限制于一种社会方式。目前利用机器生产的国家就有不同的社会方式可以作证。我们可以输入机器，可是也许绝不能输入社会方式，社会方式是要自己创造的。要在人民的习惯中生根，要能配合其他各种社会制度。我们主张在旧的传统工业的社会机构中去吸收西洋机器生产，目的就是在创造一个非但切实，而且合乎理想的社会方式"。费先生进而指出："机器文明之所短，正是手工业之长。手工业中人和工具的关系是：人是主，工具是客，而且在主客之间充满着伙伴精神，一个手艺工匠，十分爱护他的工具，因为他明了只有从他的工具里可以充分发挥他的手艺，表现他的人格，这是人对物最正确的态度，人和物不是相对立的，不像现代文明中人和机器一般的隐藏着恶感；人和物是相成的，人在物中完成他的生活"，"手工业竞争不过机器工业，不是在手艺工人所具的精神，而是在他所用的工具。……手艺工人所具对于工具，对于工作以及对于出品的态度是正确的，这种经济活动中，不但不摧残人性，而且完整了人格。"那么简单的手艺工具一旦改为机器工具，是否会影响到手工业者原有的精神？费先生认为："并没有一定要销毁那种手艺精神的必然性。"理由是"在手工业中，人没有屈服在机器之下，所以手艺的发达并没有破坏由于其他生活需要而引起的社区生活"。（参见上书第21-23页）

　　根据费先生上面所阐明的见解，我们也可明白费先生其所以主张在中国现存的乡土工业原有的社会基础上来吸收现代技术，不单是避免西洋式机器工业的诸般弊害，而且是针对中国社会所存在的特殊情况。他把他的主张作以下的总结说明："我们要安定民生绝不能抹杀手工业的存在，同时也不能让手工业自生自灭，它甚至将要成为经济计划中一个很缺乏弹性的项目，其他的项目，应当和它取得调适。一方面我们得顾全传统工业的分散性质，一方面我们又得顾全它技术的前后，工业不能很快和全部的抽出于农村，同时又要使分散在农村里的工业在技术上逐渐现代化，脱离纯粹的手工业和人力基础。"具体的办法是"把机器逐渐吸收到传统工业的社会机构中去"。费先生认为这样便可"一方面使农村经济得到新的活力，另一方面使农村工业因机器及动力的应用而逐渐变质"。这就是费先生"寓工于农"的中国现代的图案，也可以说是费先生为建设中国式"T·V·A"的设计。费先生还声明他这种主张和办法，并不是一种暂时性的过渡手段，而是一种永久性的最完满的理想社会的设计，在这样一个理想社会中，人的生活上各部门是会完善调适的配合，不会使人在利用机器来生产的活动中失去生活的完整。所以费先生告诉我们，他这主张，其目的不单在求机器逐渐吸进传统的乡土工业里去，而且"在求创造一个非但切实而且合乎理想的社会方式"。

　　我上面摘要引述的话，主要是录自《人性与机器》一书，这书虽然是两年前出版的，但费先生以后有关这个问题所发表的文章，都没有改变这本书中诸基本观点和主张，只是补充和解释。在上书中费先生尚未顾及需要大规模集中经营的重工业不易分散到农家去，以及高额地租造成农村大多数人贫困这种事实。在不久前所发表的《关于城乡问题》与《小康经济》等文中，才加以补充说明，但原来的基本观点和主张显然没有改变。我的观感所及而拟与费先生商讨的，是费先生意见中所表现的以下几点：

第一，费先生全从自然面来看中国农村经济问题，而把中国传统的农村社会关系所造成的诸般作用和影响，完全舍弃了。

第二，费先生全从技术面来看社会问题，把资本主义社会诸弊害，全归罪于机器工业集中在都市所造成，从而把资本主义商品生产制度内在矛盾发展所导致的病症，认作由纯技术的措施可以医治。

第三，费先生的主张其立论基点，全置于自然面和技术面，从而把中国经济建设达成其理想主张之实现所需要怎样的社会条件，以及在中国现存社会条件下是否宜于采取那种建设方式的措施，这些问题几乎全被费先生至于思考之外。

以下，我想就这些方面与费先生加以商讨。

二

费先生理想中的乡土工业现代化所要求符合那两大原则——安定和改善民生，成全人性——这在具有进步思想的人，我想是都会同意而且所希望的。问题是要在怎样的社会体制或社会条件下才能达成。我着重提出这点，是由于我们对这问题的看法，就在这上面分野。因为费先生是偏重在技术面的考究，这反映在《人性与机器》全篇立论和阐明中是十分清楚的。何况费先生在《关于城乡问题》一文中还再度声明："我们的问题是怎样把现代技术输入乡土工业里，我主张乡土工业技术上应当变质，问题是在分散性的乡土工业里所能输入的现代技术有什么限制。这点，我极愿意有人给我指教。"可见费先生把乡土工业现代化达到"安定和改善民生"以及"成全人性"这个问题能否实现，全置于"技术有什么限制"的关键上。从技术的角度来看社会问题，固然也可能看到问题的一部分或问题的某一面，但问题的全面及其真实内景却是不易看到的。

现代西洋式的产业，机器生产造出了大量的失业人口，酿成民生的不安和痛苦，这是谁也不能否认的事实。在每一个现代化了的国家，不仅在其产业革命采用机器生产的初期，摧毁了广大农村的手工业，造出大量脱离农村生产岗位的"流浪群"，而且在各资本主义国家农村手工业早已崩溃、机器工业早已取得生产领域支配地位的晚近，其失业人口，不仅没有少于农村手工业方崩溃的时期，反而愈来愈拥挤，这事实也不能否认吧！机器这生产工具它所生产的财富愈多，使用它从事生产劳作的人们，其所得的财富反比例相对地愈少，而愈形成贫富悬殊的场面，这种不合理的现象，机器本身是不负责的，责任应由把机器当作培殖利润的资本去经营商品生产的资本家去负荷。一个"正统的资本家"诚如费先生所说"不像中世纪的封主"，"也不是一个纨绔子弟"，"他在劳工身上获得剩余价值，并不消费在奢侈的私人享受中，而是被吸收在再生产的资本中，他是一个为资本服务的忠仆"，像这种"正统"的资本家，对于现代物质文明的促进，无疑是尽了很大的贡献。但现代社会的弊害，也正是资本家在劳工身上获得的剩余价值，不断作为扩大资本累积源泉，不断提高资本有机构成所导致的。这种事实，自然也不应归咎于个别的资本家。在商品经营的竞争战场上，任何资本家要保持资本家的座位，他必然要加重对劳动者的剥削，扩大资本的累积，由是加强其竞争力，达成资本更大的累积。否则，他会被别的资本家从竞争舞台上排挤下来失去资本家的身份。造成这种追逐利润而拼命剥削的竞争场面，以及在这场面所产生的弊害与罪恶，显然要归根于资本主义的社会制度，机器不过是这种社会制度舞台上被资本家花脸们用作杀来杀去的犀利武器而已，这点，我想只要费先生愿把视野从技术面转注于社会制度面去加以考察，是会明白的。

从人道立场或民生观点来说，把机器工业集中于都市，让广大农村生活于农工合一的自给自足之自然经济体系里的人民，脱离其原来的生活岗位，乃至变成流浪的饥饿群，似乎是一种不合理的现象，是人为的错误和罪咎，然而从现代社会经济体制所由形成的生产方法本身发展的视野去看，这种不合理的事象，却正是现代资本制产业本身合理发展的条件。人为的社会罪恶，也是在一定的社会制度里造成的。当农工合一的自然经济体制未溃解的场合，资本制商品生产的都市机械工业是得不到发展的前提。甚至在移花接木的技术努力办法下建树起来，亦会陷于枯萎的状态。许多国家在其产业革命过程中，就曾这样痛苦过。这不仅是由于都市机器工业"为卖而买"的大量生产，需要农村自然经济体系的溃解提供其低廉价格的原料和劳力；而且还靠由此取得生产出来的商品所需要的市场购买力。这绝不是像费先生所说那样，是一种"纯抽象的理论"，而是铁一般的事实早已佐证了的。一种具有科学的内涵之理论，它本身是从现实中抽象出来的意识概念体系，不是凭空的幻思玄想。在经历过产业革命实现了现代化的国家，除新大陆的美国具有较特殊的历史条件以外，没有哪个国家不是把其传统的封建社会农工合一的自然经济体系予以溃解，作为其达成现代化的前提，何况像美国那样很少传统封建因素的国家，也还要把大量黑奴由南部地主占有土地的束缚上解放出来，才加速了美国产业的成长。这事实费先生是清楚的，否则费先生也就不会提出在我们中国未来经济建设途径上应避免的危机及其理想和主张了。但由于费先生偏于技术范畴的考究和把握，所以在我们看来，不应被忽视而且应当作这问题重心的课题，反被费先生置于无关重要的地位，那不能说不是舍本求末的想法。如果把这个问题从社会制度或社会关系里抽出来，当作一个纯技术的问题来研讨，那我觉得，即使不是多余，也属于空谈，与中国现实社会经济改造建设的实践，是无何助益！

自然啰！费先生在《人性与机器》之外的其他有关这个问题的文章上，也曾提论到中国现存土地占有关系的不合理，注意到高率地租所引起的农民苦窘，但费先生却认定"在乡土工业兴盛的时代土地问题不像现在严重"。这看法显然包含这样的意见，那就是只要把现代技术输进乡土工业里去，使乡土工业兴盛起来，土地问题也就无问题了。这是很显明地反映出费先生对中国农村现存租佃关系所造成的贫困，始终没有脱出"人多地少"那个基本的自然观，从而在费先生意识中也就很显然地确认了中国传统的土地占有关系，对于中国工业现代化是不会妨碍的。因此，尽管费先生声明"非在维持传统的土地制度"，但至少也不反对中国传统的土地制度的继续维持。如其我这样理解费先生的意思不是"误会"的话，那我敢奉告费先生，在我们这传统的社会关系里，爱热闹的机器先生，莫说你请它下乡，它不愿意，就是请它进城，它也还不高兴驾临！我这话绝不是开玩笑，中国近百年来的事实早已作了证明。八十年前倡洋务的几位大员先生们，何尝没有从外国买了不少机器！然而结果呢？那些机器到后来还不是坐了冷板凳！这种失败，固然是国际资本残酷侵蚀所促使，但没有我们这传统的社会关系作为其侵蚀便利的基础，那失败的程度，至少也不致如此深重！

我觉得费先生对于中国农村大多数人民要靠手工业来维持生活这一事实与高率地租之关系的看法，未免倒果为因。与其说中国农村地租率之高，是由于"人多地稀"，由是手工业的衰落不能尽量吸收缺少土地耕作的过剩劳动力，从而过剩劳力争求土地耕作，造成高率地租，毋宁说是我们农村传统的土地占有关系所具有之若干特质造成了高率地租，致使大多数农民在高率地租压抑下，生活成果无几剩余，不能不在耕作上附营手工业以求弥补家人生活。或者在具有特种自然原料条件可用于制作手工业，地租太高，租地耕作不如从事手工业劳作较易谋生，从而造成中国农村手工业成为大多数农民赖以为生的作业。如果说中国农村手工业成为大多数农民的作业是由于土地稀少，吸收不了过剩的人力与资力所促成，那对于中国广大农民无力改良土地生产条件，很少集约耕作，荒地甚多，这些铁一般的事实就无法说明。我觉得中国农村手工业之成为大多数农民靠以为生这事实，与高利贷特别猖獗、商业资本特别活跃这些事实关联起来考察，才会明白租佃关系是其造成的基础。（笔者曾在《论二五减租对于中国社会生产力之解放及其应具前提》一文中——见《中国农村》半月刊创刊号——已加剖析，这里无用赘述。）像张子毅兄所调查的易村手工业那样村庄受土地耕作扩展的自然限制而助长了手工业的发展，固然是中国农村手工业一个社区类型，但把这种具有特殊自然条件的社村，当作中国农村的一般或普遍情况来看待，从而作为论究中国农村经济的一般前提来展开说明，其结论所包容的妥当性有多大？那是值得分析和多面考证的。我之所以不敢同意费先生这种看法，是因为这种看法作为立论出发点来展开说明，必然要得出中国现存传统的土地占有关系无碍于现代化的结论。虽然费先生没有明确的作这样结论的说明，但从其全系统论究说明上去剖视，显然存在着这样的结论。也无怪费先生要把中国乡土工业现代化，看作一个单纯的技术问题。

在《关于城乡问题》一文中，费先生虽然也曾表示过希望中国地主阶级在时代考验之下自动转变，从特权的寄生地位，转变成服务的地位，这意识中确包含着希望中国现存土地占有关系由地主们自动地来予以变革，但这也只能看作是费先生客观论究与主观希望上一个不大调和的观念而已。同时在我们看来，费先生这种希望，也只是一种"希望"而已，要想这种希望变成现实，恐怕像费先生所说"要中国人不穿洋布走甘地那条路是走不通的"的一样走不通。费先生曾告诉我们："甘地的路是从人性出发来解决问题的。用道德力来控制个人欲望，因而控制经济，至少需要有修养的人才能做到。从一般人民说，似乎是要求过甚。"费先生自己这"希望"，也是从人性出发来解决问题的，那么用道德力来控制阶级欲望，因而控制阶级的利益，至少也要这阶级最大多数的成员有修养才能做到吧！但现在中国地主阶级成员中，能像费先生这样想得通，看得远，又有几个？那么从一般地主阶级说，费先生这种"希望"上的要求，还不是同样的"过甚"！我不否认像费先生所说"现存地主阶级中已有不少人能放弃特权，用他们的知识和技术去服务社会"。但同时我们又不能否认现存地主阶级中有更不少的人"用他们的知识和技术"正在维护乃至加强他们的特权这事实么？也许费先生心目中以为今天客观情势已迫使地主阶级不能不放弃其特权。这看法显然又忽视了阶层为维护其经济利益所呈现的反抗性，往往比维护其他利益所呈现的反抗性，要特别强烈而顽固这一事实。莫说客观情势迫使地主阶级放弃其特权利益，他们会强烈地反抗和挣扎，企图尽力保存；就是客观情势的发展已使其失去了特权利益，他们也还要尽力设法以求恢复。我这话，不是凭空臆测或主观武断，从封建社会发展过来的各资本主义国家，在其转化和发展过程中，就曾充满了这种斗争的史实。在我们这个国家，虽然还没有经历完这历史段程，然而它已表现的已够可观。仅就最近两年来说吧，政府所颁布的"二五减租"，总算是一种很温和的措施手段，然而在推行上所遭遇到的反抗阻力，已使这种法令早已变成了白纸黑字的官样文章。不久以前，湖南益阳发生过一桩轰动全省的事件，那就是该县箴言乡农会的一位常务理事邓梅魁，因推行"二五减租"甚力，致结怨于地主，结果被暗杀了，事后被戴上一顶颜色帽子，弄得他的老婆和家人不独申冤无门，而且还要逃亡。这还算是芝麻大的小事，最骇人听闻的是该省地政局负责人，为了此事，拟赴该县亲自调查，还没有动身之前，该县地主们就列呈数千言的长文送到省参议会转呈省府，指陈"限租为乱源"，并控告该省地政局负责人，指责其推行限租"与朱毛异曲同工"。弄得该地政局负责人非常尴尬，结果只好停止调查不过问便算了。（见《香港大公报》三月三十日地方通讯版）。像这种抗拒限租的事实，报上登载的已不胜枚举，而未被作为新闻发表的，尚不知有多少，也无怪中山先生"平均地权"的土地革命政策主张，到现在仍是原封的被保存在书本上的"主张"！因此，我觉得费先生希望，地主阶级"自动放弃其特权"，只是当作一种"希望"或"鼓励"，那倒是美善的，如果是希望这种"希望"或"鼓励"有效地成为事实，那就未免太近乎理想了！

也许费先生所希望于中国地主阶级自动放弃其特权，是意指有相当的物质互换条件而放弃其少数人占有土地那种"特权"，也就是把由土地累积财富转为由其他方式来累积财富。那当不外用土地债券"卖去地主"这类办法，使地主出卖土地将地位上所获得的资金或债券，转投入企业部门，俾地主阶级得一条转为资本家的出路，使其成为资本服务的"忠仆"。从社会经济本身向前发展上来看，这种转变，倒是一种进步的事态，值得"鼓励"。如果费先生的"希望"果真是这样的话，那费先生这一"希望"即使实现了，它又会使费先生主张乡土工业吸入现代技术，以求安定和改善民生，完成人性，那一"希望"无法达成！我们都会明白，用土地债券去购买地主的土地，要地主愿意出卖，在地位评定上就不能太低。否则，要地主自动放弃其占有土地的特权，仍然是"要求过甚"。即使政府用点儿压力，依照萧铮先生所提出的办法，地价以七年地租额评定，每年地租率不得超过土地法规定的收获量千分之三七五，佃农分十四年清偿地价。这办法所评定的地价，比现在农村自由买卖的地价自然是低多了，就算在政府施点压力下，地主与贫农都接受这种卖买条件，那在地主方面所获得的地价固然比现行地价低多了，但在对承购土地的贫苦农民所造成的负担，还是相当沉重的。因为以土地收获物千分之三七五的地租率七倍来评定地价分十四年来分期清偿，每年清偿地价本额虽然还低于"二五减租"所规限之租率，但把土地债券每年应缴付的利息和田赋以及其他各种以土地为标准的捐派公款附加上去，则被扶植起来的自耕农，在清偿地价期间每年的负担，也不会轻于现在的佃农，从而这样的农民，在身份上，尽管由"佃农"变成了"自耕农"，其经济条件，还是与现存佃农无何差异。那么要改良生产条件，从而改善生活环境，达成费先生理想中那"安定和改善民生"的第一点希望，也就不易实现！

"安定和改善民生"这一"希望"不能实现，那"完成人性"的"希望"将更无由实现。这点，值得我们进而论究。

关于"乡土工业"现代化问题（下）*

——与费孝通先生的商讨

三

在费先生意识中，与一般中国农村工业现代化论者有一个共同的见解，那就是认定在资本主义国家机械生产所导致的弊害，都是由于集中在都市方面所造成。从而认定：中国现代化建设如能把机械工业分散到农村，不仅可以就地利用原料和农村过剩劳力，且可把农村落后的手工业转变为现代化的工业。这样，既可收现代化之功效，又可避免先进国机械工业所导致的弊害。不过费先生认为还有一层好处，那就是保持社区生活的完整性，免使人变成机器的奴隶，恢复人在物中的主人地位，发挥人的生活意义，使人与人之间得到调适，俾大家有一个内心中契合的共同目的，彼此有道义上的关切，以免人类社会生活解体。这可说是费先生对中国经济建设主张迁就现存乡土手工业的地位之最高意旨所在。

费先生理想中这个乡土工业的建设图案，确是非常美丽的，值得我们去追求创造。但在创造实践上，不把建树这样一个社会应具怎样的"生产关系"，应在怎样的社会制度里才能实现这些基本前提加入考究和指明，那即使这个社会图案描绘得如何美丽，在实践上还是缺乏现实性的指导意义！

西洋先进资本主义国家的工业集中于都市，把人变成了机器的奴隶，摧毁了人性，在机器支配下，人和人之间只有工作上的联系，而没有道义上的关切，这是不可否认的事实。但把资本主义社会的劳资冲突，看作是人和机器的冲突，这种说法，如其不是有意地掩蔽资本主义社会制度僭取关系的丑恶，那便与现代初期劳动阶级怨恨机器，从而捣毁机器那种意识同等素朴。机器这东西是无生命的工具，它不仅是人在一定的社会生产关系中制造的，而且还要生

* 《关于"乡土工业"现代化问题（下）：与费孝通先生的商讨》，《新中华》1949 年第 4 期。

活在一定的社会生产关系中的人去使用它，才能发挥它的物理性能和社会性能。一种生产工具的物理性能，就它对人来说，它可以造出有利于人的结果，亦可以造出有害于人的结果。这种"利"与"害"，工具本身并不存在着成见，它的分野，不是由这种工具本身的物理性能自我去决定，而是生活在一定社会生产关系中占有它的人，在怎样的动机和目的使用它来决定的。一把屠刀，可用它来斩切肉块，帮助烹调，补充营养；亦可用它去砍杀别人，帮助逞其杀人凶性。那么，这把屠刀，是生产工具或是杀人凶器？显然不是由它自己去决定吧！机器这生产工具，虽然不像一把屠刀在使用上那么简单，但道理总是相通的。机器生产所带来的社会罪恶，不是机器本身物理性在使用上集聚的过咎，而是使用机器的社会制度所促成。机器本身只是一具铁板钢条所配构的巨大而复杂的劳动工具，它具有缩短劳动时间的机能，但机器之资本主义的使用，却延长了劳动日，加强了劳动。机器本身是人类对于自然力的胜利。但机器之资本主义的使用，却使人类隶属于自然力。机器本身可以增加生产者的财富。但机器之资本主义的使用，却造成使用机器的直接劳动生产者化为待救济的贫民。这缘由，我想费先生愿从资本主义的生产制度去加以考究，那是很容易明白的。

"人与人的失调"由来已矣！并非使用机器之后才发生。远在千年前的罗马，生产者所使用的劳动工具，还是非常简单的东西，并没有机器出现，但却有成千成万的生产担任者奴隶屡次起来暴动。这即算是费先生所说是由于"社区生活的完整性消毁了"的奴隶集中生产所造成，但在中世纪的庄园经济下，"社区生活的完整性"并未被机器所消毁，但仍有庞大的农奴群时常起来"造反"。这些"人与人的失调"事实，总不能归咎于机器集中于城市所造成吧！历史铁一般的事实告诉了我们，自从生产手段为少数人作为私的占有以来，人类社会就变成了一座"人吃人"的大筵席。这种筵席在私有财产制各特定历史阶段，所不同的，只是吃的方式。现代以前是用手抓着吃，现在却是用机器叉着吃。这也许就是"现代文明"的特征之一。正由于是用机器叉着吃，站在窗户外窥视的人，只看到机器叉在挥动，于是便认为这是"人和机器的冲突"，费先生似乎也是犯了这种错觉。在这样制度下的社会，吃者与被吃者之间又如何能发生"道义上的关切"呢！假使机器这种生产工具为参与使用它的生产者所共有，从而生产成果为他们所共享，那除却神经病以外，谁也不会仇视机器，使用它的生产者，都会把它当作自己的宝贝来爱护。那么，机器即使不分散使用，工作联系上的人们，也会发生道义上的关切，在我们看来，人与人之间没有平等的互惠，是不容易发生真切的互爱（血缘关系在某些场合也许有些例外），没有真切的互爱，道义上的关切是不易成长起来的。即便在某种场合偶尔发生，亦难长久维系。一种感情型的道义意识，也与其他社会意识一样是不能脱离一定社会物质关系的基础。老虎与绵羊之间，恶霸与良民之间，其所以不能发生道义的生活感情，也就是由于他们之间缺乏了平等互惠的生活物质条件所使然。如果把"道义关切"归之于人与人保持一定空间距离的产物，那在事实和理论上都难说得过去。在我们看来，现代都市所集聚的庞大人群，主要是借商品诸生产关系串联起来的。在外表人格身份上，大家是平等相处，但在内部社会的物质关系上，却是一团剥夺与被剥夺的矛盾统一体。在这样结合的人群，彼此的意识里，如何能生出道义关切的感情呢？如果这种社会物质关系里的利害矛盾不能解消，那即使把现代机器全部分散到农村里去，把现存都市也改建为农村，恐怕费先生所期望那"内心中契洽的共同目的"，与"道义上的关切"，还是无由形成起来，"人与人的失调"还是要继续存在着。

不从社会制度里来看人与人的关系，固然不易明白人与人之间所发生的许多社会悲剧之由来；同样，不从社会制度里来看结构在社会生产构成中的物质条件，也就不易明了那种物质条件所呈现的神秘性。机器这东西也颇有点神奇，当它被占有的主人给它以资本的身份时，它就好像受宠得了不起似的，对其主人自愿鞠躬尽瘁，真是以"死而后已"的精神来报答其主人。它不独不愿休闲，而且要加速地转动，以求在生产过程中消磨自己一定分量而推动更多的劳动力，作为报答主人的厚恩。一具无生命的机器，何以在资本主义之使用下，呈现这样的"灵性"呢？这缘由，机器本身是不会为你解答，只有请教资本家，他才能告诉你此中秘密。资本家采用机器来经营生产，其动机，是在减低生产商品的成本，加强市场的竞争力。其目的，是在追求更多的利润。一个生产经营的资本家，他要能在竞争的战场上获得尽可能多的利润。那在市场价格以及利润率平均趋向的法则支配下，不单取决于他能集中的资本数额，而且还要取决于他所支配的资本之流转速率。不单要尽可能使其资本总额中不变资本加速生产的消磨，而且还要尽可能使这部分不变资本避免在不生产的闲置中之自然的消磨。不单要求这部分不变资本对可变资本比额日益增大来提高生产力，以求在生产中减少成本，而且还要求生产出来的商品在投入市场的交通条件上获得最大的便利，使在流通过程中减少损耗和运输费用。不单要求生产出来的商品迅速地达到市场变为货币资本，而且还要求从市场上购入的诸生产条件，迅速地达到工厂转为新的商品资本。在现代各资本主义国家机械工业其所以不被分散到农村里去，而要集中于都市，正是机器被当作摄取利润而生产所给予的资本性格上述诸要点规定了的。

大家都知道，农业生产，由于自然季节性的关系，农忙期与农闲期是交互更迭存在着。一般农民在农闲期，他们固然可以把劳力移于就近的工厂或自己家庭里所安置那一部分的工作机器，从事工业品的生产劳作。但到了农忙期，他们就不能使用制造工业品那些机械工具去从事农业上的生产劳作。因为直到现在，机器这生产工具由于它本身构成的整体性，从而规定了它在使用上的局限性。它不像一把简单的刀，可以用去砍柴，又可用去割草割稻，还可用以削制手工艺品，……使它在多种多样的劳动对象上适合使用，从而农忙期，机器在农村的休闲是免不了的。这在资本主义之商品生产的使用上不仅不适合于资本加速周转的要求，而且不适合于避免自然损耗的要求。一个简单的农家生产工具，虽然也时常闲置，但它的价值比较一部机器的价值，那是小极了，从而在自然的损耗上，比之机器也小得微不足道了。机器之资本主义的工业生产使用，其所以不分散到农村里去，而要集中于都市利用农村游离出来的剩余劳动者，那显然不单是由于这种劳动者失去了自有的生产手段，在生存威迫下要必然廉价出卖他的劳动力，而且还由于这种劳动者失去了土地，没有农业上季节性生产劳作的牵制，可以恒常地在工厂里来推动机器，使资本家的机器在日夜轮班转动不息的场合，加速其资本周转的速率，免除因闲置而引起的自然损耗。

其次，我们还得明白，一种具有高度生产力的机器，在生产对象使用上的局限性，也就规定了它大量生产的单一性，从而也就规定了机器生产物的超自给自足性。如果这种超自给自足的生产物是当作"为卖而买"的商品，那它必然的会要求把自己商品资本的身份，通过市场买卖关系，迅速转为货币资本再迅速转为生产条件的商品资本。由此，加速其循环运动，达成扩大累积自身的任务。这种累积的速率、市场与交通条件，是居于枢纽的地位。现代农村与都市，在经济性质上的分野，不是在于人口聚集多寡的差别，而是在于商品运动集中与分散的区别。虽然都市工厂在生产上所需诸生产条件，大部要取自于农村，生产出来的商品，又大部分要农村人口来承销，但却不是某一个农村或某一较小的农村社区所能单独适应此种买卖的要求，这是由于农村社区自然条件和人口社会条件规限了的。从而在资本主义之使用的机器，潜居乡村担任工业生产，它需要买卖集中与迅速进行的条件，就不易获得。机器之资本主义的使用于工业生产，其所以要集中于都市，那不单是由于都市为交通要枢，为已集中的人口之买卖集中地，而且还由于它能把分散的广大农村社区个别的零碎的买卖行为汇集到它的怀里，使商品资本与货币资本交互转变的反向运动得以迅速地进行。现代都市便是在这种商品生产制度下孕育成长起来的。

因此，我们可以结论地说：如其费先生不反对商品生产制度，而反对商品生产的机器工业集中于都市的发展，那这种意识，就会被人看作是浪漫的。如果费先生不反对商品生产方式在我们社会现存内外条件下还有其存在乃至合理发展的必要，那即使在工业建设措施上，能由人力的控制作用，把现代技术的机器生产工具输进农村手工业里去，分散使用，它将带来的后果，不是商品生产受到阻力而无法扩大机械的生产发展，就会是商品机械生产的发展把这种工业所在地的农村逐渐变为大大小小的新都市。现代的都市，又何尝不是这样的发展起来的呢？那么，费先生所顾虑的那些弊害，还是无法免除的。

说明到此，也许费先生会这样反质：美国是高度发展了的资本主义典型国家，何以能推行 T.V.A 这种农村社区现代化经济建设呢？那我倒要反问费先生：这个 T.V.A 田纳西流域垦辟区，在美国整个资本主义社会经济领域中占着多大的比重？充其量也不过是美国资本主义经济广场中一个点缀的小花瓶供人欣赏而已。何况这个小花瓶的建造，还是由于"世界巨人"的罗斯福的魄力在新政上置下这样一个点缀品，然而也仅是这样一个点缀品，已经遭到华尔街的巨头们不知多少的指责。要不是美国金融资本家集团势力的阻抑，那十余年来以美国社会经济基础的人力物力条件，该不知有多少个 M.V.A 了！可是事实上，十余年来连第二个类似 T.V.A 的 M.V.A（Missouri Valley Authority）还无法继建，这还不够证明资本主义国家欲扩大这种社区经济类型建设的阻力么？如果以为美国建立了这样一个花瓶似的 T.V.A，就认定这是美国资本主义经济趋向"把机器所拆散的社区生活重新恢复"的发展迹象，那就未免太看得简单和轻松了。我们有理由敢预断，如果在现存的美国社会经济体制下，要把 T.V.A 这种社区建设扩展到全国，那与资本主义利用原子能去从事商品生产，尽管在技术内容上有所不同，而在社会关系上，却是一样的碍难！事实会告诉我们；这种农村型的农工合一之现代化建设，不在全面的彻底的计划经济体系下，那是不可能实现的。但全面的彻底的计划经济建设实施，却不是在资本主义制度下所能推行的，因为那不是单纯的技术问题，而是有关社会制度的变革问题。这点，我想费先生如果就生产与分配关系加以考究，是会承认的。

四

我在上一节的论述，也希望费先生乃至读者不要误会我是在反对中国现阶段经济及其现代化建设中，民族资本或国民资本应占有的地位。与其说我的论究说明，其意旨在反对现阶段中国经济建设中，民族资本或国民资本的存在和发展；毋宁说我是在借此指出费先生的主张，如其实践，将有碍于我们民族资本或国民资本顺畅累积的发展，将有碍于这种资本经营的机械工业本身合理的成长。

在近一个世纪以来，中国人民大众不独吃够国际资本发展的亏，而且还吃够我们自己民族资本或国民资本未发展的亏。不仅吃够先进资本主义国家产业高度机械化的亏，而且还吃够我们自己国家产业未能达成机械化的亏。也正因此故，使我感到：在现存的国际经济条件下，如其无法堵塞舶来洋货涌入我们市场倾销，从而由这种倾销不免要把我们幼弱的产业作为其牺牲者的场合；以及在现存中国的落后社会经济基础上，我们还没有实行全面的彻底的计划经济之可能，而还需要民族的或国民的资本加速累积，机械工业合理而自由发展的话，那就应该早为它们找一条可能较顺利发展的途径。费先生的主张办法，在资本自我累积进行要求上，在机械工业本身合理发展要求上，显然是不大适应，而且会发生阻力的。我在前面说明资本制商品生产内在结构发展到一定程度必然招致的诸弊害，那是为了费先生把它理解为纯技术范畴的产物而需要加以辨认的说明。费先生以为先进资本主义国家，晚近把机械工业逐渐分散于农村避免集聚于都市，是在谋灭除资本主义的弊害，我们为防患于未然计，应先设法避免机器工业集中于都市，免蹈覆辙。这在我们看来，与其说是资本主义国家为了"安定和改善民生""成全人性"，"对资本主义制度加以修改"，那毋宁说是为了准备国际战争，在适应战争的要求下，对于集中于都市易遭轰炸的国防工业加以遣散和布置，避免空袭上的损失，俾能发挥持久的战斗力。费先生的主张立论明白告诉我们，既不是基于国防军事上的要求，也不是一种暂时性的过渡时期措施，而是一种永久性的"非但切实而且合乎理想的社会方式"的设计。如果是当作一种"理想社会方式"的设计，那倒未尝不可，但认作是合乎中国现社会经济要求"切实"的设计，那就值得再加考究了。在费先生也许自以为这就是实行计划经济、安定和改善民生的设计，是避免乡土工业因机械工业兴起而崩溃所引起的大量失业和贫困的最好办法。如其我这里所说没有误解费先生意旨的话，那不独反映费先生对于真正的计划经济应在怎样的社会生产关系里和怎样的政权条件下才能推行这一基本前提有欠认识之嫌，而且还显示费先生对于计划经济本身的了解有点暧昧。

要现代化，同时又要安定和改善民生，这无疑是我们经济建设上要求达成的主要课题。但把这种达成认作与社会制度的变革无关，只当作一个纯技术的问题去把握，那我们这辈研究社会科学的人根本是多余！我不知费先生是否有此感触！研究社会科学变成了多余，那倒不足以为憾，未尝不可改行，无奈推动一个社会的改革进步，在实践上却不是自然技术科学单独的所能负荷。中国传统的社会体制，尤其是这社会体制构成中具有若干特质的落后土地占有关系，不加以合理地改革，那现实加诸中国人民的苦难，不独会延长时程；而且会加重成分！

历史的教训是我们应当接受的时候了！

时间不等人呀！

关于经济管理体制改革与两个调节的几个问题[*]

——10月30日在省经济理论讨论会上一次发言

　　这次省委宣传部、省社联与省经济学会联合召开的社会主义经济理论问题讨论会，对社会主义经济形式与体制改革问题、社会主义经济结构和目标问题、调节理论问题进行了广泛深入的研讨。连日来，我在小组会和大会上听到许多同志的发言，对我很有启发。我参加的小组是着重讨论调节理论问题，同志们对两个调节问题发表了许多有分量的意见，对一些问题还有不同的看法。由于两个调节理论问题紧密联系着经济管理体制改革，我想谈谈个人的看法，向同志们请教。

一、我国现行的经济管理体制的特征与形成的由来问题

　　我国现行的经济管理体制如何改革的问题，近年来，国内经济学界已进行了热烈的研讨，业务领导部门已铺开了大批改革试点，形势很好，效果喜人。我国是社会主义制度的经济，这是没有怀疑的，但对它的特征却存在不同的看法，分歧集中于是什么样的社会主义经济。有些同志认为社会主义计划经济是所有社会主义国家的共同特征，只是社会主义国民经济计划有所不同，这个看法值得商榷。我认为，马、恩经典著作上描绘的社会主义计划经济与我国的现实国民经济还有很大的差距。我国现实的国民经济是国家用行政办法高度集权的管理体制，生产社会化程度很低，还有大量社会主义的自然经济。我这样表述是我不同意有些同志的说法，把我国现在国民经济中的自然经济看作是封建性遗留的自然经济，这在理论上讲不通，在逻辑上也是混乱的。诚然，刚从旧社会脱胎出来的社会主义社会，是带有旧社会母体的斑痕，但在私有制全面改

---

　　* 《关于经济管理体制改革与两个调节的几个问题——10月30日在省经济理论讨论会上一次发言》，《财经理论与实践》1980年第1期。

造为公有制后，社会主义生产方式已居于整个社会经济关系的支配地位，由于国家用行政手段管理的体制是建立在社会化程度很低的经济基础上形成的自然经济成分，其属性已与前资本主义私有制社会的自然经济有本质区别。事实很明白，农村社队集体劳动成果商品率低，不能说这种集体经济中自给自足部分还是前资本主义社会遗留下来的非社会主义经济成分。由于生产单位隶属于社会主义国家的行政部门，因此割断了行政区域之间商品交换关系，形成各行政区互相封锁，各自搞"大而全""小而全"的生产布局，因而具有浓厚的自然经济色彩。但这种社会化水平低的模式，不能说是封建性的自然经济。自然经济是由于社会分工不发达而形成的，社会分工程度是由生产力的性质和水平决定的，存在于某一社会形态中的自然经济是由这个社会居于支配地位的生产方式决定其属性。在人类历史上各特定社会形态中都存在过不同水平的社会分工，都存在过一定比重的自然经济。商品经济是自然经济的对立物，在一定社会结构中，商品经济愈不发达，自然经济比重就相对地愈大，它的社会属性是由这个社会居于支配地位的生产方式所决定，不能说社会主义社会存在的自然经济是和封建社会的自然经济没有区别，是封建自然经济的残余。封建社会的思想意识能遗留到社会主义社会，封建的经济成分不可能残留在社会主义经济结构中。不分清这点，那就会把社会主义商品经济看作是资本主义商品经济的遗留，把改革经济管理体制看作与发展社会主义商品经济无关，实践证明恰恰相反。改革我国现行社会主义经济管理体制，是发展社会主义商品经济具有决定性的措施，因为它制束了社会主义商品生产的发展。

我国现行的经济管理体制的形成，是由于：（1）无产阶级革命取得了政权，把官僚地主买办资产阶级占有的生产资料没收归国家所有，由国家直接建立和管理无产阶级专政的物质基础；（2）改造民族资产阶级的企业是由国家运用政权力量进行的；为堵塞不遵守法纪的资本家从中渔利，打击投机倒把，保证生产照常进行，由国家行政机关供料定货，统购包销，组织公私合营形式。改造完成，为加强无产阶级专政权力直接掌握物质基础，把这方面的企业收归国家所有。（3）第一个五年计划期间新建百多项大中型企业，大多是仿效苏联那套办法，由国家财政拨款，政府直接经营管理，很自然成为国家所有制。国家是阶级统治的暴力机器。无产阶级专政的国家政权机关，具有整体性和统治强制性，并赋予国家所有制以高度集中性与行政经营管理的强制性。无产阶级政党紧紧把国家这部机器掌握在自己手里，这就形成以无产阶级的政党为核心的党和政府两位一体的上层建筑主要部分。由于无产阶级的政党是代表全国人民利益的，党掌握国家机器，因而无产阶级专政的国家所有制就具有全民所有制的社会主义性质与形式。因此，我们的社会主义国家所有制又称为社会主义全民所有制。这与马克思所讲的全部生产资料为社会全体成员直接所有和占用的全民所有制，是有很大程度的差距，但不能说不属全民所有制。就我看来，在一个经济还不发达的国家，无产阶级取得政权后，所建立的全民所有制，只能是这样的模式。国际上已建立无产阶级专政的国家，最初都建立过这种模式的全民所有制。

由上述这种模式的全民所有制建立的社会主义计划经济，很自然地形成国家用行政直接经营管理的高度集权的经济管理体制。在社会生产还不发达，物资供应相当紧张的情况下，国家计划经济必然具有强行控制的特征。这在一个版图辽阔、人口众多、生产落后、发展极不平衡的社会主义国家里，国民经济计划不易适应生产条件千差万别的生产单位的实际情况，使生产关系和上层建筑在许多方面不能适应生产力性质和水平的发展要求，从而出现生产关系与上层建筑很不完善的许多缺陷。在党的八大会议上中央有些领导同志看到了这些缺陷，并提出了改革的好意见，但受到极"左"思潮的抵制，并把它看作是"右倾"。康生、陈伯达之流进行干扰破坏，党的工作重点未能及时地转到社会主义经济建设上来，经济管理体制的改革不仅无法进行，而且使这种体制进一步延伸进全国农村的集体所有制经济领域，具体表现在人民公社的政社合一体制上，把农民联合的集体经济隶属于国家行政体系，使之失去了各集体经济单位的相对独立性，而成为国家所有制的附属品，这不能看作是全民所有制经济对集体所有制经济发展中增强了领导地位，实质上是国家行政对集体经济加强控制。这样，就形成了中央高度集权的用行政手段控制、调节的经济管理体制。在国民经济计划上是用行政指令把人财物安排于生产和流通，生活消费品大多也是用行政定量分配，谈不上按客观自然规律与经济规律办事，计划本身不可能全面反映客观规律的要求，这就是我国经济计划存在严重缺点的症结所在和由来。

我国经济管理体制存在上述的缺陷，为何未能适时改革？原因很多。党的十一届三中全会以及国内经济学界与业务领导部门，在总结过去三十年的经验教训中已明确指出了复杂的历史和社会的根源。这里，我只分析一下左倾思潮的发展与对马克思经典文献的错误理解有何关系。

国内经济学界已有许多同志著文并指出，马克思在《哥达纲领批判》中所描绘的社会主义社会，是建立在高度工业化、社会化大生产基础上的模式，我们许多领导干部和有些经济理论工作者，却把它看作可以通过"不断革命"即可实现的目标。这样，就引出了对"不断革命"理解上的分歧。马克思在《1848年至1850年的法兰西阶级斗争》一书中，针对布朗基的"左倾"思想，写了关于"消灭四个一切"的一段话（见《马克思选集》第1卷第479页）。

有些同志把这段话作为"不断革命论"的经典理论依据。这是我们内部可以商榷的问题。然而，康生、陈伯达、张春桥之流怀着不可告人的目的，也把这段话作为"不断革命论"的依据，而大讲特讲什么"继续革命"的理论。特别是张春桥那篇黑文章《论对资产阶级的全面专政》，就是把"消灭四个一切"这段话和《哥达纲领批判》中所讲的"资产阶级法权"作为立论的两大经典文献根据。他的歪曲篡改，流毒极广且深。关于"资产阶级法权"问题，近年来已有许多文章进行了正本清源的揭批，但对于"消灭四个一切"的"不断革命论"，迄今未有文章正本清源进行考证批判，而且近年来还有些理论工作者仍在宣传这个观点，并把这段话作为马克思的"不断革命"理论依据照例引用。前几年，我写了一篇考证的稿子，作为自己对这段文章的学习笔记，感到马克思在这本著作中写的"消灭四个一切"这段话，不像是表述他自己的不断革命思想体系，而是转述布朗基的"左"倾思想的不断革命论。因为马克思的不断革命论是就各国无产阶级联合起来同时取得世界革命的胜利而说的，在这同年三月马克思与恩格斯写的《中央委员会告共产主义者同盟书》已经作了明确的表述。这段话只是讲述无产阶级专政在一个国家内部的不断革命，根本没有讲到无产阶级国际主义的不断革命，这正是布朗基思想不同于马克思科学共产主义思想的主要区别。这段话里所讲的"革命的社会主义"这个概念，马克思在七十年代之前没有在他的著作中或其他任何地方用以表述自己的科学共产主义革命理论。恩格斯、列宁乃至斯大林都没把这"消灭四个一切"作为马克思的不断革命理论引述过。而康、陈、张之流却（将之）当作马克思的"不断革命"理论大肆宣传，其目的在于推行其极"左"路线，篡党夺权，蓄意歪曲马克思主义的理论体系。可是我们党的许多领导人（包括毛泽东同志）都没有及时识破，致使他们这些败类得售其奸。因为没有把这段话里讲的"就是无产阶级的阶级专政"这句话加以分析，以为布朗基是不讲整个革命阶级即无产阶级专政，而是主张在政变中领导武装斗争的少数几个人的专政，这里讲的是"无产阶级的阶级专政"，就不是布朗基的而是马克思的不断革命论。就我看，这是错觉。当时布朗基主义者也是常常谈论不断革命和无产阶级专政，他们的号召同共产主义同盟的口号在外表上是相似的，只是含义和意义根本不同。马克思在这段话里是引述了布朗基主义者的号召，并在这段话的最后还表明："由于本文叙述范围所限，我们不能更详细地来讨论这个问题"。我认为抓住两件事就可以分清：一是马克思表述自己的不断革命论，在《告共产主义者同盟书》（第385页）这个正式文件中已表述了，对照一下即可明白；二是当时法国无产阶级是团结在布朗基周围，还没有团结在马克思的共产主义同盟巴黎支部周围来，怎么能断定当时法国无产阶级接受了马克思的科学共产主义不断革命论？二十多年来泛滥在我国意识形态领域的极左思想，与此错误认识有密切关系。直到现在，有些干部和群众怀疑经济管理体制改革是"右倾""倒退"，我认为这与康、陈、张之流宣传的"不断革命论""全面专政"（当作马克思的语录广泛传播）流毒未能肃清有关。

二、我国现行国民经济管理体制的弊病与改革必要性问题

我国现行的国民经济管理体制需要改革，在经济学界这是一致的看法。但广大干部群众在实践中，对许多问题还缺乏理性的认识，仍需要经济理论工作者从理论上作出解答。有人提出这样的疑问：近来经济管理工作者写了许多文章，把现行经济管理体制的弊病摆了一大堆，好像它已坏得不可开交。既然如此，为什么我们国家过去三十年来又取得很大的成绩？而这些成绩都是近三年来在全国人大会上和中央许多文件中肯定了的。这难道是假的吗？如果成绩属实，一大堆弊病又何解释？弊病要讲，但更重要的是弊病是来自国家所有制，还是来自别的方面？改革国民经济管理体制是否就是改革国家所有制？改革体制有什么客观经济规律作依据？能否科学地预见改革将产生的好效果？所有这些问题不从理论上讲清，广大干群不明白其中的道理，那是不易自觉地去从事这种改革的。我认为广大干群的这种要求，是值得重视的，更不能把这种反映一律看作"保守"，理论工作者和宣传部门有责任作出理论回答。

我国现行的国民经济管理体制，既是在我国社会主义革命历史进程中形成的，不能说它的存在在过去任何时期、任何方面都没有起过有利的作用。事实很明白，解放初期对民族资本企业的社会主义改造，正是由于国家直接掌握大批企业和物资，三大改造才得以胜利地完成。回忆起来，在抗美援朝期间，许多奸商与企图反抗改造的资本家兴风作浪、投机倒把、搞乱社会经济秩序，其所以未能得逞，正是由于国家直接掌握着国计民生的经济命脉，才保证了抗美援朝任务的胜利完成。在公社化期间，由于"一平二调"与土法上马大炼钢铁的失误，加上自然灾害带来的破坏，经济上的损失是严重的，物资供应是很紧张的，但由于国家采取了有力的经济措施，制服了抢购风，稳定了市场供应秩序。在"文革"期间，国民经济几乎濒于总崩溃的边缘，由于国家掌握着有关国计民生的经济命脉，基本上保证了必需的供应，人民生活水平虽低，但经济生活基本是稳定的，我们国家没有在这场持续十年之久的浩劫中崩溃，国家所有制起到了稳定的保证作用，是很明显的。正因为如此，社会主义国家所有制

的经济计划用行政手段在全社会范围内实施，也有过合理安排人、财、物于生产、流通和分配的事实，因此说它在任何时期、任何方面，都是消极的作用，那也是脱离实际的主观片面观点。

但能否由此就肯定我们实行了三十年的经济管理体制，在进入以建设为中心的新的历史时期，仍需要保持原样而不应改革？那是脱离历史发展实际的保守观点。十分明显，在革命战争与阶级斗争大风浪年代建立起来的经济管理体制，中央过分集权，用行政手段全面管理国民经济，在生产发展极不平衡，社会化大生产还未普遍建立起来，现代的管理手段还不具备，在各个企业单位、各个不同劳动者之间还存在着不同的物质利益的条件下，企图越过商品经济历史阶段，由国家统一的无所不包的计划来直接控制、指挥全国各生产单位，或者不顾当前生产力的性质和水平，单靠上层建筑的国家用强制力量，使各种不同的所有制形式过渡到单一公有制社会阶段去，那是不可能实现的。这在理论上国内经济学界已基本阐明了，国际上已有的社会主义制度的国家在实践中也获得了正反两方面的经验教训。我们要搞社会主义经济现代化建设，尽快发展社会生产力，按照原来那一套老办法老路子是走不通了，这就是历史决定了我们改革经济管理体制的必要性。只有改革才能铲除已发生的弊病，因为现行的经济管理体制，是在革命战争年代，在暴风骤雨的阶级斗争中和物资供应紧张的社会历史条件下形成的，毛泽东同志生前曾指出过，我们的上层建筑与生产关系某些环节还不完善，要进行改革。实践证明，现行经济管理体制已不能适应建设社会主义社会化大生产的要求。这种不适应性表现在上层建筑与生产关系束缚了现代化生产力发展的要求，十分明显。

1. 现行经济管理体制，是用高度集权的行政命令手段管理经济，把企业变成国家行政机关附属物，它与商品价值规律发挥作用要求的企业拥有相对独立性存在很大的矛盾。这矛盾造成现行经济管理体制窒息了各企业积极改进经营管理、严格核算制度、提高劳动生产率、节约消耗、降低成本、提高质量、讲求效果的内在动力和外在压力。它容易滋长官僚主义，因循守旧，造成积压浪费、经济效果差等严重弊病。因为国家所有制用行政命令管理企业，否定了企业的相对独立性，使企业职工处于被动地位，不能发挥社会主义劳动者的主人翁精神；企业之间没有物质利益差别、吃大锅饭，价值规律运动作用促使的竞争动力体现不出来。各个企业发展与否，全由国家行政安排；企业职工劳动成果，全由国家统收统支，包购包销，自己无权支配；企业职工的工资收入全由国家统一规定，与所在企业经营管理好坏、劳动效果高低、盈亏多少没有直接挂钩，物质利益刺激完全消失，企业变成了一池死水，缺乏比优劣、求先进的竞争活力。因而弊病丛生，社会主义制度的优越性发挥不出来。

2. 现行国民经济管理体制是由国家用行政手段从上而下组织起来与指挥企业活动的，商品价值规律横向联系作用被封闭了，因而与提高劳动生产率、发展社会化大生产发生了很大的矛盾，束缚了现代生产力的形成和发展要求。它不利于打破自然经济体系，实行社会专业化分工，改进科学技术，提高劳动生产率，组织社会化大生产，由此造成生产重复布点，地区经济各自为政，形成"小而全"、"大而全"、自成块块、彼此自给的大大小小自然经济区。它妨碍互通有无、扬长避短、发挥优势、促进社会化分工协作的发展，这是违反社会主义国民经济适应历史发展规律要求的。实践已证明，无产阶级在一个半封建半殖民地社会生产落后的基础上建立的社会主义公有制，不可能逾越商品经济来实现社会化大生产。没有社会化大生产的物质基础，马克思所描绘的社会主义社会就不可能实现。我们现行的国民经济管理体制不利于进一步促进现代生产力的发展，妨碍了社会主义制度优越性进一步发挥。

3. 现行经济管理体制在经济计划上主要是由国家用行政手段直接安排人、财、物于生产、流通。这种纯行政指令性的计划调节，与国民经济各部门、各单位、各地区生产条件千差万别发展极不平衡的状况存在着很大的矛盾，使国家经济计划，既不能适应几十万个企业的具体要求，又束缚了国家经济计划广泛深入整个国民经济领域全面调节机能的发挥，从而使国家的经济计划变成十分僵化而缺乏灵活的机制力。社会经济秩序虽然稳而不乱，但却形成了一池死水，没有活力，市场供应非常简单呆滞，产销脱节，积压浪费严重，人们需要的商品缺少，不需要的堆满仓库货柜，市场失去调节供求、促进生产发展的机制作用。在国民经济结构中具备现代生产力的企业所占比重甚小，生产条件千差万别的企业所占比重最大，在缺乏现代计算统计和信息系统的装备条件下，国家行政计划机关要精确地测量各生产单位的产品价值，作为制定计划价格体系的依据与安排相互间的协调比例关系是难以办到的。实践证明，单用行政指令性的计划调节，不把它与价值规律作用的市场调节结合起来，我们的经济计划，不可能把社会经济搞活，不可能使国民经济全面加快发展，适应四化建设要求。要运用价值规律发挥市场调节作用，就必须改革现行经济管理体制，在国家计划指导下，发展社会主义商品经济。

总的说，在我们进入社会主义现代化大生产建设新的历史时期，改革国民经济管理体制，是客观经济规律的要求，是我们党领导全国人民要完成的伟大历史使命必须采取的重要措施。

三、计划调节和市场调节相结合的问题

关于计划调节和市场调节问题，我国经济学界与业务部门近年来已进行了热烈的讨论和探究，我想就以下的问题，谈谈个人的看法。

关于运用两个调节的必要性，它的根据是什么？简言之，它是我国社会主义国民经济进一步发展的客观经济规律的要求。在国家计划指导下，大力发展社会主义商品经济，是我国社会主义现代化建设过程必须坚持的方针。因此，国民经济计划必须贯彻计划调节与市场调节相结合，在国家计划指导下，注意充分发挥市场调节的作用，这是中央已定方针的提法。有的同志问：为什么现在又不提"以计划调节为主"呢？我的看法，这不是计划调节不重要了，而作为方针提出以谁为主，很容易在实践中产生片面性的毛病。同时在理论上还提不出充分论据。大家习惯的看法，就是计划调节是运用有计划、按比例发展规律，市场调节是运用商品价值规律。这两个规律都是由社会主义基本经济规律所统率，都是为基本经济规律服务的。但这两个规律在社会主义社会诸经济规律的体系中，各自居于怎样的地位？国内理论界曾讨论过谁是老大、老二的问题，但还无人作出科学的论证，还搞不清现阶段国民经济运动中谁处于矛盾的主导方面。这点搞不清楚，在制定方针中提出以谁为主，就缺乏科学依据。提出两个调节相结合，在我们讨论中没有不同看法，但这两个调节相互关系如何？却发生了激烈的争议，分歧仍是"一块论""二块论"。就我看来，这种争议是由于对"计划调节"这个概念的含义有不同的理解。按照习惯的讲法，计划调节是指由国家计划直接安排的生产和流通。就这个含义来说，在制订两个调节计划各自利用的经济规律，它们的客观作用是相互渗透、相辅相成的。因为同时存在于同一社会形态的诸经济规律，不可能是各据各的地盘，彼此隔绝的。所以，两个调节在客观作用上是不能分成两块的。但制订的计划调节所规定的对象范围，如计划指令性规定某类产品的数量质量规格和价格，不在此规定内的产品，可以根据市场的需要进行生产，价格可以用协商的议价或自由浮动的价格自由销售，从这种计划规定本身来说，是主观性的。因为它不允许某类产品既是指令性的计划价格，同时又可以不是指令性计划价格。我认为狭义的计划调节是指令性的，由国家计划直接安排的生产和流通；广义的计划还应包括指导性的，即运用各个自然规律与经济规律的全面计划调节。在计划指导下充分运用市场调节，应包括在广义的全面计划之内。

在这里，我还想讲点看法：在今后相当长的时期内，狭义的计划调节与市

场调节必须结合，这是我国现阶段现实经济条件决定了的。单用狭义的计划调节，即指令性的计划调节，那是走老路，行不通的。但也不可能单搞市场调节，那样的话，整个国民经济综合平衡就不能搞好，特别是财政、信贷、物资、外汇四大平衡难以实现。当人民消费需要的生存物资供不应求时，对它实行市场调节，不独难以收效，而且会引起市场物价上涨的连锁反应，影响人民的生活，这就决定了在我国的条件下，要实现国民经济的综合平衡，人民必需品的生产和需要的平衡，狭义的计划调节是不能否定的，它只宜根据生产增长，供求已不紧张的具体情况进行调整。所以计划调节与市场调节相结合，在国家计划指导下，充分利用市场调节的作用，是我国经济条件决定了的，它是不以人们意志为转移的，运用市场调节做到什么程度和扩大到怎样的范围，还要看贯彻调整、改革、充实、提高的方针和有关政策，对国民经济综合平衡、特别是"四大平衡"创造了怎样的条件来决定。

最后，我还想对以下一些问题谈谈看法。

1. 关于调整和改革的关系问题。"调整是改革的前提"这个提法是有充分科学根据的。因为调整的任务主要在于克服国民经济结构中农、轻、重及其内外比例关系的严重失调，把国民经济综合平衡基本搞好了，全面改革的经济效果就有了保证。但这有个过程，这就决定了国民经济体制改革必须要有规划、有步骤地稳步前进。体制改革的中心环节是扩权，即使企业拥有相对独立自主权而成为相对独立的商品生产者，这是发展社会主义商品经济使价值规律充分发挥作用的关键，是发扬企业职工当家作主的民主精神与力争上游的创新精神的支点。只有在这个基础上，发挥优势、保护竞争、推动联合的方针才能有效地贯彻。而最优的联合，又将决定我国国民经济结构中微观经济的发展与宏观经济的要求协调一致的蓬勃发展。因此，在改革进程中，如何搞好联合，是很重要的工作。这是我的总看法。

2. 关于在国家计划指导下充分运用市场调节作用是否会发生新的弊病问题。在讨论中好些同志反映了许多新情况，提出了一连串的新问题，如：以劣充优、欺骗买者，投机倒把、套购转卖，是否会使资本主义经济滋长？是否会引起物价波动造成连锁反应？封锁先进技术和经验、阻碍互相促进提高？束缚发挥优势、开展竞争，是否会形成垄断？价值规律作用是否会引起收益差别不断扩大，苦乐不均？……所有这些弊病，我认为都可能发生，但在改革体制，发展社会主义商品经济过程中，发生这些弊病，从总的方面来估量，是利大于弊。在国家计划指导下，根据实际情况稳步前进，运用市场调节作用已出现和可能发生的上述弊病，是可能克服的。这就是社会主义制度优越性的体现。科学理论的重要性，不仅在于已发生的问题能够指导实践进行解决，而且还在于未来可能产生的问题具有科学预见及时创造条件，使问题在萌芽时予以解决或防止产生。下面我想就上述这些问题加以分析，谈些看法。

（1）有的同志说，市场调节确实把市场搞活了，但出现了许多坏现象，用次品冒充正品，以劣品混充佳品，骗人又欺人，套购转卖，少斤短两，变相提价，投机倒把盛行，是否会使资本主义经济滋长？与运用价值规律作用有无关系？我的看法是有关系，但不是任何场合都必然发生的现象。说与价值规律运动有关系，是由各个单位的商品价值转化为社会价值，即市场价值，总是有差距的，市场价格在供求关系影响下总是围绕市场价值而上下波动的，不可能使每个商品的价格都能符合价值，这是价值规律运动反映在价格形态上的常有现象，二者不符合，就是一种虚假性，商品卖者往往利用这种虚假性进行以劣品冒充优品、以次品冒充正品、少斤短两等等手段进行欺骗。当某些必需品供不应求时，就会发生套购转卖、投机倒把、提高价格、从中牟利的行为。所有这些现象在任何社会的市场上都会发生。社会主义制度的市场也不例外。这些是否会使资本主义经济滋长？我认为在社会主义公有制占绝对优势的支配地位，作为资本主义生产方式的资本主义经济形态是不能滋长的。但在一定社会条件下的流通领域货币转化为货币资本是可能出现的。因为货币转化为货币资本并不一定要依存于资本主义生产方式，只有一方处于被生活压迫、被强制的地位而必需货币，货币就可能转化为吸血鬼的资本。落后的高利贷资本与独立的商业资本就是如此积累的。马克思在《资本论》第一卷第九章说明资本是一种强制关系，就是这个道理。我们社会主义国家计划指导下的市场，只要加强经济立法、司法工作，加强市场管理，上述这些弊病是可以消除和防止的。

（2）关于运用价值规律作用进行市场调节，是否会造成连锁反应的物价上涨？这个问题不能笼统地估测，要具体分析。商品涨价，并不是价值规律运动本身必然产生的，是货币流通量与商品可供量不相适应造成的，通常所说的通货膨胀是物价上涨的根源。在我们社会主义国家，只要"四大平衡"不出大问题，物价是可以稳定的。即使有一点财政赤字，只要国计民生的物资能基本保证供应，市场某些商品涨了一点价，也不会造成连锁反应的物价上涨。我认为值得注意的是：人们生活的必需品，尤其是生存的生活消费品一旦物价上涨，计划控制不好，是会造成连锁反应的物价上涨。因此，在"四大平衡"还不能实现，人们生存的必需消费品供应紧张，那对于这些物资就不能放弃国家的计划调节。认清和掌握这个要害，对于稳定市场，是有重大作用的。

（3）关于运用市场调节，发挥优势，保护竞争，是否会造成各企业封锁技术、互不交流先进经验以及是否会形成垄断问题。我的看法是：从价值规律本身运动来说，这种弊病是会出现的。因为相对独立后的各个企业在价值规律作用中，其收益是与本企业单位的职工物质利益直接联系着的。在劳动还是谋生手段的条件下，要求职工不计较物质利益，那是不切实际的，也是违反运用价值规律作用的本意。一个企业收益的薄厚，是与其生产经营管理好坏、能否采用先进技术提高劳动生产率、做到价廉物美有直接的关系。在竞争中居于优势地位，就愈能发挥优势获得更多利益。如果先进的技术和经验普遍化了，这个企业就不能独享厚利了，由此而出现封锁技术、互不交流先进经验的弊病，在社会主义国家也可能出现，但可以通过奖励条例等办法来解决。而竞争中形成的垄断可以用各种经济杠杆进行调整，尤其是银行金融信贷能发挥更大的指挥力量。因为企业要提高劳动生产率，取得优势地位，必须提高技术有机构成，物化劳动的资金比重相应地愈大。生产资金额中的物化劳动资金比重增大是与周转速度成反比例发展的，这就促使企业必须依赖银行信贷的支援。在现代国民经济中银行日益居于神经中枢地位，没有银行，企业形不成垄断组织。社会主义商品经济的发展，同样体现这个规律性。社会主义银行对企业投放资金愈多，彼此关系就愈紧密，银行就会成为组织企业联合与指导各企业生产经营的中心指挥站。社会主义银行是社会主义国家的强有力的经济杠杆，我们国家经济计划利用银行的杠杆，能够有效地保护正当竞争，推进有利于全面发展国民经济的最优联合，防止垄断。

（4）关于市场调节发挥价值作用，是否会造成经济条件优劣不平衡的地区之间和城乡之间、工农之间利益差别，不断扩大苦乐不均？这个问题，从价值规律本身作用来说，是会发生的。因为在一定的科学技术条件下，历史的、社会的、自然的条件差别，在经济效果上是难做到平衡的。农业技术有机构成一般总是低于工业，价值规律作用是会扩大苦乐不均，这方面要有科学的预见。社会主义制度的优越性，不在于发展商品经济不会扩大这些差别，而在于社会主义国家计划不受资本运动规律所支配，能够利用各种经济杠杆进行合理调整，通过经济区划合理布局，组织企业最优联合，运用银行信贷和利率与财政拨款和税率等等手段和杠杆进行调节，使后富赶上先富的地区和单位，消除苦乐不均的弊病。

最近国务院公布的《关于开展和保护社会主义竞争的暂行规定》，就是对社会主义竞争已产生和可能发生的弊病，采取有效地克服和防止措施。它的贯彻执行，对于逐步改革现行经济管理体制，积极开展竞争，保护正常竞争顺利进行，调动生产经营单位和劳动者的主动性、积极性和创造性，扬长避短，发挥优势，推动联合，防止弊病，进一步把经济搞活，不断满足人民群众的需要，加快四化建设的步伐，具有重大的作用。因此，我认为：社会主义制度的优越性，不在于是否会发生上述弊病，而在于能够自觉地采取有效地克服弊病的措施。

以上这些看法，错误之处，请同志们指正。

（附记：本文是匆匆写成的发言稿，在会上由于发言时间短，只讲了要点，这里把全稿发表，是为了便于向同志们请教。）

认清生产目的　总结经验教训*

社会主义生产目的的讨论是真理标准讨论在经济理论方面的继续和发展。通过讨论，既要在理论上和思想上提高对国民经济调整必要性的认识，又要探讨实现社会主义生产目的的有效的道路和方法，促进国民经济调整、改革方针的贯彻落实与稳步协调地持续发展。

我们国民经济存在着比例失调的严重弊病长时期得不到克服，原因是多方面的，但对于社会主义生产目的认识不清，经济建设指导思想没有摆脱左的影响，这是一个主因。党的十一届三中全会开始纠正左的错误，在经济上制定了以调整为首要任务的八字方针，但两年多来调整阻力还不小，不易全面贯彻落实。由此看来，深入讨论社会主义生产目的这个根本性的问题，紧密联系我国实际，总结经验教训，仍是重要任务。

我国经济学界和业务部门对于社会主义生产目的已开展过讨论，但认识还不能从理论上统一，这会影响国民经济调整与改革实践。下面我想谈几点看法。

一、关于社会主义生产目的问题认识不统一的由来及我对于这些分歧观点的看法

我国经济学界研讨社会主义生产目的，是从学习斯大林《苏联社会主义经济问题》开始的。由于斯大林在阐述社会主义基本经济规律，把社会主义生产目的与实现目的的手段作为构成这个规律的具体内容，并认为这个基本经济规律决定社会主义社会的本质和特点，由此引起经济理论工作者的重视。但在50年代前期都是赞扬斯大林在这方面的贡献，几乎没有人议论他对这个基本经济规律的表述有何问题。至于在社会主义经济建设中如何按基本经济规律要求办

---

* 《认清生产目的　总结经验教训》，《财经理论与实践》1981年第2期。

事，违反这个规律会造成什么危害，却很少有人深入研究，比较多的是谈论高速度。离开了社会主义生产目的，能否实现高速度，很少论证。50 年代末开始对斯大林的表述产生了怀疑，但仍停留在如何表述问题上做文章。至于在国民经济建设实践中是否需要研究生产目的的内容，似乎不看作是问题和任务，而对于片面追求高速度，仍为多数人最感兴趣。由于林、江反革命集团对马列主义篡改歪曲，发展社会生产，既被诬蔑为"修正主义黑货"，谁还研究与广大人民生活血肉相连的社会主义基本经济规律呢？在那些假马克思主义和极"左"思潮泛滥中，实事求是的精神已不相容，要用严格的科学态度来讨论社会主义生产目的问题，是不可能的。由于这个经济建设中的根本问题已被极"左"思潮所淹没，也无怪乎"四人帮"被粉碎后，仍然还要片面追求高速度。

党的十一届三中全会以来端正了路线，许多有丰富经验的老同志出来办事了，在满目疮痍的祖国大地上绘制"四化"宏图，因而必须使全国人民明确搞"四化"的根本目的，探索实现"四化"的正确道路和有效办法，树立正确的指导思想，这是历史发展进程的必然要求。随着讨论的逐步深入，有些观点和认识经过研讨统一了，但分歧仍然存在着，它集中表现在对"目的"与"主体"的内容有不同的理解和看法，这是来自斯大林对这个规律的表述有些含义模糊不清而引起的。因为斯大林讲的"……满足整个社会经济增长的物质和文化需要"这句话中，"整个社会"这个主体如何理解？这个主体"需要"的内容包括什么？很不明确。因为社会经济范畴的"物质"包括生产资料与消费资料两大类，而消费资料又有生活消费资料与非生活消费资料之分。生产资料与生活消费资料也不易划分界限，即目的与手段是难以截然划分的。还有，满足"整个社会"这句话的含义也很模糊，斯大林这里所说的"社会"显然是指物质与文化需要的主体，但作为一个主体的社会，它的构成不仅包括生产关系中的人，而且包括上层建筑的国家机关。这样的主体，它的需要就很广泛了。也无怪乎有的经济理论工作者，不仅要把人们的生活消费资料，而且把国防、政府机关、外援等等都作为社会主义生产目的的内容，所以根据斯大林模糊不清的表述，是不易统一认识的。这是造成观点分歧的主要由来。

另一个造成观点分歧的是对政治经济学研究对象看法不一致。有的认为马克思主义政治经济学研究的对象是社会生产关系，马克思和恩格斯研究生产关系中的各种经济形态和范畴，都是从社会生产运行总过程的三个环节（即生产、交换、分配）概括抽象出来的，在《资本论》《反杜林论》这些经典著作中，都没有把需要或消费包括在政治经济学研究对象之内。斯大林表述的社会主义基本经济规律所讲的"需要"，如果作为消费环节，那就超出了马克思主义政治经济学研究对象的范围，而且也违反马克思的基本观点，因为马克思在

《资本论》体系中的论证是生产决定交换和分配，而消费是通过分配来实现的，所以生产也决定消费。斯大林表述的社会主义基本经济规律，是把"手段"看作由"目的"（需要）决定，这显然与马克思上述的基本观点相违背。持这种看法，必然导致讨论社会主义生产目的在出发点上观点分歧。下面我想就这些问题谈点看法。

1. 我对于社会主义社会主体和生产目的的看法。我认为讨论社会主义生产目的产生分歧，要找到统一认识的科学根据，问题的关键在于社会主义生产目的的主体和目的的内涵必须搞清楚，我同意这样的看法：社会主义社会的"主体"就是人民（包括个人和集体）。社会主义生产目的的内涵只包括整个社会的人民物质与文化生活的需要，也就是恩格斯所讲的三大类生活消费资料（即生存资料、享受资料、发展资料）。多年来，我国经济学界讨论社会主义生产目的引起争议的，主要是对生产目的内涵不清，往往把实现目的的手段也当作目的的内容的组成部分，把二者混同为一，道理讲不清，分歧的看法不易统一。本来任何东西的使用价值都不是单一的，而是具有多重性的，同一具体的东西，可以作目的，又可以作手段。但任何一件东西就其对主体在同一时间、空间发挥作用来说，不可能作目的同时又作手段。我想用些简单的例子可以说明这些问题：一个独立小生产的农民，他把收获的稻谷拿出 100 斤作育秧的种子（即作生产手段），他就不可能同时把这稻谷又作家人的口粮（即作生活消费资料目的物）；这个农民把这 100 斤稻谷出卖得到的货币用以买回猪肉供家人自食，在这场合，他出卖的稻谷是手段，买回的猪肉是目的。但这个农民把稻谷出卖作为购买猪肉的手段，他就不能同时把这稻谷作为自己的消费品（目的）；这个农民把出卖的 100 斤稻谷得到的货币用来买一支梭镖用作自卫武器，杀死了来犯的敌人，在这使用中，这稻谷和梭镖武器对它的主体（农民）来说，都是作手段，不能说他用梭镖杀死了敌人是他生活消费目的内容的组成部分。由此可以明白，安排使用一事物，在同一时间、空间对其主体不可能既是手段又是目的。再举个例子：一个剧团演出的节目，就观看这节目的观众来说，是把节目当作文娱享受的生活目的内容，而就这个节目的演员来说，她们演出的节目就不是生活消费目的，而是取得生活消费资料的手段。因为演员自己是节目演出者，不可能同时又是节目的观众。可见同一节目具有目的和手段两重性，只有对不同的主体（演员与观众）才体现的。由此可知，在现实生活中，人们不可能把具有多种使用价值的同一事物，既当作目的又同时当作手段。从理论上划分目的与手段，有利于指导在实践中不使二者混同。因为在国民经济计划安排中把二者混同，就会搞乱比例关系，造成大量积压浪费。

生产目的与手段不能混同，是由于二者对主体服务机能的发挥具有互相依存、互相制约与互不可缺的关系，目的没有手段就不能实现，而手段不为目的服务，也就失去存在的现实意义。例如上述的农民为了改善生活而扩大再生产，他把自己劳动成果安排一部分作为积累资金，用以购买更好更多的生产资料，实现扩大再生产。很明白，这种积累不是他现实的生产目的内容的组成部分，而是作为发展生产的手段，用以实现扩大再生产之后达到改善生活（目的）。如果脱离这目的，为积累而积累，这种积累本身就失去了方向和归宿。离开目的要求，这种手段就失去存在的现实意义。试想：这个农民如果盲目地把积累的资金买一部大机器放在家里，既无原料，又无动力，也不会使用；或者缺乏这些必具条件之一，不能发挥手段的作用，这部机器不独对他生产目的毫无现实意义，而且占了房子，还要维护，成为家庭生活中的大包袱。生产手段不能形成生产力，不能生产生活需要品，这部机器（手段）不能对这个农民生活需要（目的）服务，就这个农民（主体）来说，这部机器的存在对他毫无现实意义，这就是积压浪费。由此可见，手段有意义、有作用，完全决定于目的对它是否需要，决定于它是否能为主体的目的服务，这就是目的制约手段，消费制约生产。我们过去片面、孤立地重积累，轻消费，造成大量积压浪费，就是没有弄清这种辩证关系。

2. 我对于马克思论述生产与消费关系几个疑点的理解。有这样的疑问：马克思在《〈政治经济学批判〉导言》（以下均简称《导言》）中，开头批判了庸俗经济学派把生产、分配、交换、消费结合在一起，"是一种肤浅的联系"。说"消费……本来不属于经济学的范围"，但随即又用了很长的篇幅分析论述生产、分配、交换、消费的关系，说"它们构成一个总体的各个环节，一个统一体内部的差别"。后来在《资本论》体系结构的篇章中，又只作生产、交换、分配三个环节论述，没有把消费作为一个环节。在《导言》中马克思既肯定"没有生产，就没有消费"，又肯定"没有消费，也就没有生产"。后来在《资本论》中又只论证生产决定交换和分配，没有把消费作为对生产如何起作用的一个环节。究竟消费是否属于政治经济学研究对象？生产和消费所处地位、作用如何？

我觉得研读马克思原著，既要具体分析每一个结论或论述展开的前提，又要全面地掌握其理论体系，还要弄清他的研究方法，不能只抓住原著中某些章节里几句话或某一方面论述，片面理解、论断依据。

马克思在《导言》中首先批判庸俗经济学派的"生产、分配、交换、消费……形成一个正规的三段论法"，说它"是一种肤浅的联系"，就是指庸俗经济学派把生产这个环节从资本主义生产方式构成的社会生产运行总过程的统一体中抽象出来，当作一般的生产条件，即生产是一般，又把分配和交换当作是特殊，而把消费当作是个别，由此企图证明资本主义生产关系是永存与和谐的。马克思认为把特定生产方式构成的社会生产运行总过程中的生产、分配、交换、消费等环节之间的辩证统一关系割裂开来，抹杀它们之间内在本质的必然联系，形而上学地把它们拼凑在一起，是一种肤浅的联系，这就是庸俗。并不是认为把消费这个环节列入政治经济学研究对象是庸俗。我同意有的同志这样的理解：马克思在这里讲的"消费……本来不属于经济学的范围"这句话是批判庸俗学派的观点，不是正面阐明马克思主义政治经济学研究对象本身。这从《导言》全篇的思想体系和逻辑结构以及这句话关联的文句标点来看，都是很明显的（原文见《马克思恩格斯全集》第46卷第26页）。但仅仅这样指明一下，读者还会有这样的疑问：庸俗经济学派把生产、分配、交换、消费联系在一起，虽然是肤浅的联系，但并没有把消费置于他们的经济学研究对象范围之外，他们用不少篇幅谈论消费问题，而马克思写的《资本论》仍把消费不当作一个环节用专门篇章论述。虽然有的同志引用马克思自己的解释，说"在资本主义生产中，收入（消费）是作为结果，而不是作为起决定作用的目的出现的"，所以认为不必要用专门篇章论述。这不是正好证明马克思的《资本论》这部政治经济学巨著不把消费作研究对象的范围吗？

我认为回答上面的疑问，应具体分析马克思写《资本论》和写《导言》的不同论述范围和不同侧重点，因而在理论体系结构的表述形式上有所不同。马克思写《资本论》是着重剖析资本主义生产方式构成的生产关系的诸经济形态，目的在于揭露其剥削本质的丑恶，及其各种矛盾运动规律作用必然导致无产阶级革命，埋葬资本主义制度。资本主义生产目的在于榨取雇佣工人的剩余价值，积累资本。资本家用货币资本购买劳动力和生产资料，组织经营商品生产，剥削剩余价值，实现资本积累，是通过社会生产运行过程来实现货币资本形态转化为商品资本形态，再通过交换使凝含着剩余价值的商品资本形态转化为货币资本形态，实现利润。各个剥削阶级集团在分割剩余价值中各自在利润、利息、地租等形态上实现资本的积累，达到剥削的目的。这些利润、利息、地租的剩余价值转化形态，就是各剥削阶级集团成员的收入，他们把这些收入在消费上如何挥霍，那是马克思所说的"在资本主义生产中……作为结果，已不是作为起决定作用的目的出现的"，因为决定资本家实现剥削剩余价值这个目的，是资本生产、交换和分配（分割）三个环节，《资本论》体系结构是反映资本运动的规律，没有必要在剩余价值分割之后，把各剥削阶级集团成员分得的收入（消费）作为一个环节用专门篇章论述，但这不等于表明消费在马克思《资本论》体系中不重要，马克思没有论述反映。研究过《资本论》的都很清楚，马克思很科学地把剥削阶级的收入（消费）与被剥削阶级劳动者的收入（消费）划分为不同的范畴。雇佣劳动者的收入（消费）来源是工资，是出卖劳动力这特殊产品的价格形态，这与剥削劳动剩余价值为目的的剥削阶级团体成员实现的利润、利息、地租等形态的收入是不同本质的范畴，是不能混同的。正由于此，所以马克思在《资本论》结构体系中，把工资作为生产要素列入第一卷生产领域分析论述，而不列入第三卷剩余价值分配领域论述。这种工资收入的消费在资本主义经济中的地位和作用是否重要？马克思在第二卷再生产两部类平衡原理中进行了论证。由于资本有机构成提高，可变资本（工资）反比例相对减少，这就必然引起消费资料相对过剩，使这些商品凝结的剩余价值不能在流通领域实现为利润，由此必然导致资本主义经济危机。马克思就是这样科学地揭露了资本主义剥削的丑恶本质和不可能克服的对抗性矛盾，同时，也就科学地论证了劳动人民工资收入的消费决定了资本主义经济的命运，这就是《资本论》体系中消费环节重要性的论证。它和《导言》中论述的消费环节的作用地位在原理上是共同的，只是表述的结构形式有所不同。

马克思在《导言》中论述四个环节，是由个别上升到一般，即把各特定历史阶段的生产方式的阶级关系抽象了，论述"生产与分配、交换、消费的一般关系"。有的经济理论工作者没有注意马克思这个标题，而把它看作某一特定生产关系构成的四个环节，这是错觉。马克思在《导言》里批判庸俗经济学派把生产从资本主义生产关系中抽象出来，当作一般的生产要素，不是批判这种抽象的本身，而是批判他们把生产与分配、交换、消费四个环节的内在本质关系割裂开来，用形而上学观点肤浅地联系。马克思指出："生产的一切时代有某些共同的标志，共同的规定。生产一般是个抽象，但是只要它真正把共同点提出来，定下来……它就是一个合理的抽象。"（第22页）"一切生产阶段所共有的、被思维当作一般规定而确定下来的规定，是存在的。"（第25页）马克思在《导言》里正是运用这种思维抽象法来研究各个历史阶段"生产与分配、交换、消费的一般关系"。为什么马克思要这样研究呢？他讲得很清楚，他写这篇《导言》是作为研究政治经济学"要证明的结论"，是"从个别上升到一般"。《资本论》是他研究资本主义历史阶段社会经济形态的"个别"，而《导言》是他研究广义政治经济学对象的各个历史阶段社会生产关系抽象出来上升到的"一般"，这就是《导言》与《资本论》在理论体系范围广度的差别。

马克思在《导言》里对生产关系四个环节论述的科学性与庸俗经济学派对四个环节的肤浅联系的非科学性，具体表现在哪里？这很明白：庸俗经济学派是把资本主义生产这一个环节当作一般生产要素，从资本主义社会生产总过程中抽出来，即"生产是一般"，而把分配与交换当作"是特殊"，把消费当作"是个别"。它的非科学性，具体表现在把一定社会生产方式形成的社会生产运行总过程四个环节统一体内在联系分割开来；马克思论述四个环节的科学性，具体表现在他是把各个不同历史阶段社会生产运行过程四个环节关系的共同点，即生产过程统一体中四个环节之间辩证关系抽出来的生产与分配、交换、消费的一般关系。

至于生产与消费在社会生产运行过程中的地位和作用问题，马克思已论述得既深湛又清楚。但有些人把马克思对生产与消费的辩证关系论述作形而上学的片面理解，把马克思讲的"没有生产，就没有消费"，理解为"生产决定一切"。只要抓生产这一个环节，国民经济一切问题就迎刃而解了。过去片面地抓生产而忽视消费需要，就是这种观点的反映。也有人用资产阶级经济学家所宣传的消费需求观点来套马克思所说的"没有消费，也就没有生产"，把消费看作决定一切，只要刺激消费需求，国民经济就会实现良性发展，这都脱离了马克思论述的"生产与消费"的辩证关系。

不能把马克思所讲的一定的生产过程本质和特点，理解为生产流程工艺这一个环节决定社会生产过程的一切。马克思讲的资本主义生产方式决定资本主义生产过程各个环节社会关系的形式、本质和特点也是资本主义的，不能理解为资本主义的生产工艺环节决定分配、交换和消费的社会本质也是资本主义的，更不能反转来说消费这个环节决定生产、分配与交换的社会本质。马克思论证消费对生产的种类、规格和规模起决定作用，不是对生产等环节社会本质起决定作用。社会本质只能由社会生产方式决定，不可能由社会生产运行过程的工艺生产环节或消费环节决定。吃用手包的饺子与用机器包的饺子并不形成两种不同的社会消费本质。同样道理，在社会生产方式不变的前提下，流通环节形式的改变，并不会影响社会本质的变化。有些人担心在社会主义公有制占绝对优势的条件下，开放集市、活跃城乡经济，会引起"资本主义复辟"，把社会主义公有制下发展商品货币交换关系，看作是"资本主义自由贸易抢夺了定额分配与凭票证供应的社会主义计划经济"，把城郊社队运进城的蔬菜副食品不送交国营菜店转销而直接卖给市民，是"走资本主义道路"，这都是没有弄清一定生产方式决定社会生产过程的社会本质和特点的道理。社会主义所有制没有变，生产与分配、交换、消费等环节各种组织管理形式的改变，都不影响或改变社会主义社会的本质和特点。这是马列主义的一条基本原理，奉行马列主义者应当熟悉。如果把马克思说的"没有消费，也就没有生产"理解为"消费决定一切"，那就可以搞通货膨胀、任意扩大基本建设、乱发奖金、用增加消费购买力来刺激生产，这是非马克思主义的消费观点。资本主义国家搞通货膨胀已经弄得焦头烂额，我们社会主义国家不能仿效。这在理论与实践上都已证明了，无须再谈论，但这种思想并不都消失了。因此，弄清生产与消费的辩证关系仍有现实教育意义。

马克思指出，"生产与消费之间""存在一种媒介运动，生产媒介着消费，它创造出消费的材料，没有生产，消费就没有对象。但是消费也媒介着生产，因为正是消费替产品创造了主体。产品对这个主体才是产品。产品在消费中才得到最后的完成。一条铁路如果没有通车，不被磨损，不被消费，它只是可能性的铁路，不是现实的铁路。没有生产，就没有消费，没有消费，也就没有生产，因为没有消费，生产就没有目的。""产品……在消费中才证实自己是产品，才成为产品。""消费创造出新的生产的需要，……创造出生产观念上的内在动机，后者是生产的前提。消费创造出生产的动力。……消费把需要再生产出来。""生产为消费提供材料、对象。""生产……也给消费以消费的规定性，消费的性质，使消费得以完成。""生产不仅为需要提供材料，而且它也为材料提供需要。""生产不仅为主体生产对象，而且也为对象生产主体。"（上面行文见第28-29页）马克思这些辩证分析说明，并无很深奥的哲理使人难懂，在我们每一个人日常生活中都能体验到。不知什么缘故，直到现在对于"产品要在消费中才证实自己是产品、才成为产品"，还感到新奇。对"消费创造生产的动力"还不懂得生产与消费之间"存在着媒介运动"是个什么意思。看来这只好用"盲目生产已成习惯""积压浪费毫不在乎"来解释，这个根源可能是来自经济管理体制造成的官僚主义。因此，把百多年前马克思这些论述现在认真学习一番，还为时未晚。长时期里我国经济学界避讳似的不讲消费，看来，也是不理解生产与消费的辩证统一关系。

阐明马克思主义关于生产与消费的辩证关系，绝不是鼓吹资产阶级经济学说的消费论，也不是否定艰苦奋斗、勤俭建国的创业精神，更不是提倡吃光、喝光、花光。没有生产，就没有消费对象，这已是普通常识。应分清：马克思论述社会生产过程四个环节中的消费，不包括无益而有害于社会发展的那些耗费。因为它不属于生产与消费这些环节之间辩证统一关系范畴之内。弄清生产与消费的辩证关系，是因为它是构成社会主义基本经济规律的基本内容（即手段与目的）。搞"四化"要按客观经济规律办事，首先就要掌握运用基本经济规律来指导正确制订国民经济计划，以求在正确的道路上使用最有效的方法，实现国民经济持续的全面协调的高效率发展，逐步改善人民生活。这是讨论社会主义生产目的的中心任务，也是肃清"左"的影响、端正指导思想，需要在认识上搞清的关键问题。

3. 我对于社会主义企业的目的是为全体人民服务"现在还做不到"的看法。近年来，在讨论社会主义生产目的问题上，对于社会主义各个企业的生产目的是否也是为满足人民生活需要，争论很热烈。持否定观点的又与另一个观点密切联系——认为斯大林讲的社会主义生产目的实际上是共产主义生产目的，认为要保证最大限度地满足整个社会经济增长的物质和文化需要，就要整个社会生产直接跟全体社会成员的需要挂起钩来。这要具备一些条件：一是全国要形成一个统一的生产单位和一个统一的分配单位；二是各个部门、各个地区、各个生产单位没有本身物质利益的考虑；三是人民生活的改善应当跟他的劳动贡献没有关系。这些条件只有到共产主义社会才能具备，现在我们所处的社会主义社会还不具备。因为我们现在既有全民所有制企业，又有集体所有制企业，还有一些个体经济和个体企业，并没有搞成全国一盘棋的全国统一的生产。各国营企业现在体制改革变成相对独立的企业，谁生产搞得好，得到的利润就会更多，而价值规律作用会使同属国营企业彼此所得利润很不一致，有的获利多，有的少，有的甚至亏本。集体所有制人民公社基本生产单位是生产队，他们以队为分配单位，社员切身利益在各自的生产队，要求他们生产完全为十亿人民需要服务而不考虑本生产队的利益，那是不可能的。个体经济或个体企业不考虑个人利益，能做到吗？各部门、各地区、各单位、各个人都会考虑自己的利益，怎么能形成不顾自己利益而专为十亿人民这个总主体生活需要服务？因此认为斯大林讲的社会主义生产目的在商品生产与按劳分配的社会主义阶段是做不到的。

我认为上述的观点，是由于忽视了社会主义生产方式的本质和特点，把两种不同形式的公有制看作存在本质的区别，把社会主义的主体（人民）各个组成部分看作利害对立的集团。只看到人们之间的利益还存在差别，忽视了最根本的共同利益或一致性的利益。

第一，在社会主义历史阶段，实行按劳分配，社会成员彼此劳动贡献不完全一样，因而劳动得到的成果存在差别，这是事实。但这种利益上的差别不是谁剥削谁造成的，因而从社会总体来说，各单位生产发展了，社会劳动生产率提高了，社会财富增长了，人们物质与文化生活随之改善这个总趋势是不能否定的。如果否定这个总趋势，那就是否定社会主义按劳分配原则的合理性与优越性。社会主义这条分配原则是不能否定的，也是否定不了的。至于某些生产部门单位经营得好些，走在先进行列，利益多些；某些少些，那是后进赶先进问题，不是先进压阻后进，这是人民利益根本一致的差别性矛盾，不是对抗性矛盾。在经营管理的改善和科学技术的推广运用进程中，这些差别性是趋向缩小，而不是趋向扩大。这种利益上的差别，其中有自然条件优劣造成级差收益，有的是设备条件不同，有的是价格体系不合理的影响，有的是能源或原料供应不及时，有的是利润留成不合理，因而利润收入和分配上存在利益差别。但这都不是社会主义制度造成谁剥削了谁，国家可以运用财政、信贷、价格等杠杆予以调节，不会造成资本主义制度下那种贫富两极分化。

第二，社会主义各企业，无论是国营的、集体或个体经营的，都是在国民经济结构总体里实行分工协作，彼此互相依存、互相促进、互相服务、互利互助，共同提高，共同向更好的方向发展的。在劳动者联合体的社会主义制度下，分工协作的原理贯彻实践对于每一个社会成员都是有利的，因为分工协作，有利于改进生产中人与物的条件，有利于提高劳动生产率，它不存在资本有机构成与资本积累规律造成的利益矛盾。劳动生产率的提高与按劳分配原则的贯彻，对于社会主义每一个成员之间的根本利益是成正比例增长的，因而不存在私有制剥削关系的两极分化规律性。目前由于我们国民经济结构比例还未调整好，暂时出现一些利益上的矛盾，那不是社会主义分工协作与社会主义制度产生的，而是由于工作失误或左的影响还未肃清，整个国民经济生产力与生产关系、经济基础与上层建筑之间的关系还未完善而发生的矛盾现象，它会随调整与改革的推进而逐步消除。

第三，社会主义是劳动者联合体，能够联合起来，是由于在联合中能够形成共同利益的物质基础。如果按劳分配原则的贯彻不能形成共同利益的物质基础，那么社会主义劳动者如何能够自愿联合起来呢？可见，否定社会主义劳动者联合的共同物质利益基础，就是否定社会主义。这是否定不了的。因为人类社会活动实践证明，只有生产资料公有制的劳动者联合起来才能实现共同的利益。公有制的联合劳动能够形成劳动者的共同利益，那么公有制劳动者联合体的分工协作组成的各种企业单位就不是破坏联合劳动者的共同利益，而正是形成促进联合劳动者的共同利益的经济结构组织形式。这一点不能否定，那就没有理由和根据来否定联合体劳动者之间的产品交换与商品交换的互利原则，因为公有制劳动者联合体之间的产品交换与商品交换，是贯彻等价原则交换的，都是以劳动分工协作为前提的。分工协作在社会主义历史阶段是不可少的，到了将来共产主义社会仍然是需要的，不能把马克思所说的到了共产主义社会高级阶段体力劳动和脑力劳动的差别消灭理解为劳动分工的消灭。因为每个劳动者各取所需，不可能把各自所需的一切都靠自己生产自给自足，可见共产主义社会也是少不了分工协作。社会主义社会与共产主义社会在分配上不同的只是按劳与按需，这种不同只取决于生产力水平的高低和产品的丰富程度，不取决于分工协作本质上有何变化或是否必要。可见，认为社会主义各个劳动者与各个生产部门和单位不能为整个社会人民物质与文化需要这个总目标服务，是片面的观点，是抹杀了社会主义劳动者联合分工协作促进社会生产发展、促进劳动人民共同利益增长这一客观规律的。

在我们现实经济活动中，可以看到许多不同劳动生产部门、单位联合起来，像一个乐队似的分工协作，创造整个社会人民生活所需要的东西。如：浙江的丝绸联合企业，它把种桑、养蚕的社队和缫丝、织绸、刺绣、缝纫制造各种服装用品的各不同劳动者和生产单位联合起来，按照最终产品的目标分工协作，这种联合体各个劳动者既贯彻按劳取酬的原则，又贯彻各个经营生产单位之间商品等价交换原则，不断促进生产发展与收益增加和生活改善，就是很好的例证。

社会主义生产方式构成的社会总生产运行过程，其中各个部门、各个地区、各个企业单位，都是按照分工协作原则联合起来形成总的社会生产运行过程，都是为这总过程目的服务的。有的单位承担社会主义基本经济规律构成中实现目的的手段机能，有的承担生产目的内涵的东西，都是直接或间接地为满足整个社会人民物质与文化生活需要服务的。由此可见，把微观的社会主义企业目的与宏观的社会生产总过程目的对立起来，是不正确的。在这里还可能有这样的怀疑，就是当前我们国家在政策上还要扶植个体经济与个体企业，它不是劳动者联合体，而是一种小生产，不是社会主义生产方式的产物。它是否会影响我们社会主义社会的性质？我认为，从理论上来分析是不存在怀疑根据的。在社会化大生产还未普遍发展起来的现阶段，扶植个体经济与个体小企业，不仅是安排就业的需要，而且是生产关系适应生产力发展的要求。在社会主义生产方式已居绝对优势的支配地位的社会，这种小生产不可能发展为非社会主义的独立的生产方式，不能产生自己的经济规律，它只能依附于社会主义生产方式并为社会主义生产目的服务，所以这种小生产经济，是两种公有制形式的社会经济的补充。就分配原则来说，在社会主义社会小生产者是一种"天然的按劳报酬"。至于在流通领域他们会搞点投机倒把，这是可能的，但加强市场管理，是可以杜绝的，把他们引导到为社会主义生产目的服务，是完全可以实现的。

二、关于讨论社会主义生产目的有哪些经验教训值得总结的几点看法

建国三十二年来，我们党领导全国人民取得了伟大的成绩，这是否定不了的，但也有不少缺点和失误。现在各方面都在总结过去的经验教训，经济理论工作有无经验教训值得总结？从我阅读学习过的有关著作和文章，我感到研究马克思经济理论方面不能说没有经验教训值得总结。为什么在长达二十年之久的"左"的影响和危害，过去很少从经济理论方面提出批评？社会主义生产目

的何以长时期没有搞清？这与"左"的危害有何关系？它发生了什么不良后果？我认为回顾分析一下是很有益处的。

我有几点看法，不知对不对。我总觉得我国经济学界长时期没有全面运用马克思的经济理论弄清社会主义生产目的的重大意义，原因可能是复杂的，但与研究马克思著作未能全面、系统、准确掌握和灵活运用他的经济理论是有密切关系的。值得分析的是为什么没有做到。我看，以下几个方面可能有重要关系。

1. 马克思珍贵文献不全，介绍过迟，在研究视野上受到很大的局限。我国研究马克思主义经济理论工作者，无论是老一辈或中年一辈，长时期以为马克思主义政治经济学研究社会生产运行总过程，只包括生产、交换、分配三大领域或三个环节，消费不包括在马克思主义政治经济学研究对象之内。这可能是由于不知道（也许是疏忽）马克思在 1857 年至 1858 年写的《经济学手稿》。这套极为重要的文献的开头部分即《〈政治经济学批判〉导言》里，马克思比在任何其他地方都更详细地叙述了政治经济学的研究对象和方法问题，精辟地阐明了生产、分配、交换、消费的辩证关系。这《导言》是一篇没有完成的《总导言》草稿，它是马克思为他计划中写作一部经济学巨著而作的，但在继续研究的过程中，马克思多次改变自己原订计划，并按照一再修改的方案写成了《政治经济学批判》和《资本论》。这篇《导言》马克思生前没有发表，恩格斯整理《资本论》第 2、3 卷也未把它发表，直到 1902 年在马克思的文稿中才发现这篇《导言》，1903 年在柏林由《新时代》杂志用德文发表的。为什么马克思改变了他原订的写作计划？（他原计划写 6 本书，即 1. 资本；2. 地产；3. 工资劳动；4. 国家；5. 国际贸易；6. 世界市场。1858 年 4 月 2 日马克思给恩格斯的信中讲到他这个写作计划，1859 年 1 月写的《〈政治经济学批判〉序言》开头就讲到他考察资产阶级经济制度的次序也是这样的。）是不是马克思后来感到原写作计划的次序有缺点，不能全面表达他的思想理论体系？或者是由于他的生命给予他的时间来不及完成？研究马克思著作的国内外学者都没有搞清楚。就我看，不是马克思后来感到原计划写作顺序与他的整个思想理论体系有不一致的缺点需要改变，而是他的生命给予他的时间太短，来不及完成。因为马克思写《导言》时，他的哲学、政治经济学和科学共产主义整个思想理论体系已经成熟，此后二十多年中，他以巨大的精力倾注于《资本论》的写作，未全部完成而与世长辞了。马克思没有在其他任何地方讲过他的思想理论体系有变化要改变计划。

也许是由于这套《手稿》马克思和恩格斯生前没有发表，因而，没有引起后人的重视吧。列宁是否研究过这套《手稿》还待考证。斯大林晚年没有注意到这套文献的重要性,可能是疏忽。我国经济学界认识到这套手稿的重大科学价值,恐怕是最近两年的事。

研究马克思主义的经济理论工作者,对这篇《导言》应该是熟悉的,为什么在为社会主义建设服务,仍然没有把马克思在其中讲的四个环节的辩证关系和极精湛丰富的内容予以重视?如果说马克思生前未发表就不重要,那显然不是理由,因为未发表的原因,马克思在《〈政治经济学批判〉导言》中已作了说明:"我把已经起草好了的一篇总的导言压下了,因为仔细想来,我觉得预先说出正要证明的结论总是有害的,读者如果想跟着我走,就要下定决心,从个别上升到一般。"可见马克思没有发表这篇《导言》,缘由是认为"预先说出正要证明的结论是有害的",这是处理著作发表程序的方法问题,绝不是这篇《导言》不重要,可是我们经济理论界却忽视了马克思的说明,把他研究政治经济学具有总的结论性的《导言》在他的经济理论体系中的重要地位和重大科学价值未予足够重视。这套手稿翻译过来也太迟。《导言》译成中文虽然较早,但并未向读者介绍它的科学价值。事实很明白,这篇《导言》在其内的《经济学手稿》早在 1903 年就在柏林发表了。1941 年在莫斯科才用德文原文作专著印出发行。我国翻译《马克思恩格斯全集》是根据 1955 年《马克思恩格斯全集》(俄文第 2 版)。1962 年 8 月出版的《马克思恩格斯全集》第 12 卷收集了这篇《导言》。1972 年 5 月出版的《马克思恩格斯选集》(四卷版)也选入了。但在出版的"说明"和"注释"里都未全面介绍这篇《导言》在马克思经济理论体系中的地位和科学价值。第 12 卷"说明"中虽然提到马克思政治经济学研究对象四个环节之间的相互关系,但仍片面介绍"生产的决定性作用"。直到党的十一届三中全会后的 1979 年,才把马克思这套手稿根据德文原文并参照《马克思恩格斯全集》(俄文第 2 版)译成中文版作为第 46 卷上、下册(下册是 1980 年 10 月才出版),才在"说明"中着重指出这套手稿在马克思经济理论体系中的重要地位和重大的科学价值。同一时期才把马克思在 1844 年写的《经济学哲学手稿》译出作为《马克思恩格斯全集》第 42 卷,作第 1—4 卷的补充,把马克思在 1843 年至 1861 年写的手稿(其中有马克思特别重视科学技术在社会发展中作用的论述)译作《马克思恩格斯全集》第 47 卷。马克思这些重要文献早在七十六年前就出版了,我们建国已三十年,社会主义所有制在我国全面建立也有二十多年了,马克思这些重要文献未能及时提供给我国理论工作者和广大读者学习与研究,这不能不影响到经济理论研究方向与目标的视野。长期陷在"为生产而生产"的框框里,不明确社会主义生产目的,不能说与此没有关系。

2. 只有在正确路线指引下,我国经济理论工作者才能为人民作出贡献。从马克思主义理论与实践的关系来说，正确的路线是以正确的理论作依据的。但一旦错误的思想形成了错误的路线，正确的理论就被忽视，它对错误路线难以起纠正作用。马克思的《经济学手稿》于1939年至1941年在莫斯科就用德文原文分两册出版了，在战争年代没有引起重视这是可以理解的，但1955年《马克思恩格斯全集》（俄文第2版）已把这套手稿译成俄文出版了，直到现在没有事实证明受到重视。在我们党的八大以后，"左"的思想日益高涨，1962年《马克思恩格斯全集》（中文版第12卷）收入了这篇《导言》，马克思精辟地阐述四个环节中生产与消费的辩证关系，以及科学技术是生产力，是没有引起应有的重视。斯大林表述的社会主义基本经济规律，在全体干部中都进行了学习，但重视人民生活需要这一原则在实践中贯彻是不多的。1972年出版的《马克思恩格斯选集》（4卷本）里也收入了这篇《导言》，在"编辑说明"和"注释"中，根本未提这篇文献在马克思经济理论体系中的重要地位和重大科学价值，这是毫不足以为怪的。因为在"四人帮"横行时期，谁谈发展生产力就要被诬蔑为"修正主义、反革命"，人民生活需要更何从谈起！这篇《导言》绝不是难以读懂，马克思的阐述既精辟又通俗，不能说被捧为"笔杆子""理论家"的"四人帮"头目们看不懂，问题在于他们脑袋里不是装着人民，而是装着满脑袋篡党夺权的阴谋野心，他们大叫大喊"阶级斗争为纲"，却把人民从他们的"阶级"内容里抽掉了，剩下的只是他们那一群败类。亿万人遭受他们残酷的迫害、折磨乃至毁灭，就是铁证。林彪、"四人帮"一伙败类终被人民扫进了历史的垃圾堆。他们的兴亡史，从反面提供了教训：如果思想里没有人民这个主体的牢固观念，那是学不到马克思主义理论的。

当然，在政治和经济工作中发生错误，并不都是由于缺乏"人民"的观念，有的还可能是由于急切地想把社会主义建设加快，早日改善人民生活，只是脱离国情实际，凭主观愿望行事而造成失误。我们的国民经济比例失调，大多是由于凭主观愿望办事、脱离国情实际、急于求成的失误所造成。林彪、"四人帮"横行时期受到迫害的许多经济理论工作者还伸不起腰来，假马克思主义的流毒还没有进行正本清源、拨乱反正，经济理论工作者思想还没得到解放，要求对国民经济建设中许多问题提供科学论证的解决方案，也是难以办到的。党的十一届三中全会以来，端正了路线，大力肃清"左"的影响，经受十年之久的严寒冰霜侵袭的科学文化领域出现了春天，经济学界的思想也出现了生气蓬勃的景象。马克思的《经济学手稿》和《经济学哲学手稿》都在1979年翻译出版了，"编辑说明"强调了这些手稿在马克思经济理论体系中的重要地位和重大的科学价值。还有国外研究马克思经济理论与探索社会主义建设模式与道路、方法的许多经验教训总结和论著，也都从这个时候开始陆续介绍进来了。陈云同志的文选也随即出版了，为经济理论工作者和广大干部的学习研究提供了珍贵的文献和广泛的资料。所有这些措施，不能看作是时间的偶然巧合，而是和党的正确领导紧密联系着。

近两年多来，中央认真总结了建国三十年来主要的经验教训，制定了一系列的重大政策、方针和措施，如关怀人民生活的改善；重视知识分子对文化教育科学事业的贡献，奖励科学技术的成果；积极调整农业政策，促进农业全面发展；压缩过长的基建战线，大力发展轻纺工业，调整国民经济结构；稳步地进行经济管理体制改革试点，发展社会主义商品经济，搞活城乡市场，方便人民生活；调整积累与消费比例，力求国民经济两部类、各部门间比例协调发展；扩大出口贸易，引进关键性的先进技术设备，学习外国科学管理经验，提高经济效果。所有这些方针、政策和措施的科学理论依据，经济理论工作者在中央的正确思想路线指引下，进行了大量的调查研究总结和探索工作，成果是显著的，起了重要的参谋作用。而这种研究探索得到马克思上述手稿中许多精湛论述的原理作为依据和启示，是很明显的。因为马克思在这些手稿中，精湛地论述了农业在国民经济中的决定性意义，共产主义社会中劳动、人的发展和人的相互关系，科学技术在生产中的应用直接形成生产力的发展趋势，生产与消费的辩证统一关系，时间的节约及其意义，资本主义生产以前各种社会形态，国际贸易与世界市场等等十分广泛的问题，对于我国经济理论工作者全面掌握马克思经济理论体系、扩大研究视野、丰富思想内容、总结经验教训、探索中国式社会主义现代化道路和方法、明确研究方向目标，都起了很重要的引导和启发作用。两年多来，报刊上发表许多论述国民经济调整改革的好文章，许多论证引用马克思上述手稿中的论点，即可看出。

马克思经济理论是马克思主义政党的根本武器，只有全面、系统、准确地掌握这种理论武器，弄清国情，才能制定正确的路线、方针和政策；也只有在党的正确路线、方针、政策指引下，经济理论工作者才能作出可贵的贡献。

3. 全面、系统、准确掌握马克思经济学说体系，融会贯通、灵活运用，才能为解决实际问题作出贡献。在过去相当长的时期，我国经济理论工作者不能全面、系统、准确掌握马克思经济理论完整的体系，影响了研究上的视野，使大多数的研究工作赶不上形势发展的需要，这表现在实际问题成了堆，才迫使经济理论工作者去研究探索解决对策。我觉得科学理论的可贵，不仅在于为已出现的问题提供解决办法，更在于对事物发展的科学预见为已萌芽的问题或将出现的新情况、新问题，及时提供措施的科学依据或对策方案，这对于实现中国式的社会主义现代化至关重要，也是我国经济理论工作者的重大任务。二十多年来的曲折历程，已使我们社会主义制度优越性未能充分体现，人民的希望打了折扣，这当然不能把主要责任归咎于经济理论工作者，但经济理论工作者过去已有的研究成果，对问题预见性不够，也是事实。原因何在？值得分析。我觉得党的正确路线被干扰与文献资料不足，固然不利于经济理论工作者进行广泛深入的研究，但思想中条条框框的束缚，过去长时期没有摆脱教条式的研究方式和方法的影响，缺乏全面掌握马克思经济理论体系，不善于把马克思经济理论丰富精湛的内容作武器，全面分析我国国情，联系实际，灵活运用，我看，是有密切关系的。

当前深入讨论社会主义生产目的，是为国民经济调整和改革提供科学依据，为"四化"探索有效的途径和方法，经济理论工作者本身也有不少经验和教训值得总结。我不敢妄说经济理论工作者过去长时期存在教条主义的毛病，但机械搬套是有不少事例的。

新中国成立后长时期中，我们总是搬斯大林的模式，并且企图尽快过渡到马克思在《哥达纲领批判》中所描绘的单一公有制社会。这种生搬硬套，虽然不能都归咎于经济理论工作者，但经济理论工作者除个别外，很少有创造性研究成果能提供作决策依据，此中不能没有经验教训。如果深入研究，弄清那种没有商品货币经济形态、没有工农差别的单一公有制社会，是以实现了高度社会化大生产作基础的，也就是恩格斯所说的"社会阶级的消灭是以生产高度发展阶段为前提的"。只要对照一下就会清醒地认识到：我们从一个半封建、半殖民地社会取得革命胜利，物质基础的生产力状况仍然是落后的，它与马克思描绘的单一公有制社会主义社会的物质基础差距很大。在建立无产阶级政权后，改造私有制为社会主义公有制，如何使它的组织形式符合马克思所论述的生产关系必须适合生产力性质与水平的原理，使国民经济结构必须适应社会主义生产目的要求，就会及时广泛深入研究探索了，就不会在社会主义制度基本建立之后，还用"阶级斗争为纲""无产阶级专政下继续革命"来代替国民经济社会主义现代化建设的重大措施了；毛泽东同志提出的农、轻、重建设顺序，也就不会搞成重、轻、农的畸形结构了，因而也不会把社会分工协作发展社会主义商品经济，推进社会化大生产，当作"资本主义复辟"看待。所有这些，不能说与经济理论研究中不能克服机械地搬套没有关系。

又如马克思和恩格斯批判马尔萨斯《人口论》，是针对他的反动立场和反动思想体系与反科学的结论。批判他写《人口论》的目的是站在反动剥削阶级立场"反对法国大革命和英国改革运动"，是一个被人收买的"辩护士"，"统治阶级一个无耻的阿谀者"。①批判他"用永恒的自然规律来解释人类的穷困""是讨好政治的反动派"，"转移人们的注意力，使他们不去注意……资本主义这个特殊的阶级剥削制度在造成穷困中所起的作用"。②批判他"反科学的罪过"。恩格斯指出："人口的增长同前一代人的人数成比例，科学的发展则同前一代人遗留下的知识成比例，因此，在最普通的情况下，科学也是按几何级数发展的。"③批判他抹杀各种特定社会的不同人口规律。马克思指出："资本的积累……不断生产出……过剩的或过多的劳动人口"，"因此劳动人口造成资本的积累时，就以不绝对增大的范围，造出各种手段来使自己变为相对多余的。这就是资本主义生产方式特有的人口规律"，"事实上，每种特殊的历史的生产方式，都有它的特殊的历史上适用的人口规律，抽象的人口规律只存在于历史上不曾受人类干涉的动植物界"。④恩格斯还讲到，将来"人口将极为众多，……将有限制他们增加的极限"，"如果在某阶段共产主义社会发现它本身有义务去调节人口的生产，正像它已经调节物的生产那样，那一定是这个社会，而且唯有这个社会才能够毫无困难地进行这项工作"。⑤由此可以清楚地看出马克思和恩格斯批判马尔萨斯人口论针对什么，内容很具体。可是，我们社会主义所有制已在全国建立之后，有经济学者提出节制生育问题，无论其观点如何，已属研讨社会主义社会人口规律问题。研讨这方面的问题，是值得重视的，但却当作宣扬马尔萨斯反动的人口学说的"右派言论"，套用马克思和恩格斯批判马尔萨斯的立场观点和论据放肆轰批"反社会主义的右派言论"，这不仅是生搬硬套，而且是错误地对待马克思主义的理论，在人口问题上，把是非界限搞混乱了，不分析研究马克思和恩格斯这方面的论述，结果造成许多被动。我们应准确地领会毛主席说的"世界一切事物中，人是第一个可宝贵的。在共产党领导下，只要有了人，什么人间奇迹也可以创造出来"。这是批判历史唯心主义，阐明我们共产党是用历史唯物主义观点、立场来看待人民群众在历史发展中的地位和作用，不能断章取义地理解为人口越多越好。当然，人口多也不就注定是贫困的主要因素，我们失误在于全国上下对计划生育态度不一致。1972年人口已迅速增长到超过恩格斯所说的"极限"，周总理提出了严厉的警告，但广大干群仍没有认清"有义务调节人口的生产"，不懂得"科学也是按几何级数发展"的规律，要自觉利用来提高人口的科学文化素质，开发智力，才能创造现代人间奇迹。.

近两年多来，我国经济学界出现了新面目，这是十分可喜的。但过去长时期对马克思经济理论体系缺乏全面、系统、准确掌握，不善于结合我国实际灵活运用，举一反三，触类旁通，而是生搬硬套的多，二十多年来吃亏不小。在我们这样十几亿人口、八亿农民，耕地少、家底薄，版图辽阔、情况复杂的国家搞社会主义现代化建设，世界上没有现成的模式可以仿造，不创造性地运用马克思主义深湛丰富的思想理论武库，要搞好中国式的社会主义现代化，是难以办到的。回顾过去的挫折和失误，经验教训是大量的。在当前深入讨论社会主义生产目的与国民经济全面调整和改革，肃清"左"的影响，端正指导思想，在经济理论研究方面总结过去的经验教训，我认为是很有益处的。

4. 不能简单地看待社会主义制度的优越性，要学用马克思的方法，才能正确运用他的理论。我国老一辈马列主义经济学家在新中国成立前写的著作中都着重指出马克思论述的资本主义社会的基本矛盾，即生产的社会性与私人的占有性矛盾，认为这是资本主义制度一切病症无法医治的根源。通过无产阶级革命，把私有制改造为社会主义公有制，消灭了剥削，解放了生产力，这是可以肯定的。但社会主义公有制建立后，似乎万事大吉，生产力与生产关系就会自发地协调发展，再也不会出现经济危机了。实践证明，这种看法太简单化了，缺乏深入细致具体分析。事实告诉了我们，社会主义公有制确比剥削的私有制优越得多，因为劳动人民共同占有了生产资料，能够自觉地、主动地进行调整，使生产关系随生产力不断发展相适应，及时解决二者之间的矛盾。这个大道理，是每一个马列主义经济理论工作者都懂得的。也许是对于马克思这个理论理解得太简单，没有深入具体分析其中的复杂规律性，以致革命胜利后，对这种新的公有制可能产生什么新情况、新问题不再下苦功夫去钻研马克思的经典著作了。林彪之流说什么《资本论》"过时了"，当然是极端无知的谰言。但也确有不少人被这种谰言所迷惑。新中国成立后，从事政治经济学工作者，除少数人对《资本论》等经典著作继续深入钻研外，大多捧着一度很时髦的"教科书"，朝夕攻读，不幸大多已成"无效劳动"。我看，这也是个教训。

马克思在上述《导言》中讲到，"生产的一切时代有某些共同标志，共同规定，生产一般是一个抽象，但是只要它真正把共同点抽出来，定下来，免得我们重复，它就是一个合理的抽象。"这段话对于研究方法很有启发。社会主义生产，也包括在"生产的一切时代"之内，那么把《资本论》的科学原理抽出来对照社会主义商品生产，是可以找到许多"共同点"的。现在有的经济理论工作者，把《资本论》中再生产原理抽出来用以检验论证我们当前国民经济结构比例失调的由来，这就是"合理的抽象"方法的运用。我非常欣赏这些同志研究《资本论》使用这种方法。如果我们善于运用这种方法，马列主义经典著作就会成为我们吸取科学力量无限丰富的宝库。

实践证明：劳动人民联合起来，直接占有与占用生产资料，即建立社会主义各种公有制形式，只是为生产关系适应生产力发展提供克服经济危机的可能性。而这种可能性只有自觉地有计划地利用客观经济规律、使生产关系适合生产力发展才能实现；否则，仍会发生经济混乱或出现经济危机。因为马克思所揭示的资本主义经济危机，是从资本主义生产方式构成的社会生产运行总过程的环节中比例失调爆发出来的，资本主义商品资本形态不能在流通领域转化为货币资本，剩余价值不能实现为利润，则资本循环运转积累就不能进行，社会生产总过程由流通环节的阻滞脱节，就会连锁式反映到社会再生产过程各个环节的比例关系失调，由此而爆发出经济危机。这是一切时代商品生产，当大量的商品不能转化为货币时，都会发生混乱或危机。社会主义商品生产没有例外。我们长期大量商品产销脱节造成浪费，并不比资本主义国家有些时期发生危机损失少，区别只是根源不同。资本主义经济危机来自它的社会制度必然产生的，我们社会主义经济是没有这种必然性的，出现这种危机，主要是工作失误所造成。但都是从流通环节反映出来，则是共同的。当然，危机表现的形式也有区别，资本主义经济危机表现为市场商品堆积如山的过剩，广大劳动人民失业、得不到工资，市场购买力大减而物价暴跌，生产停滞，社会经济秩序混乱。而我们社会主义发生的"经济危机"往往是人民不需要的商品很多堆积在仓库里，需要的市场提供得很少，以致供不应求、物价上涨。因为社会主义按劳取酬，劳动力不是商品，工厂产品卖不出去，劳动者生产完成了任务，工资照领，甚至卖不出去的产品，在产值计算上却有超额，奖金还得照发，所以购买力总是随产品积压而反比例增加，市场供不应求，而物价上涨。可见经济危机无论是资本主义或社会主义，都是由于产销脱节、供求失去平衡所造成。这种平衡的破坏，在资本主义经济结构中都是第 I 部类与第 II 部类比例严重失调，造成社会生产过程大量物化劳动与活劳动游离于社会生产总过程之外，不能形成再生产力的要素。所不同的是，资本主义生产结构资本有机构成提高，可变资本（工资部分）比不变资本相对地日益减少，以致第 II 部类产品大量过剩，第 I 部类产品凝含的剩余价值由于不能扩大再生产与第 II 部类实现交换，第 II 部类过剩的商品凝含的剩余价值不能在本部类内以及与第 I 部类交换实现为利润，第 II 部类也就不能扩大再生产，两部类商品交换大量中断造成二者比例严重失调，具体表现在第 II 部类商品大量过剩。这就是资本主义经济所表现的特征。社会主义由于计划安排的失误，第 II 部类商品不足，而第 I 部类产品却大量过剩，形成两部类比例严重失调，这是由于积累偏高，生活消费品偏少，第 I 部类产品积压，工资、奖金反比例增长，所以造成第 II 部类商品不能满足第 I 部类需求，它表现在市场上是生活消费品购买力超过商品可供量，流通领域货币过多，所以物价上涨。由此可知，两种社会制度出现的经济危机，都是由两部类比例平衡遭到破坏所造成，都是由于消费资料与它的购买力失去平衡所造成。虽然造成的根源不同，因而本质不同，而危机爆发的关键都是由于两部类平衡被破坏，则是共同的。

从上面分析可以明白，搞社会主义建设忽视马克思的再生产原理，也会产生经济危机，它与资本主义经济危机的共同点，都是从生产与消费这两个环节失调、购买力与消费品供应不平衡爆发出来的。以为社会主义不可能出现经济危机而可以放肆蛮干，那是天真。我们长时期忽视生产与消费两个环节失调可能产生什么影响，很少研究，不能预防许多损失，应当汲取此中教训。

5. 实践忽视理论，唯意志论就会抬头，假马克思主义骗人容易得逞，历史鞭策我们汲取此中教训。理论联系实际，这是马克思主义的重要原则，是毛泽东思想的根本特点，是我们党的优良传统。可是这个原则与传统，在党的八大以后，特别是十年内乱中，被林彪、"四人帮"破坏殆尽，把理论联系实际变成轻视理论，又狭隘地把体力劳动当作理论联系实际的全部内容，把大量知识分子和干部下放农村去劳动，名义上是改造世界观的"革命措施"，实际上是把劳动作为惩罚。这就歪曲了深入劳动人民生活的实际优良传统，忽视科学文化学习，"读书无用论"对整个青年一代危害极大。把简单的体力劳动锻炼当作"反修防修"的根本措施，而把系统地学习马列主义理论看作违反"革命化"，以致对干部队伍理论水平的提高产生极严重的影响，就政治经济学这门学科来说，马克思倾注数十年的精力和心血写的《资本论》，在中级以上干部中也很少系统地扎扎实实地学习钻研，这是很反常的现象，也无怪乎新中国成立几十年了，经常喊"大干社会主义"，而社会主义生产目的还模糊不清。

当然，造成上述现象，也有历史原因，在我们党与国内外敌人进行激烈的武装斗争，长达三十年之久，参加到革命队伍来的同志，绝大多数是工农劳动人民和中下层社会的小知识分子，一加入革命队伍就要拿起枪杆子投入战斗，或者在蒋介石政权统治区的白色恐怖中出生入死地斗争，确实很少有时间和精力来全面系统地学习马列主义科学理论。《资本论》《反杜林论》这些经典著作在我们干部队伍中深入学习研究得很少，大多是阅读一些简单通俗的读本，既不能全面、系统、确切地表述马恩的经济理论体系，甚至夹杂不正确、走了样的解释，即使办学习班也是短时间的，学原著也往往是摘抽一些章节段落。自学这些经典著作，又不容易。因为我们的干部，大多是在实际工作中成长起来的，一般文化程度不高，有个不利于掌握科学理论的弱点，就是不习惯于用思维抽象方法去学理论，而马克思的经济学说理论体系有许多概念、范畴和原理都是用思维抽象方法表述的。所以我们干部一般学马克思的原著不易深入全面系统掌握它的内容，因而也就不善于把原著中的科学原理用思维抽出去联系实际，揭示客观事物内在本质联系的规律性，更不善于把实际中个别的事物综合概括抽出一般的共同的东西，也就是我们平常所说的不善于把实践中的经验上升到系统的理论，所以理论水平不易提高，不易辨别真假马列主义。二十多年来，干部中的理论学习并没有克服历史社会缘由造成的这种弱点，以致对于马列主义有关社会主义革命和建设的许多基本原理与重大政策性问题，如"过渡时期""不断革命""阶级斗争""修正主义""政治与经济的关系""生产力与生产关系""按劳分配""资产阶级权利""所有制形式""生产资料优先增长"等等，在广大干部中，不是在认识上迷迷糊糊，就是理解得很片面，甚至完全走了样。广大干部和群众受"四人帮"那套假马克思主义欺骗上当，迄今还未完全肃清流毒，正是理论水平不高的弱点被利用所造成。

二十多年来，由于我们实际工作中的干部有不少对马克思经济理论缺乏全面系统的理解和研究，很自然的也就不明白理论对实践指导的重要性，这就必然会忽视理论，从而也就不习惯和搞理论工作者热情结合，而从事理论工作者也有一种自卑感，似乎觉得领导上要业务部门"保密"，要求参加总结经验也不方便，讲错了话、写错了文章，大规模阶级斗争运动一旦来临，难免不受冲击，干脆敬而远之。这样，许多实践中的好经验停留在感性认识上，许多重大决策缺乏充分的科学论证依据。工作中的失误，我看，不完全是官僚主义。理论与实践缺乏有组织的结合，单靠感性认识来总结经验，很难提升到理论高度，因而也很难发挥理论的指导作用。近二十多年来，在国民经济改造和建设中，历次"大干""大办"运动树立不少"典型""样板"，为什么没有收到预期的推广效果，而且有不少变成虎头蛇尾，甚至带来大量的副作用而"悄悄收场"？"大寨红旗"为什么没有生命力？缘由可能是多方面的，但主要一条还是由于它没有从个别上升到指导一般的科学理论。缺乏科学论证依据的"典型""样板"是推广不了的，用强迫命令去搞，必然是生搬硬套"一刀切"，这就会脱离实际。主观主义与官僚主义往往是共生的，它们都是忽视科学的，无论动机愿望如何好，都难自觉利用客观规律。在经济建设上出现大量盲目性、违反社会主义生产目的要求，习惯于"吃大锅饭"、"一刀切"、强迫命令，就是违反客观经济规律，它是经济效果不好的根源和症结。三十二年来，我们党领导全国各族人民确实取得了伟大的成绩，投入建设中的劳动在人类历史上是罕见的。不幸的是这种劳动创造的并不都成了现实的财富，其中有不少还没有成为马克思所说的"现实的产品"。因为它脱离了社会主义生产目的要求，游离于生产过程之外，不能形成现实的生产要素。

事实教训了我们应该认清，马列主义、毛泽东思想是高度概括的科学理论体系。对于马列主义基本原理缺乏系统学习，不能牢固掌握，就很难在实践中正确运用毛泽东思想来创造性地解决实际问题。我们党和政府有许多重大的正确决策形成了文件，逐级传达，在贯彻执行中有不少走了样，缘由可能是复杂的。就我体会，最根本的还是马列主义理论学习掌握不够，政策思想水平不高所造成。社会主义生产目的在党的八大修改的党章中已正式写进总纲，为什么广大党员干部不能在实践中形成一致的指导思想力量？看来，与在认识上没有把理论搞清楚是有密切关系的。

现在，全国各族人民正在党的正确领导下，步入社会主义"四化"建设的新时期，要在十亿人口生活的辽阔版图上，建设雄厚的现代化物质基础和崇高的精神文明，任务是极为光荣而又艰巨的。有许多重大决策，既要有充分的科学论证作依据，又要使贯彻执行决策的广大干部有科学的理论知识和科学的管理方法，才能顺利进行，避免各种挫折。这就有大量工作任务需要深入细致地调查研究，探索客观规律，找出正确的路子和方法，才能有效地及时解决实践中的复杂问题。这就需要社会科学与自然科学密切配合，需要各方面的科学工作者与广大干群紧密结合，把科学理论和方法变成实践的强大武器，把实践中的大量好经验加工提炼，丰富和发展科学理论与方法，以求更有力地指导实践，高效率地完成各方面任务。

一百多年前马克思预言的"科学发展到一定阶段直接变为生产力"的时代已到来，我们伟大的事业和艰巨的任务，已迫切要求科学理论走在实际工作的前列，指导实践。社会主义制度的优越性，最有利于各种科学紧密配合、全面发展，因为它不存在剥削阶级的阻力，社会科学与自然科学和技术的发展都是实现社会主义生产目的的共同需要，都是为社会主义社会一个总主体（人民）服务的，各种科学促进社会生产力的发展是和这个社会总主体的每个成员利益的增进血肉联系着，因而社会主义制度更能孕育各类科学繁荣发展，为社会主义生产目的服务发挥巨大的威力。我们的祖先在这辽阔美丽的大地上创造了中华民族的灿烂文化，现在我们有优越的社会主义制度，又有马列主义、毛泽东思想的强大理论武器，在党的领导下，十亿中华儿女是有志气、有智慧、有能力把我们国家建设成为繁荣富强、高度民主、高度文明的现代化的社会主义强国。

（1981 年春节写的初稿，6 月补充、修正。纪念党成立 60 周年）

参考文献：

① 《剩余价值学说史》第 2 卷，第 300-101 页。

② 《资本论》第 1 卷，第 649 页，注第 15。

③ 《马克思恩格斯全集》第 1 卷，第 622 页。

④ 《资本论》第 1 卷，第 793、795、796 页。

⑤ 见恩格斯 1881 年 2 月 1 日致考茨基的信。

关于完善农业生产责任制问题初探*

近年来，我国农业领域普遍推行各种形式的生产责任制，多种经营有很大发展，广大农户增产增收，生活有显著改善，大量数据证明了农业生产责任制的优越性和强大生命力。现在工商部门也开始推行各种形式的责任制，可以预料，我国现阶段国民经济的调整、改革，在中央十大方针指引下，必将胜利前进，有力地提高国民经济的效益。

任何新事物产生，总会出现新情况、新问题。它反映到人们头脑里，发生各种看法和议论。农业生产责任制也没有例外。从客观事物矛盾运动反映意识形态来看，这是正常的现象。但议论中各种观点和看法，不一定都是正确的，有的甚至是完全错误的。

在国内经济理论界对于各种形式的农业生产责任制，虽然也有不同的看法，但总的倾向，对农业生产责任制是肯定的。大家所关心的是：对它在实行中出现的新问题如何及时解决，对它本身如何进一步健全和完善。这是值得广泛探索和大力研究的。由于这个问题关系到国民经济基础的合理结构，所以，我把农业生产责任制各种形式与我国现阶段建立怎样的社会主义农业经济模式结合起来研究，我认为这有利于更广泛、更深化地来探讨解决这个问题的方向、途径、措施和办法。

一、不能把分田单干、瓦解社会主义集体所有制的错误做法看作农业生产责任制本身的弊病

在全国广大农村推行生产责任制的过程中，某些地方由于基层干部和群众对于农业生产责任制多种形式中的包产到户、包干到户（简称"双包"），误解为拆散集体所有制，实行生产资料再分配，因而把土地和一些大农具以及公

---

* 《关于完善农业生产责任制问题初探》，《财经理论与实践》1982 年第 1 期。（亦发表于《农业经济》1982 年第 13 期）

共积累按人头分配到户，实行单干，由此而发生了迷失方向、走错路子的混乱和流弊。有的不仅分田单干，而且把一丘大田分给几户，各占一小块，比土改时还分得细。有的按人头分得了田土，但劳力有多有少，缺乏劳力的只好以高价雇工，或者出租给劳多的户佃耕，由此而出现了雇佣关系和租佃关系。人口多，劳力少，遇到一点天灾，集体的公益基金分光了，生活遇到了困难，只好借债或廉价出售产品以济眉急，二道贩子乘机横行，高利贷与商业资本冒出来了。由于劳力少，分得的田耕作不了，没有增收，生活得不到改善，左邻右舍作为"教训"，认为"没有男劳力发不了家，成不了业"，于是，承宗继祖的封建思想又滋长了。因而推行计划生育遭到了干扰，送子参军的光荣传统受到影响。这些地方的基层干部，没有弄清农业生产责任制各种形式的本质和实行的重大意义，错误认为"双包"到户是分田单干，是拆散集体所有制。这些干部有不少是从农业合作化开始担任基层工作的，辛辛苦苦搞了二十多年，亲自参加建立起社会主义集体经济，眼见分田到户，集体经济瓦解了，怎么没有怨气呢？"分田到户，还要什么干部？""回家种田去了！"就是这种怨气的流露。有些地方的基层组织就是这样散了。这种现象，虽然只发生在个别的地方，但"好事不出门，坏事传千里"，我们学院的学生寒假回到家乡，有的碰到这种情况，反应很强烈，说"农业生产责任制把社队搞坏了"。社会上也确有这类流言。农业生产责任制就是这样被误解而伤害了名誉。

然而，反映生产关系适合生产力性质与水平要求的农业生产责任制，是经中央总结经验大力号召推行的，正确执行了这种经营管理体制的农村干群尝到了甜头，多种经营大幅度发展了，粮食单位面积产量提高了，各省报道的农业生产责任制实行后增产增收的数字，有力地证明了农业生产责任制具有强大的生命力。事实和舆论发生了矛盾，社会流传不少舆论，把农业生产责任制当作祸害灾难，为什么全国农村实行了这种责任制的广大地区，又大幅度增产增收，人民受到很大的实惠呢？于是又出现了各种各样的解释：一种认为"双包"到户搞单干，符合农民私有观念的要求，因而调动了农民积极性；另一种认为人民公社集体所有制被革掉了，解放了生产力；也有的认为"天帮忙，人努力"，是劳力多而致富的。所有这些看法和说法，都避开了农业生产责任制本身的作用，显然是没有说服力、没有科学根据的。

必须指出，农民在思想意识上还存在私有观念，这是确实的，但中央推行的各种形式的农业生产责任制，是土地集体所有制内部生产经营的管理方法，它不是改变所有制，而是调整改革管理体制。"双包"到户，不是生产资料所有权的再分配，而是农业生产管理方式方法的改革。把这种改革看作适应农民私有观念的要求，这是不正确的。私有观念是私有制的意识形态，联产计酬、包产与包干到户，既不是生产资料所有权的再分配，也不是集体把土地出租给各农户。公有制没有变为私有制，怎么能说是符合农民私有制观念的要求？不能把要求按劳取酬的思想当作私有制意识形态。至于某些地方的干群没有弄清中央政策指引、推行的各种形式的农业生产责任制，把"双包"弄成分田单干，那是认识和做法上的错误，它与农业生产经营管理体制的改革，在本质上没有共同之处。因而把那些分田单干、瓦解集体所有制、违背中央对农业经济结构和管理体制调整改革的方针政策的错误做法及造成的影响，都归咎于农业生产责任制，是完全错误的。必须划清二者的界限。

把农业生产责任制的推行，看作是突破了人民公社的框框、解放了劳动生产力，因而增产增收。这种观点，很不明确。冲破了人民公社的框框，如果是指对人民公社生产经营管理体制进行了改革，使生产关系更适合于生产力的要求，那是正确的看法。如果是指人民公社集体所有制被冲垮了，社员脱离了集体所有制，把生产资料土地所有权分配给各户，搞单干，认为这是"解放了劳动生产力"，那是完全错误的看法，从本质上曲解了农业生产责任制包产包干到户的经营管理形式。事实加以分析就容易明白：人民公社的基础是土地为集体公有，任何社员不能把土地作为私人财产自由买卖、转让与出租，公共投资兴建的农田水利工程，都是与土地结合不可分割的，因而也不能为任何社员私有。人民公社以生产队为核算单位的三级管理体制，不是所有权三个层次，而是生产经营的管理方式或组织形式。因为任何人民公社的生产队、大队和公社直接管理的田土、山林、水塘，只有权使用和组织生产，无权买卖、转让和租赁。所以这种经营管理体制或方式方法的改革，并未改变土地公有制的社会主义性质。过去由于缺乏经验，过急地追求扩大集体化的经营管理组织形式，不顾生产关系与生产力相适应的规律要求，把各村各户机械地一律捆成一个集体生产经营单位，一刀切地下达指令性指标部署集体种植业与养殖业，吃大锅饭，搞平均主义，因此，农民的积极性难以激发起来，这是人民公社经营管理体制存在的缺点和弊病。现在推行的农业生产责任制，根据生产关系必须适应生产力性质与水平的规律的要求，贯彻因地制宜、多种经营、全面发展的方针，在国家计划指导下，确定几个统一的安排，主要采用包产到户、到组、到场或包干到户等多种形式进行经营管理，克服了吃大锅饭的平均主义，大大激发了广大农民的积极性，充分挖掘生产潜力，精耕细作，科学种田，显著地提高了生产效率，因而取得大幅度增产增收的成果。当前农业多种形式生产责任制的推行，绝不是要瓦解集体所有制的社会主义物质基础，而是为了促进农业全面发展，改进人民公社生产经营管理体制，活跃农村经济，使八亿农民尽快富裕起来，巩固和有效地发展社会主义集体经济。

至于说是"天帮忙，人努力"才获得增产增收的成果，如果是把农业生产责任制避开来谈成绩，也不正确。农业当然要"天帮忙"，但去年自然灾害并不小，1979 年粮食丰收，也有"天帮忙"，但多种经营并没有像去年这样得到大发展。"人努力"，是个重要因素，要分清的是农民的积极性如何调动起来的。事实证明，二十多年来，没有哪一年有去年那样多的农户增收幅度大，这就不能看作与推行农业生产责任制无关的"天帮忙，人努力"。

总之，过去一年多来，全国农村 90% 以上的农户参加了各种形式的农业生产责任制的实践，他们的增产增收，只有从农业生产经营管理体制的改革，才能做出有科学根据的说明。经济理论工作的任务，在于全面考察事物本质，从内在联系中去积极探索解决新问题的途径和办法。

二、农业生产责任制实行中发生的新问题应作科学的分析，总结经验，探索解决途径和办法

在舆论界常常出现形而上学的观点，对新事物不是一分为二地评价，总是绝对化，片面地看其利弊。人们对农业生产责任制的看法，也存在这种观点和议论。这是马列主义经济理论工作者不能附和的。"没有希望的改革"，那是有些外国人的偏见；"把农村搞得很糟"，却是我们自己干群中出现的舆论。这是把违背农业生产责任制方针、政策所产生错误做法的弊病不加区别、混淆是非界限的错觉反映。实践中纠正了错误，弊病和影响就会得到清除。我认为需要首先研究的是农业生产责任制普遍地实行后出现哪些新问题、如何解决，及时探索解决的途径、方法和措施是当前的一项重大任务。

当前农业生产责任制形式是多种多样的，其中以包产、包干到户为最普遍，它在各种农业生产责任制形式中比例最大。一度引起误解的也是"双包"形式，因为它在外表上与分田到户搞单干很相似。现在农村广大干群已逐步认清了，这种在几个统一下（生产计划安排指导、灌溉管理、大农具使用、上交国家农产品任务、集体提成等，均由集体统一掌管安排）把集体所有制主要生产资料（土地）的经营管理责任包给社员户，并不是像土改那样把土地分给农民。因此，包干到户并不是土地公有制有何改变，只是农业生产责任制的一种形式，是农业集体经济的一种经营管理的组织方式。这种方式使社员有了更多的生产经营自主权，利益更直接地和自己家人的劳动紧密联系着，所以生产积极性更高，增产增收更多，得到广大社员拥护。基层干部也减少了许多会议，以前那一套评工记分等烦琐手续没有了。"保证国家的，留足集体的，剩下都

是自己的"，国家、集体、劳动者个人三者利益关系得到合理的处理。承包各户早出工，晚收工，甚至披星戴月干也不需要队长喊工了。干部自己家里也有承包任务，自己搞好了生产，群众自动地来学，就是最有效的带头。由于基层干群在实践中体会到了这种管理体制的优点，因而广泛地得到推行。据有关部门的统计，到 1981 年 10 月，全国农村人民公社 601 万个基本核算的单位中，已经建立各种形式责任制的占 97.8%，其中联产责任制占 81.3%，定额包工责任制占 16.5%。在联产责任制中，专业承包联产计酬的占 5.9%，联产到组的占 10.8%，联产到劳的占 15.8%，部分包产到户的占 3.7%，包产到户的占 7.1%，包干到户的占 38.0%。"双包"共占 45.1%，这是全国总的统计。各种形式责任制比例在不同的地区又各有不同，如湖南有好些县，包干到户的占全部生产队 90% 以上。这表明：在我国农村生产条件参差不一，生产责任制的形式也会是多种多样的。但从统计反映的情况来看，近年多来全国农村定额包工责任制向联产责任制发展。联产责任制中，联产到组向联产到劳和包产、包干到户发展；包产到户已从 1981 年 6 月的最高峰迅速减少，转为包干到户；包干到户持续发展；联产到劳在继续发展，开始向专业承包和包产、包干到户两头分化；专业承包则稳步增加，近期内不可能太多。为何出现这种变化？为何包干到户越来越多？（即 1980 年 1 月只占全国各种形式责任制的 0.02%，到同年底增加到 5.0%，到 1981 年 10 月达到 38.0%。）我认为弄清这种变化，还应看到包干到户的特点。归纳起来是三条：（1）土地所有权公有不变，只包给农户耕作使用；（2）保留生产队的基本核算单位，农户实行独立经营、盈亏自负；（3）农户要包上交国家的任务和保证提交集体的各项经费，剩下都是自己的。这些特点，在现阶段正符合广大农民生产条件管理水平与思想水平要求，所以受到欢迎拥护。

任何一种新事物的出现，总是解决了旧矛盾，又发生了新矛盾、新问题。农业生产责任制也不例外。目前在实行"双包"后，发生了什么新问题？如果不及时采取措施，会造成什么不良后果？这是广大干群最关心的，也是值得经济理论工作者大力探讨的。

就我们调查了解和看到的报道资料，下列一些问题是主要的。

首先是思想认识上的问题，把包产、包干到户，看作是分田单干、瓦解社队集体所有制。这是认识上的错觉。这些错觉发生在某些基层干部、习惯于"吃大锅饭"的群众和少数困难户。由于存在这种思想认识上的错觉，对于农业生产经营管理体制的改革，产生抵触和不满情绪。虽然它在改革的巨流中无法阻挠形势的发展，但这些消极因素，是不利于农业经营管理体制改革的推行。这需要通过宣传教育，做好转化工作。我想着重分析农业"双包"责任制推行后出现以下的实质性问题，谈谈看法。

1. "双包"到户，有不利于进一步提高商品率的问题。由于主要生产资料的土地公有制未变，"双包"到户，在所有制主体的一方是集体的，而在生产经营劳动者的一方又具有一部分小生产的个体经济因素，因而形成主要生产资料公有制内的包干到户中有一大部分农产品和少量生产资料又是各承包户自有的。这就产生了统与分的矛盾，即社队集体要求集中统一安排生产经营的项目，服从国家计划的需要，而各承包户又具有相对独立自主的小规模经营管理的分散性。当各承包户自有产品未能形成必卖的场合，自己需要的而又能直接生产的，是会趋向自给自足、小而全的生产经营，这就会出现国家计划需要与各承包户自己留用的矛盾。近半年多来，在"双包"责任制占最大比重的地区，农副产品派购任务不易完成，要收购的又收购不上来，就是这种矛盾的反映。

为了克服上述的矛盾，社队基层领导想力求在统一计划安排上多抓些项目，以满足国家需要，但统得过多，又影响承包户独立自主经营的积极性。特别是在物价不稳定的情况下，各户可卖可不卖的农副产品不易满足派购和收购的要求。现在有的地区银行和国营商业部门互相配合，用签订供销合同和贷款的办法来落实国家对农副产品要求，即国家计划需要产品项目，由商业部门一面与各专业承包户签订预购合同，一面组织生产资料和生活资料与各承包户签订供应合同，满足各专业户需求，银行给予贷款，支援各专业承包户预购所需资金。这些措施是有利于引导、促进各包干户向专业户，专业组、专业队转变，提高商品率，可以解决统与分之间的矛盾。但要行之有效，还必须物价稳定。否则，当各户履行合同交售任务时，如果当时的市场价格高于合同的价格，下一次农民就不愿签订合同。估计到这种现象的可能出现，在物价政策和管理方面下功夫，不使各户在履行合同交售任务时因价格而吃亏，这样，才有利于国家计划任务的完成。

2. "双包"到户，要求土地使用权的稳定与人口劳力变动的矛盾影响土地改良问题。就我国的实际情况来看，农村耕地面积扩大，不仅很少可能，而且随着各方面建筑的发展，耕地面积还会减少。但人口在今后十年、二十年内，会超过十一亿，农村人口超过九亿，不是遥远的未来，而是十年内的近景。那么耕地不能随人口增长而增加，二者的矛盾就会突出。人多地少，虽然可以从改良土壤、提高单位面积产量来解决农产品的需要，但改造自然生产条件，改良土壤，要有个前提，就是土地使用权必须稳定。否则，土地耕作经营者就不愿投资改良土壤。各承包户人口劳力不可能在今后 10~20 年达到均衡的发展，这就会出现人口劳力增多的户强烈要求相应增加耕地，而社队集体很难掌握机动的大面积土地从中调剂，不得不调度现有承包户之间的耕地使用面积，就会出现随人口劳力变化而变动土地使用权，从而影响承包户自愿投资改良土壤的积极性。当前已出现一种苗头，即有些承包户担心集体收回或改变土地使用权，这种思想表现在只愿使用速效化肥而不积极投资改良土壤肥力，就是这种矛盾的反映。

解决上述问题，改良品种提高产量，是最理想的办法，但科学上的发现和发明，很难随人们主观愿望及时实现，所以解决这方面的矛盾，还有待于农业生物科学工作者做巨大的努力。另外一条途径，就是发展社队企业吸收增长的劳力。但兴办社队集体工业企业，需要比经营农业更多的投资，资金从何而来？把富裕户的剩余资金用提取公积金的方式抽调出来兴办这方面的企业，那会再弄成广大农户所厌恶的"吃大锅饭"。看来，可行的决策，还是由银行来吸取存款，用贷款方式支援兴办社队企业，或者采用股票把富裕户的余钱吸收来兴办社队企业，这比较容易办到，也有利于通过银行引导社员积累的资金按国家计划和社会需要兴办企业，提高经济效益。

3. 劳多劳少、先富后富与计划生育的矛盾。在当前农村"双包"的责任制形式下，许多农民在承包土地经营任务上把劳多劳少与增产增收多少看作有直接的决定性的关系，因而引起不少农民"增人增劳才能致富"思想的滋长，由此而不满足于独生子女的计划生育，特别是没有生育男孩不愿节育的思想更为强烈，甚至不愿送子应征参军。农村基层干部对此问题感到棘手，不好解决，影响计划生育政策的贯彻执行。

很清楚，这不是实际问题，主要是思想问题。劳动致富，如何看才正确？这是值得分析的。不能说劳多就一定致富，劳少就注定贫困。劳多，消费也相应地多，因而积累就不一定多。我国十亿人口，有八亿农民，三亿多农业劳动力，是世界上任何国家无法相比的。可是，我们农村如此人多劳多，并没有富裕起来，这一事实有力地证明了人多劳多不一定致富。一个国家如此，一个家庭也不例外。我国农村子女成群的农户为数不少，三十年来为什么没有先富？今后仅靠人多劳多就能先富吗？我看，很难提出有说服力的论据。劳动质量有高有低，劳力的多或少并不决定劳动质量的高或低，还有脑力和技能因素起着重要作用。马克思把复杂劳动大于简单劳动许多倍来计算，就是从劳动质量来论证创造财富的。近年来我国农村出现的富裕户和"冒尖户"，并不都是由于人多劳多，大多由于在农、林、牧、副、渔的生产经营上有其特长，才取得增产增收致富的优势。任何人的特长是学习得来的，不是先天生成的。由此可知，把人多劳多看作致富的决定条件，是不懂得现代社会财富的增长主要是靠文化科学技术的发展武装了人们的劳动能力。科学技术是生产力，说明了这个道理。因此，想靠多生子女增加人口和劳力来致富，是一种很落后的愚昧的思想。事实告诉了人们，农业生产责任制的实行，并不能改变这样的规律性：在一个国家或一个家庭的人口增长率大于劳动生产增长率，其他条件未变，这个国家或家庭的人口生活水平，就会反比例下降，下降的幅度和人口增长率大于劳动生产率增长的幅度是相同的。一个家庭人口增长率大于劳动生产率的增长，先富了也会转为贫困。当父母的都能亲身体验到，生下一子女就是消费者而不是生产财富的劳动者，经过抚育培养十五年，还只是一个无特长的普通劳动者。要培养成具有大学文化水平、有专门特长的人才，至少还要负担十年，这十五年到二十五年中的生活费用负担是够沉重的。多生一个到两个子女，就是这对夫妇的收入由 3 个人增为 4~5 个人来消费，其他条件未变，生活水平必然下降是很明确的。由此可见，想多生子女致富，事实恰得其反。在我们这样人多地少的国家，不严格执行计划生育，个人家庭和国家都很难致富。违反客观规律，必然会受到惩罚，作为社会主义社会主人的劳动人民，不能让愚昧和落后思想支配命运。

4. 人口多、劳力多与科学文化水平低、劳动质量低的矛盾。这是当前我国农业生产承包户转贫为富的重大阻力，它虽然不是生产责任制的实行带来的新问题，但实行生产责任制的目的要求是增产增收，因而是需要解决的重大问题。广大农民如饥如渴寻求科学种田的知识，正反映了广大农民在实践中切身体会到了。"靠天帮忙"，那是简单劳动的小生产者思想，但也反映出农业生产劳动的成果还在很大的程度上受自然条件所支配。要大幅度在农业上增产增收，如果不能在科学技术上最大限度地控制、利用自然生长力转为社会生产力，那是难以达到的。现代化社会财富的巨大增长，主要表现在工业上，农业并无突出表现。当前我们农村一个普通劳力与两百年前一个农业劳动者在种植和养殖的劳动生产上，能提高的数量和质量，并无很大的增长。现代化设备的养殖场和种植场，一个妇女劳动能养几千只鸡、上百头猪，能生产大量西红柿，那是农业工厂化的成果，不是这些劳动对象本身在自然生长力转为社会生产力有如工业劳动生产率的巨大提高。所以从现代科学技术在农业生产中的作用来看，我们的农业还是相当落后的。虽然现代生物、物理、化学等科学在农业生产中的应用，已在我国开展了积极的研究，杂交水稻和其他品种的改良已取得卓越的成果，科学种田水平在逐步提高，但广大农民和基层干部掌握现代科学技术应用于农业生产领域还是极个别的。从发展上来看，要持续地、普遍地大幅度增产增收，不解决人口多、劳力多与科学文化水平低、劳动质量低的矛盾，是难以实现的。

要解决上述的矛盾，仅靠农业生产本身是不易办到的。实行农业生产责任制，具有激发广大农民学习科学种田的积极性，也有利于推广农民自己积累好技艺。但这种积极性和技艺还需要农业科学家指导、培训和提高，还需要科学教育措施传播和推广，农民不能土生土长成为掌握现代农业科技人才。现在有些地区由管理领导部门组织农业科技服务公司，或招聘农村具有特长的土专家加以培训，实行科技承包责任制，深受农民欢迎，这是推广农业科学技术、培训农民科学种田的重要途径和有效办法。

5. 包产、包干到户生产经营责任制的个体性、分散性与社会化大生产分工协作的矛盾。人类社会生产向社会化大生产发展，这是社会经济发展的总趋势和规律性。专业化分工协作是提高劳动生产率的有效途径和方法，这在工业上体现得很鲜明，现代化农业也表现出这种规律性。但包产、包干到户的生产经营责任制，是具有个体性与分散性，生产规模又小，容易形成小而全，这与社会化大生产的专业分工协作要求存在着矛盾。这种矛盾不仅影响商品率的增长，而且阻碍农业劳动生产率的提高。

为解决上述这种矛盾，目前有些地方通过银行根据国家计划指导，向专业户优先贷款，并优先提供专业化的生产资料，这种措施有利于促进专业化分工发展。有专业化分工，就必然要求协作。如何搞好协作？有两种方法：一是通过商品自由交换，用价值规律作用来促进专业户分工协作的发展；二是通过供求双方签订合同来促进专业户分工协作的发展。目前有些地方是采用第二种方法为主、第一种方法为辅，这样做的优点是：有利于把供求纳入国家计划轨道，克服供求脱节积压浪费。在合同外的供求，可由集市贸易议价调节。这样，可以贯彻计划经济为主、市场调节为辅的方针。至于承包的专业户具有小生产分散性，不利于采用现代化的大型农业生产工具提高农业劳动生产率问题，我认为这不是急于要解决的矛盾，农业生产有许多不同于工业的特点，农业劳动生产率不是在任何场合决定于大型的耕作工具，而是在很大程度上取决于品种的改良和自然生长力的有效利用。过去不顾自然条件，片面追求农业耕作机械化而过急地扩大经营集体化，事实证明不是成功的办法。专业户的分散性是可以用交换合同联系分工协作，逐步发展成连结集体。目前宜统则统、宜分则分，条件成熟，水到渠成。不能性急，要稳步前进。

以上问题的产生是前进中矛盾的反映，目前有些地方已采取的解决办法，是可行的、有效的，但从农业生产责任制进一步健全完善来要求，还需要从国民经济的调整改革来全面分析，只在农业生产本身范围内还不易形成完善体系。

三、健全和完善农业生产责任制，要求实现农业结构与社会生产良性循环，尽量提高经济效益

包产、包干到户的农业生产责任制，是否就是一种低级形式？这看法值得商榷，因为这关系到低和高以什么作衡量标准的问题，并且容易把生产资料所有制的变革与生产劳动组织管理体制改革混同起来。

我们农业合作化的历史有个教训，当时把农业合作化分作初级社、高级社，初级社是半社会主义性质的低级形式，高级社是农业生产资料所有制社会主义集体化已实现的社会经济形态，此后的任务应是农业生产组织管理体制健全与完善。在进入了社会主义历史阶段，当生产力没有极大地提高，就不能任意变革所有制形式。由于当时没有认清二者的区别，把人民公社当作所有制的高级完善形式标兵，于是患了急性毛病，不顾客观条件如何，争先恐后地赶浪头，急急忙忙向高级更高级社会形态过渡。其结果造成整个农业陷入失去生机活力的停滞窘境。事实告诫了我们，把经营管理的组织形式等同于特定生产方式的社会经济形态，由此而提出这种经营管理形式从低级向高级社会形态过渡，是不正确的。当前各种生产责任制形式并存，都能增产增收，表明各种不同组织管理形式在当前我国社会历史阶段，各自与一定生产力水平是适应的。只要适应，增产增收，就是先进的，没有高与低等级之分。我国山区的农民，他们使用那些小块田土，到本世纪末，还会是各户独自经营。但不能以此就判定山区农村长久是处于落后状态，只要他们善于因地制宜，有效利用自然资源，交通方便了，山区农民会比平原农户致富更快，现在已出现这种苗头，我的家乡苏木溪公社去年实行包干到户责任制，一年中发生五个超历史的最高生产纪录，就是生动的事例。

"农业生产责任制形式还不完善"，这是应肯定的。一种新的创造性的形式，开始很难搞得完善，是需要在实践中不断总结经验进行理论探索，继续采取措施，才能逐步完善。问题是根据什么来判断农业生产责任制是否完善。现在有各种不同看法，都是从不同侧面去观察分析的，这在开始研究一个较复杂的问题，出现不同的看法是正常的，经过深入广泛讨论探索，是会逐步统一认识的。我的看法，衡量农业生产责任制形式是否完善，要从三个方面去观察。①从微观方面去考察，这种责任制形式，是否充分利用了农村劳动力和调动了农民劳动积极性，使生产关系适合生产力水平；是否接受了国家计划指导与要求。②从农业生产布局与结构去考察，是否最大限度地利用自然生长力实现为社会生产力，因地制宜，全面发展，增产增收。③从宏观领域去考察，这些责任制形式，是否构成农业这个基础有利于整个国民经济结构形成良性循环，符

合社会主义生产目的要求。下面我想根据这些进行分析探索，谈些看法。

1. 关于农业生产责任制多样性与完善形式的客观依据。

农业生产责任制是在主要生产资料（土地）集体所有和在国家计划指导下，以改善社会主义管理制度，巩固和发展集体经济，通过科学的劳动组织、分配方法和符合生产力水平的经营方式，使责、权、利紧密结合，使国家、集体、个人三方利益共同增进，能充分调动农民生产劳动积极性和不断提高劳动生产率，有利于促进整个国民经济良性循环发展的一种生产经营管理制度。我这样理解和看待农业生产责任制，是就它的完善形式应具有的作用来衡量的。它具备了这些作用，才能够称得上完善的形式。我理解完善的含义是包含一系列的互相配合、协调作用的多种多样责任制形式。国民经济是复杂的有机结构，任何单一化的形式都不可能是完善的。社会主义农业经济管理制度要达到完善程度，需要有一个发展改进过程和有关配合措施，才能实现。下面我想从几个方面进行分析，谈谈看法。

（1）由于农业劳动条件（劳动对象、劳动工具、劳动技能、劳动方式方法和管理水平等）的差异性及开发利用自然资源的程度不同，要适应这些不同生产条件，充分利用一切生产因素，发挥劳动者的主动性、灵活性与积极性，就必然要求承包形式多样化。搞一刀切，推行一种责任制形式而歧视乃至排斥、禁止其他形式的并存，不仅难以适应人们生活对农副产品的多种多样的需要，而且会妨碍多种经营和全面发展。所以农业生产责任制形式多样化，有它的必然性与必要性。

（2）农业是整个国民经济的基础。这个基础结构是否合理，影响整个国民经济结构和社会总生产过程的运行循环。社会主义计划经济体制的形式和任务，必须保证国民经济两大部类协调发展。多种形式责任制，要有利于促进农业和整个国民经济结构改革，形成国民经济良性循环，不断提高劳动生产率和经济效益。

（3）农业建立各种形式生产责任制，有利于调动承包者生产经营的主动性和积极性，增产增收，效果显著，这是近年来大量事实数据有力地证明了的。社员收入的增加，反映了生产财富的增长，为国家、集体和个人增加积累提供了有利的条件。国家、集体和个人积累的增加，是扩大社会再生产、加快"四化"建设与保证国家、集体和个人三方利益共同增进的根本途径。承包合同合理确定劳动成果在个人、集体和国家之间的分配比例，是农业生产责任制的重要内容，也是出包与承包双方的法定职责。

2. 农业生产责任制的发展趋势与完善形式的分析估计。

当前关心农业生产责任制的广大基层干群和经济理论界，已不是需不需要推行各种形式的生产责任制，而是集中于研究如何健全和完善这些责任制的形式，力求广大农民在社会主义大道前进中早日富裕，为促进四化建设创造雄厚的国民经济基础。在探讨中提出的一个重要问题是：现行各种形式的农业生产责任制发展趋势如何？要完善各种形式，有无规律性可循？应采取什么措施？值得广泛深入探索。

在现行的各种农业生产责任制形式中，包干到户又最引人注意，因为自去年六月以来，全国许多地区，特别是人口多、耕地少的地方，原实行的定额包工、专业承包、联产到组、联产到劳、包产到户等形式，发展很少，而且相继转为包干到户，即承包单位的集体范围越来越小，包干到户日益居于最大比重。这在传统的观念中感到有点反常，因为自农业合作化以来，人们意识中总以集体化范围越扩大，社会主义发展就越快，就越容易过渡到共产主义社会去。这是一种脱离国情的主观愿望。实践证明，脱离国情，欲速则不达。过去的教训使我们更清醒地看到：农业生产看来似乎简单，实际上比工业更复杂，因为农业生产的复杂性，来自于自然影响的复杂性，当人类还不能主动控制自然条件对农业生产形成的区域性、季节性和较长的周期性的情况下，要把农业办成像工业那样规模的集体化与社会化大生产，是难以收效的。二十多年来的实践证明了农业生产这个特点，在我们国情中，不宜片面追求扩大集体化经营规模。当前包干到户之所以在多种农业生产责任制形式中居于最大比重，认清这个特点，才能明白此中由来。因为：第一，农业生产周期长，自然生长时间较多，劳动作业时间不能在同一种劳动对象上构成连续性，这就形成生产过程许多劳动间隙，使生产者可以从事多种多样的农活；第二，当前我国农业生产劳动工具大多地区是畜力和简单小农具，便于多种多样的农活机动使用；第三，"土能生万物"，农民需要的生活资料，大部分可以自给自足，在劳动生产率不高的情况下，必需交换品不多；第四，由于生产规模小，项目多，自给性强，家庭内分工协作比社会分工协作容易实行。上述四方面的条件，形成农业生产以家庭为单位的牢固基础。包干到户的责任制就是这种生产关系与生产力相适应的要求。

当前农业生产责任制各种并存的形式，是否都会转为包干到户？这一形式能否长期稳固？是否需要长期稳固？究竟今后发展趋势如何？经济理论界与业务领导部门正在总结经验。较多的看法是：农业生产责任制当前多种形式并存是合理的、必然的，它的趋势是会朝着专业化分工协作的社会化大生产方向发展。这从现代化发展总趋势来说，是有这种必然性。但在我们国情中，这种必然性如何成为现实性，还值得分析探索。

（1）社会化大生产是以分工协作与机械化为基本条件的，在我国农村这些条件难以较快实现，因为有些矛盾制约着分工协作和机械化的发展。这些矛盾是农业生产周期长，自然生长时间长，劳动作业时间短，因而必然出现生产过程的劳动阶段性和多种经营的自给性，这和社会分工要求是矛盾的。当社会分工的生产条件未成熟时，家庭内部分工不易较快发展为社会分工，加之人口多、劳力多与耕地少的矛盾存在排斥耕作机械化的阻力，科学技术和管理水平又低，因而"双包"责任制形式向重点户、专业户责任形式发展，如无外力促进，自发的进程是不会很快的。由专业户转为专业组、专业队的责任制形式，没有机械化与科学技术培训配合，也是不易很快实现的。而生产过程全面机械化，在劳力多、耕地少的情况下，发展是会很迟滞的，开始也只宜部分机械化。由此可以预测，当前农业生产责任制形式，在近期内，客观要求的稳定性是相当大的。

（2）事物的发展变化总是以所依存的条件变化为转移的。我国农业生产责任制形式的发展变化，主要取决于劳动力、劳动工具与管理水平，因为耕地面积在保护生态良好的要求下，是不能再扩大了，全国三亿多个农业劳动力，在本世纪内不仅不会减少，而且还会增加，因而很不利于发展全面机械化，这就阻碍着农业集体化范围规模的扩大。如果再采用过去农业合作化搞政治运动的方式和方法，那难免不再陷入生产停滞的老路，难以巩固和发展集体化的规模。因为在劳动工具不能把劳动者组织成生产流程中不可分离的有机构成部分的场合，勉强凑合的生产劳动集体，既难改进生产技能，又不易提高劳动生产率，这样的集体化不能提高经济效益。因此扩大农业集体化生产责任制形式，需要稳重行事，必须以生产结构条件具备需要集体化作依据。

（3）有必要从人口问题和社队企业发展上来分析现行农业生产责任制形式发展的趋势。现在出生的独生子女结婚后，是会出现这样的情况：既要抚育年幼子女，又要赡养两对老人，因而家庭劳动力会减少，生活负担会加重，届时农业劳动生产率不进一步提高，没有较大幅度增产增收，生活水平不仅难以提高，而且会下降。因此，不但要为农业机械化与工厂化作好准备，而且应为社队企业发展积极创造条件。就我看，从现有人口年龄结构来分析，人口老化问题是本世纪以后的事。我们国家农业机械化，除人口少和耕地面积平坦较广的地区外，重点不在于耕作工具大型机械化，而在于适宜精耕细作和便于使用的新式工具与畜力和手工劳动相结合。交通运输工具要优先机械化。从长远来说，农田建设工厂化势在必行，这既有利于充分利用自然生长力，又有利于老少和妇女从事省力的劳动。社队加工企业更需要积极创造发展条件。可以预料，今后二十年内农业劳动力增加，在农村发展社队企业既可就地吸收剩余劳动力，增产增收，又可解除农村劳动力流向城市的压力，也有利于发展城乡互助。

（4）社队办什么企业？如何发展？这是值得深入研究的重要问题。"中观经济"这个概念，从有关论述的内容列举的事例来看，我认为对农村社队兴办企业很有指导意义。在我国农村创办加工企业，既要为农业生产与农民生活需要服务，又要能直接构成农业生产线的有机组成部分，最大限度地发挥自然生长力实现为社会生产力，增产增收。例如办好饲料工业，对于发展养殖业就会发生巨大促进作用。传统的办法，饲料都是各户分散手工制作，投入劳动多，各户养殖业不易大发展，这是个重要原因。一旦把这生产工段工厂化，科学配料，机械加工，按合同分户分组分场供应，既可利用闲散劳力，又可节省家内人力，养殖业就可更多发展。又如易腐不耐储存、不便远途运输的牛与山羊奶汁，天天有这类动物身上的自然力再生产，就地设厂加工，远近都可供应，不仅可以改善人们的食品营养成分，而且能够把分散养殖与集中加工紧密联结起来，最大限度地把自然生长力实现为社会生产力。再如粮食收获后及时搞干燥，是种植业生产过程的必需工段，耗费劳力多，天雨不能收获，发霉损毁率大，一旦设厂加工烘干，既可节省大量劳力，又可减少气候损耗，还可节省大批晒谷坪用作耕地。总之，社队企业应与种植业及养殖业生产过程和生活需要紧密联结，形成农业结构良性循环的组成部分，充分发挥自然生长力实现为社会生产力的作用。这应作为社队企业发展的方向和途径。

（5）水利资源在农业中居于命脉的地位，没有适应的水分，土壤肥力根本不起作用。种植业与养殖业缺水，都不能发挥自然生长力，就不能实现农业生产力，农业就会毁灭。所以水利资源的利用是整个农业存在和发展的命脉，利用得好与坏，关系到农村经济的兴衰，支配着八亿农民的命运。历代封建王朝，兴修或失修水利，成为治与乱的根源。新中国成立后，党和政府领导全国人民兴修水利，投入了巨大的人力和物力，取得了显著的成绩，但从现代化要求来说，水利问题还没有完全解决，三十年来旱涝造成的农业损失是巨大的，所以水利科学家们把这项建设看作重大战略任务，中央领导同志极为重视，发动全党全军全国各族人民植树造林，对于解决水利问题具有战略意义。农业生产责任制推行过程中，有些地区出现忽视水利建设的苗头，有些地方没有对管水用水健全好责任制，出了不少毛病，急待有关领导部门积极采取改进措施。总之，水利资源的有效利用，在农业领域充分发挥自然生长力实现为社会生产力居于关键地位，必须加强水利建设和健全这方面的责任制，才能使农业生产责任制构成完善的体系。

（6）能源问题是我们国家一个严峻的问题，也是农村一个急需解决的突出问题。农业现代化与农村现代化，都需要解决能源。仅就全国一亿七千万农户每日三餐需要的燃料来看，已够惊人，充分利用一切可利用的水力发电，推广沼气，也难全部解决照明、燃料和机械化动力。烧汽油不仅油料难以供应，而且没有几户具备这种财力。煤炭储量虽然丰富，但地域分布颇不平衡，远途运输供应广大农户，不仅成本高，而且交通运输负担不了，剩下的办法只有继承老祖宗的一套——烧柴火。林业科学家们倡议建立烧柴林基地，这是具有重要意义的，必须尽快采取措施。这不仅是山区要建立烧柴林的基地，丘陵平原屋前屋后、田头地角和一切可利用的隙地都可营造燃料基地，植树与蓄杂草木并举，高矮配合，芭茅、草、竹每年再生长一次，用割韭菜的方式一年砍割一次，这是充分利用植物把太阳能转为柴火能的很好路子，既不妨害农作物，又有利于生态平衡，扩大覆盖面，农民又习惯于使用柴火煮饭、炒菜、取暖，只要锅灶改良，大多数农户可以自给，把这种烧柴基地的建立纳入农业生产责任制项目，是非常重要的。

总之，农业生产责任制要向农业内涵挖掘生产潜力，发扬优势，形成良性循环，它比工业扩大内涵再生产具有更大的效益，因为，农业中的自然生长力实现为社会生产力，投入的人力物力要比工业少，所以潜力大，效益高。

四、完善农业生产责任制，还需要有关部门在调整改革中配合建立互相协调、互相促进的责任制体系

农业生产责任制的发展，仅从它本身还不易达到完善的系统而成为国民经济良性循环基础。我们的国民经济结构发展必须符合社会主义生产目的的要求，为此，要发展和完善农业生产责任制，还必须有关部门采取配合措施，建立协调、完善的农村责任制体系。

（1）从农业生产承担国民经济良性循环的基础与为社会主义生产目的的要求服务来说，农业（包括农、林、牧、副、渔）本身的合理结构和充分利用自然生长力实现为社会生产力，以发挥优势，有必要采取以下的措施，建立相应的责任制形式。

第一，要建立集体所有制与全民所有制生产经营单位互相承包责任制。国家直接管理的全民所有制企事业单位所需要的农副产品，大部分是通过统购和派购方式从农村集体所有制取得的，全民所有制企事业的发展规模和速度，在很大程度上取决于能得到的农副产品数量和质量是否相适应，而集体所有制广大社员所需要的大量工业品又是靠全民所有制企业提供。为了使相互支援的物资建立在稳固发展的基础上，有必要采用相互承包责任制形式法定下来，以加强双方完成任务的责任心。同时，国家计划通过这种互相承包责任制，具体指

导因地制宜、多种经营、合理布局、发挥优势、分工协作、互相促进，形成国民经济良性循环结构基础的经济区域。

第二，要建立和完善农业技术责任制。在农业领域要提高劳动生产率，建立农业技术责任制，充分利用自然生长力来提高社会生产力，使广大农民群众增产增收，具有极为重要的作用。实践证明，农业技术责任制是加快农业科技成果推广，帮助农民学科学、用科学的一种有效形式，也是广大农民十分欢迎和迫切要求的。目前各省都建有这种责任制，但由于农业科技人员不足和科研经费不多，这种责任制形式还不完善，推广面还不广泛，有必要大力采取措施，加强和完善农业技术责任制形式。就种植业来说，对良种、育苗、栽培、施肥、植保、灌溉、收获、干燥到储存保管；在林业上，对苗圃、造林、砍伐、护林、保护生态良好；在养殖业方面，对良种选配、催肥防疫、配制饲料以及综合利用等等，很需要建立一整套完善的先进科技责任制。科研机关和银行等部门支援攻关科研项目，及时推广成果，必将显著地提高农业经济效益。

第三，要建立农业生产资料服务供应责任制。农业生产的季节性，使生产工具的利用率有较大局限性。而包干到户，各户收入的积累消费水平很不平衡，对先进农具的购置也存在局限性。改进劳动工具是改进一切生产的重要条件。当广大农户大力开展多种经营和处于农忙季节，渴望得到相适应的农具，以提高生产效率，以免耽误农时。这不仅需要把社队集体掌管的大农具和畜力健全责任制，而且还需要全民所有制企业组织生产资料租赁公司与代耕服务站，建立相应的责任制。银行有能力筹集资金，可以引针牵线，与有关工业部门联合组织农业生产资料（包括运输车辆）租赁公司，培训技术人员。这样，既可促进工业与农业互相支援，协调发展，又有利于安排农村剩余劳力就业，它将有力地促进农业全面发展。

（2）从流通领域来看，它与当前完善农业生产责任制的要求还很不适应，还有不少问题要解决。流通渠道不合理、不畅通，不仅会妨碍社会分工协作的发展，助长各承包户小而全和自然经济成分的增长，而且会使已建立的各种农业生产责任制形式难以加强、发展和完善。因此，以下几个方面问题急需要从责任制的建立来合理解决。

第一，要建立供求合同责任制，提高农业商品率，发挥各经济区的优势，促进调节联合，健全国民经济计划体系。当前派购收购农副产品有许多地区并不顺利，国家计划需要的农副产品收购派购任务不易完成，农村需要的工业品许多工厂有积压而农民又买不到手，二道贩子横行，这不仅因为交通运输困难，商业管理体制有待调整改进，而且还因为农业与工业内部结构的不合理，彼此产品数量与质量在供求关系上脱节。这有必要由银行与商业部门协作把工业与农业之间的交换关系用预购预售的合同责任制联结起来，把产销与需求纳入计划体系，促进各生产经营单位与经济区之间因地制宜，发挥优势，分工协作，促进联合。这样才有利于形成良性循环，提高国民经济效益。

第二，商业流通环节还必须建立信息责任制。由于农业"双包"到户责任制，在承包户方面提供出售产品和需求的生产与消费资料，种类多，数量小，有些产品储存性差，因而卖和买具有很大的分散性。在城市需要农副产品作为家庭生活消费者，在买入需求上也具有很大的分散性。这不仅要求商业收购、销售的服务网点广泛建立，还迫切要求对农副产品的需求有准确的预测指导生产计划安排。因为农业生产周期较长，不易做到随时需求随时供应，必须有周密的计划安排，才能克服供需脱节与积压浪费。作为生产与消费连结纽带的商业部门，既要有整套完善的经营服务责任制，又必须有消费结构与变化的准确预测，才能促进生产与消费辩证发展，形成社会生产总过程良性循环。

第三，还必须建立稳定而合理的价格体系与市场管理责任制。商业是为商品交换服务的。商品交换是通过价值反映在价格形态上来进行的，就农业产品来说，不制定较稳定而合理的价格体系，不仅会扰乱国家计划指导农业生产结构合理布局的安排，而且会使承包户生产商品失去积极性，甚至将使劳动生产率低者难以维持简单再生产能力。农产品的价值是由劣等地的生产耗费决定的，因而优等的农产品价格包含着级差地租。在理论上级差地租好划分，在实践上不易计算，所以制定农产品合理的价格体系是个复杂的问题，影响面又很广。在目前，有的农产品有计划价格，又有市场议价。一物存在两种合法价格，当供不应求的场合，如果市场管理不严，计划价格的商品容易转为集市的议价商品，从而使投机倒把者乘机牟取暴利，国家每年从财政支出巨额经费补贴农产品收购价格，有不少落入他们荷包里。因此，建立合理的价格体系，健全市场管理责任制，对稳定物价、促进农副产品正常流通具有重大作用。

（3）从分配领域来看，当前农业生产责任制还需要在国家、集体与个人之间处理好三方利益，在积累与消费的关系上，还需要完善责任制的有关形式。据我观察，主要是以下几个方面。

第一，国家每年从农业税的收入抵去价格补贴支出后，所得差额甚微。也就是说，农业生产中提交国家使用的积累少，而财政用于支援农业负担重。这在我国农业处于落后的阶段和农民收入低的情况下，是需要的。但要财政长期负担这种补贴，是不利于收支平衡的。国家为了安定职工的生活和稳定物价，这种补贴又不宜过早取消。要解决这种矛盾，在未建立完善的价格体系之前，到底如何是好？从理论上说，级差地租应有较大部分归国家财政；在实践上又需要在承包责任制中按耕地优劣等级确定上交国家的农业税有着不同比率。

第二，在当前农业"双包"到户的生产责任制形式中，社队集体需要从各户劳动成果中提取一定比例的基金，用于兴办集体事业与福利救济基金等开支，还应包括农田水利能源开发、交通运输等基建工程投资。所谓"留足集体的"，就是这些项目交由集体管理的支出。这"留足集体的"比例多少，要在承包合同中公私兼顾，合理确定。丰年增产增收多一点，在保证各户逐步改善生活与扩大再生产的前提下，可以适当增加文教科技事业与公共基本建设工程投资。这是个人和集体、当前和长远利益不可偏废的必要措施，是社会主义优越性体现的标志之一。

第三，包干到户的生产责任制形式，使各户有一种内在的动力，就是在扣除上交国家的与留足集体的之后，"剩下都是自己的"。它是按合同分配，比包产到户由队统一分配的方法更受农民欢迎。本来"双包"到户都是集体经济内部分散经营的责任制形式，而包干比包产更受欢迎，它反映了农民厌恶"吃大锅饭"的强烈思想情绪，但这并不是农民反对集体所有制，而是对集体所有制不严格贯彻按劳分配原则很反感。农民对上交国家的公粮一向是积极的，对集体兴办的公益事业也是热情的，不乐意的就是"养懒汉的崽"，"替别人陪嫁妆"，这又不是小气、吝啬。农民重视扶困、济贫、养老、抚孤，是其传统的美德。他们之所以那么强烈不满"吃大锅饭"，从本质上来分析，是珍视自己劳动的朴实意识的反映。所以包干的分配方法，是深受农民欢迎拥护的，是有利于集体内部分散经营小型再生产与家庭副业发展的。农民怕变，最怕的是分配比例的不合理与任意变动。社队财务会计不健全，也是集体容易失信于社员所在。这些都需要在责任制上有完善的法律保证。

第四，目前在广大农民的家庭收入中，有个较突出的问题需要从责任制形式的完善上去引导解决。就是吃、穿问题解决了，住的问题已当作头等大事，这也是生活中需要解决的重大项目。但矛盾大，不能过急地实现。因为建筑材料不易解决。用木料，势必摧毁林业；多烧砖瓦，严重缺乏燃料；扩大平房，将使不足的耕地更加不足；修一栋楼房要投资数千元，家庭财力集注于此，扩大再生产条件必受严重影响。而广大农户又急想建新屋、盖新房，担心以后材料更昂贵、更难建造。解决这个问题，最好是银行与有关部门筹备建筑公司，一方面把各户的计划建房资金作专项存款吸收到银行来，有效转为生产资金，定额定期付还建房；同时银行投资组织建筑公司，对建房专项存款户签订承包建房责任制，有计划、有步骤、有组织地履行承包合同，及时保证建新房、交新屋给农民使用。这是可行的办法，也是急需建立的责任制。

最后还必须指出，在八亿人口的农村，推行农业生产责任制，是一场深刻的改革。它不仅直接关系到亿万户农民的切身利益，而且与整个国民经济的发展紧密联系着。情况复杂，需要及时解决的问题很多，这就需要基层组织有一个健全的领导班子，能正确执行中央的政策方针，尊重群众创造精神，善于总结经验，实事求是，稳重扎实，抓工作，想办法，职责清楚，任务明确，全心全意为人民服务，这就必须建立健全的干部岗位责任制。这是完善一系列责任制的重要保证。

农业生产责任制的加强和完善，关系到整个国民经济的发展，需要从实践中广泛地总结经验。由于它实行的时间还不长，还不易认识到它的规律性，为避免八亿农民少走弯路，从理论上对它作些探索，应是经济理论工作者的重要任务。上面的分析，仅仅是初步的探讨，看法错误之处，尚希读者指正。

异化劳动论在马克思理论体系发展中的地位和作用[*]

——学习马克思《经济学手稿》体会之一

人类文化科学史上一部伟大光辉巨著——《资本论》全部译成中文出版后，四十多年来已为我国广大读者所熟悉。但马克思生前没有发表的三大集《经济学手稿》，即 1844 年《经济学哲学手稿》（又称《巴黎手稿》）、1857—1858 年《经济学手稿》、1861—1863 年《经济学手稿》，直到党的十一届三中全会以后，才在我国相继翻译出版，经济理论工作者和广大读者才得到学习和研究的机会。这些手稿不仅是研究《资本论》创作史的珍贵文献，而且使我们能够更全面、更深刻地理解马克思经济思想理论体系，能够更强有力地运用它来指导我国社会主义国民经济改革和建设的实践。兹值纪念马克思逝世一百周年，又是我们党号召全国人民全面开创社会主义现代化建设新局面的头一年，加强这方面的学习和研究，意义更为重大。下面我想先就异化劳动理论在马克思思想体系发展中的地位和作用，谈点学习体会。

一、马克思异化劳动论是打开人类社会历史之谜的钥匙，是他建立新世界观的基石

自 1932 年马克思的《巴黎手稿》发表后，国际上哲学社会科学界展开了一场激烈的争论，迄今还在继续。在这里没有必要花很多篇幅去把争论中的分歧观点一一加以分析评述。我想集中地谈谈异化劳动论在马克思打开人类社会发展之谜的研探征途中如何取得科学成果，由此而建立了他的历史唯物主义思想体系。把这方面弄清，争论中问题的是非界限就会分明。

---

　　* 《异化劳动论在马克思理论体系发展中的地位和作用——学习马克思〈经济学手稿〉体会之一》，《财经理论与实践》1983 年第 1 期。

研究过马克思早期思想的人都清楚，他接过前人的异化概念，既没有在黑格尔的"绝对精神"里遨游，也没有在费尔巴哈的自然人本主义范畴里长期徘徊，而是把异化概念直接引入工人被资本强制劳动的领域，揭示了劳动与资本对立这个"市民社会"的根基，由此而形成他的思想体系中独特的异化劳动理论范畴。这就使他的思想路线发生了质变飞跃，从而开辟出通向一切重大社会问题的研究道路，取得了深入社会结构深层探索奥秘的钥匙。

马克思获得上述成就，从支配一个时代的哲学堡垒里突破出来，建立自己崭新的思想体系。在思想路线的征途上完成这种转变任务，要经历极艰苦的斗争过程，是一场深刻激烈的自我革命。思想意识领域的自我革命，关键在于具有广博的文化科学知识与参加社会斗争实践。马克思在大学读书时不仅深入地研究了德国古典哲学，而且学到了渊博的文化科学知识。他的专业是法律，但非常爱好历史与自然科学，对高等数学有很深的研究。他对于法国大革命历史特别注意。他到巴黎亲身体验，感受很深，这对他强调用社会斗争实践的观点批判思辨哲学有密切关系。他写作《黑格尔法哲学批判》到《巴黎手稿》的过程，鲜明地反映了他的思想路线转变的革命历程。他使用黑格尔和费尔巴哈的许多术语进行论述，表面看似乎是"继承"，实质上是深刻的革命扬弃。他在巴黎写的《〈黑格尔法哲学批判〉导言》比在克罗茨那赫写的《黑格尔法哲学批判》稿有更强烈的革命火花。他在这篇《导言》里使用异化概念已不是停留在费尔巴哈的人本主义框子里，而是进入到活生生的现实社会阶级斗争激浪中，揭发旧制度的罪恶根源，探索新社会实现的规律和途径。他得出这样的结论："在德国，不消灭一切奴役制，任何一种奴役制都不可能消灭。彻底的德国不从根本上开始进行革命，就不可能完成革命。德国人的解放就是人的解放。这个解放的头脑是哲学，它的心脏是无产阶级。"[1] 由此可见，马克思从清算唯心主义转向唯物主义过程，他的思想感情充满着现实社会斗争实践的革命火花。虽然那时他还没有探索到旧制度消灭与新社会创立的客观规律和途径，但已鲜明显示出他已站到现实社会斗争前列。他强调全人类解放的那个"人"，并不是抽象的栖息在世界以外的东西。"人就是人的世界，就是国家，社会。"把这和费尔巴哈"人本主义"的"人"看作无本质的区别，纯粹是从术语上臆断，没有科学分析的依据。

正是由于上述思想路线的革命性转变，马克思阅读恩格斯的《国民经济学批判大纲》才有受到深刻启发的思想基础，由此而转向古典政治经济与市民社会的研究，探索旧制度的罪恶根源与实现新社会的规律依据和前进的途径。

---

① 马克思、恩格斯：《马克思恩格斯全集》第1卷，北京：人民出版社，1950年版，第467页。

《巴黎手稿》的内容结构体系反映了马克思形成新世界观的思想路线已脱离了青年黑格尔派影响的羁绊。在《巴黎手稿》的"异化劳动"一节中，马克思详细地论述了异化和异化劳动形成的私有制统治，以及在私有财产关系中所体现的资本和劳动者的对立斗争。接着论述共产主义扬弃私有制、消除异化劳动、实现人的复归，其目的都在于揭露私有制统治下资本与劳动对立的本质特征和造成社会罪恶的根源，探索私有制崩溃与实现共产主义的规律。这反映出异化劳动论在马克思思想体系中的突出地位和作用。这也是这集《手稿》内容结构中的关键部分。

马克思把异化概念引入社会劳动领域时强调：在私有制统治下，"劳动所生产的对象，即劳动的产品，作为一种异己的存在物，作为不依赖于生产者的力量，同劳动相对立。""对对象的占有竟如此表现为异化，以致工人生产的对象越多，他能够占有的对象就越少，而且越受他的产品即资本的统治。"[①] "劳动对工人说来是外在的东西，也就是说，不属于他的本质的东西"；在这种劳动中，工人"不是感到幸福，而是感到不幸，不是自由地发挥自己的体力和智力，而是使自己的肉体受折磨，精神受摧残"[②]；"这种劳动不是他自己的，而是别人的；劳动不属于他"[③]。马克思批判前人的国民经济学只从私有财产的事实出发，没有指明资产阶级与无产阶级的对立是从私有财产的本质中产生出来的。他论述异化劳动之后在"第二手稿"中分析私有财产的关系。可惜这个手稿大部分已遗失，只剩下最后四页。但从他关于私有财产关系的几页论述内容，可以看出是在"第一手稿"异化劳动论的基础上，进一步全面分析私有制生产关系中异化劳动的各种具体形态，展开了对私有制历史演变规律性的论述。在这里也是运用异化劳动理论阐明私有制生产关系中的阶级斗争推动历史演变到近代资本主义社会；而在工业农业商业大发展了的私有制社会，阶级结构的两极分化，必然导致无产阶级废除私有制的统治而实现共产主义社会。"第二手稿"最后一页论述"私有财产的关系是劳动、资本以及二者的关系。这个关系的各个成分所必定经历的运动"[④] 的三种阶级对立结构形态，与"第三手稿"的论述前后是紧密联系的，它反映了马克思已形成的历史唯物论的基本观点与思想体系。

我的上述看法，虽然无法找到手稿遗失部分直接对证，但从马克思的《〈政治经济学批判〉序言》关于他研究政治经济学的经过和研究得到的结果的

---

① 马克思、恩格斯：《马克思恩格斯全集》第 42 卷，北京：人民出版社，1950 年版，第 91 页。
② 马克思、恩格斯：《马克思恩格斯全集》第 42 卷，北京：人民出版社，1950 年版，第 93 页。
③ 马克思、恩格斯：《马克思恩格斯全集》第 42 卷，北京：人民出版社，1950 年版，第 94 页。
④ 马克思、恩格斯：《马克思恩格斯全集》第 42 卷，北京：人民出版社，1950 年版，第 110 页。

论述中，还是能够得到证明的。他是把《黑格尔法哲学的批判》和《导言》，与在巴黎开始研究政治经济学和移居布鲁塞尔继续进行研究，这两个方面得到的结果分别表述的。也就是说，马克思在这个《序言》里所简要表述的他发现的人类社会演变规律这个研究成果，是在批判黑格尔法哲学之后到与恩格斯合作之前这期间取得的。这期间马克思研究政治经济学的写作，到现在已看到的只有《詹姆斯·穆勒〈政治经济学原理〉一书摘要》和《经济学哲学手稿》，其中系统反映马克思历史唯物主义思想体系的，是《经济学哲学手稿》。我这样肯定，是根据马克思自己的说明，他说："自从弗里德里希·恩格斯批判经济学范畴的天才大纲……发表以后，我同他不断通讯交换意见，他从另一条道路（参看他的《英国工人阶级状况》）得出同我一样的结果，当 1845 年春他也住在布鲁塞尔时，我们决定共同钻研我们的见解与德国哲学思想体系的见解之间的对立，实际上是把我们从前的哲学信仰清算一下。"[1] 从马克思这段回顾可以明白，他讲那个"一样的结果"，即历史唯物主义的基本原理，是在 1844 年 2 月至 1845 年春这期间取得的，和恩格斯的《英国工人阶级状况》一书得出的结果是一致的。因此，不承认《经济学哲学手稿》是马克思历史唯物主义世界观思想体系已基本形成的著作，抹杀了马克思本人的肯定成果。

有些理论工作者把《哲学的贫困》当作马克思历史唯物主义形成的著作，并以马克思 1846 年底致安年柯夫的信作根据，这是缺乏分析的不准确看法。马克思在《政治经济学批判》序言中曾这样讲过："我们见解中有决定意义的论点，在我的 1847 年出版的为反对蒲鲁东而写的著作《哲学的贫困》中第一次作了科学的……表述。"[2] 这是讲他在发表的著作中的第一次表述（《巴黎手稿》没有发表），不是指他们两人合作后才形成历史唯物主义思想体系。他们两人决定共同清算以前的唯心主义的信仰，就是由于两人已有共同的新的世界观。

我们对恩格斯把《关于费尔巴哈的提纲》看作是马克思新世界观"天才的萌芽的第一个文件"这句话也应分析。1845 年春天，马克思写的这个《提纲》，也是一个笔记本，1888 年恩格斯把它作为《路德维希·费尔巴哈和德国古典哲学的终结》一书的附录第一次发表出来。我们能否按照恩格斯所说"天才萌芽"这句话而抹杀《经济学哲学手稿》的理论意义？这有几点要弄清：①恩格斯是否看过《经济学哲学手稿》；②恩格斯是否知道马克思在写《提纲》之前将异化概念引入社会劳动发生的思想路线的重大转变。就我看，恩格

---

[1]　马克思、恩格斯：《马克思恩格斯选集》第 2 卷，北京：人民出版社，1950 年版，第 83-84 页。
[2]　马克思、恩格斯：《马克思恩格斯选集》第 2 卷，北京：人民出版社，1950 年版，第 84 页。

斯没有看过这集《手稿》，因为他没有在任何地方具体讲过这《手稿》，但他知道马克思在巴黎期间已开始认真对古典学派政治经济学进行研究批判工作，而且也知道马克思世界观已发生重大转变。因为1844年2月两人开始通信交换意见就很频繁，随后商定共同对德国古典哲学唯心主义思想进行一次总清算。如果他认为马克思世界观还停留在古典哲学的框框里，怎么能合作进行清算研究工作？正由于恩格斯没有看过这集《手稿》，不了解它的具体内容，因此他才把《提纲》看作马克思新世界观天才萌芽第一个文献。"文献"一词仅仅是指用文字写成的著作或资料，不等于说只有文献才能作为反映世界观的根据。马克思在写《提纲》之前强调革命实践，就是世界观的反映。

还有一种看法，认为马克思早期著作使用大量异化概念，是受黑格尔和费尔巴哈影响太深，不能代表他的成熟思想的科学价值，这也是片面的见解。马克思在他后期的有关论述中仍然大量使用这一概念，如1857—1858年《经济学手稿》中的"资本"章还用"随着资本的发展，劳动条件同劳动相异化"作标题，表述的内容、含义和《经济学哲学手稿》中"异化劳动"的观点是完全一致的。1861—1863年《经济学手稿》和《资本论》成书中都使用了这个概念。

我在上面分析论证《巴黎手稿》是马克思历史唯物主义新世界观形成的重要文献，是因为马克思在这集《手稿》中有几句话被反马克思主义者蓄意歪曲，把马克思的共产主义当作费尔巴哈纯自然观人本主义翻版的证据。这几句话是这样的："这种共产主义，作为完成了的自然主义，等于人道主义，而作为完成了的人道主义，等于自然主义。"① 他们把这几句话用形而上学的伎俩编成这样的公式：马克思的共产主义＝自然主义＝人道主义＝费尔巴哈人本主义。这样，就把马克思已形成的辩证唯物主义和历史唯物主义基本思想体系抹杀得一干二净，而且把整个马克思主义全部否定，把他的共产主义思想当作费尔巴哈人本主义的翻版，当作是宣扬资产阶级虚伪的人道主义。用这种断章取义的拙劣手法来歪曲《巴黎手稿》，其目的是企图抹杀这《手稿》是马克思新世界观形成的文献。这是西方资产阶级辩护士玩弄的骗人把戏。因此，揭穿这种歪曲是具有重大理论斗争意义的。

---

① 马克思、恩格斯：《马克思恩格斯全集》第42卷，北京：人民出版社，1950年版，第120页。

二、异化劳动论是马克思在政治经济学批判工作中使用的犀利武器，是他达到前人无法攀登的高峰的阶梯

列宁讲过，马克思政治经济学是以剩余价值为基石，那是就《资本论》结构体系来说的。马克思发现剩余价值是经历了长时期的艰苦研究过程的，从他的三大集《手稿》和成书写作过程反映的思想路线来看，他是从异化劳动范畴进入政治经济学开展研究的。他写的第一部著作稿——《黑格尔法哲学批判》中就开始引用异化概念。1844 年春他在研究詹姆斯·穆勒的《政治经济学原理》一书写的评语里使用异化、外化的概念共 54 处之多，而在《经济学哲学手稿》里更突出运用这一概念进行论述。如前所述，他的历史唯物主义基本观点是从异化概念基点上形成的，所以他一进入政治经济学领域的研究，就把异化劳动论作为基本的范畴和重要的武器。

马克思从 1844 年开始研究政治经济学到他与世长辞的四十年中，除参加国际共运活动与总结重大历史性的革命事变经验之外，他几乎把全部精力倾注于政治经济学的研究与创作。他呕心沥血突破一道一道难度很大的理论关口而达到前人无法攀登的高峰，这其中的动力，是他的共产主义伟大思想，而作为他攀登高峰的阶梯，就是异化劳动理论。

研究马克思创作史的专家学者都清楚，他创立的政治经济学理论体系，在其发展和丰富完善的过程中，有三大主要课题是前人没有突破而由他拿下的，这三大难度很大的课题是：①政治经济学的研究对象——生产方式；②雇佣劳动的特殊商品——劳动力；③资本积累的源泉——剩余价值。马克思对政治经济学的光辉贡献，主要是这三大研究成果。他的前人——创立和发展古典学派政治经济学的大师们，由于时代和阶级性的局限，使他们无力攀登，而马克思却能够攀登到那样的高峰，就在于他用辩证法观察异化劳动，创建了独特的异化劳动理论，并用它作研究阶梯。当马克思与青年黑格尔派决裂时，他把私有制当作社会罪恶的根源进行猛烈抨击，他在 1843 年秋写的《论犹太人问题》一文中是这样揭开金钱拜物教的秘密的："钱是从人异化出来的人的劳动和存在的本质；这个外在本质却统治了人，人却向它膜拜。"[①] 他比赫斯和布·鲍威尔等人对夏洛克式人物的利己主义贪婪本质有更深刻的洞察力，就在于他把异化概念引入社会劳动领域，用辩证观点进行分析，发现劳动者的剩余产品被统治阶级剥夺占有，是劳动异化、外化、外在化产生的私有制统治造成的。他对詹姆斯·穆勒等人论述货币本质和职能的评论，就是从异化劳动构成"私有财

---

① 马克思、恩格斯：《马克思恩格斯全集》第 1 卷，北京：人民出版社，1950 年版，第 448 页。

产必然发展到货币……必然发展到价值"① 这个观点的思路展开的。他评论古典学派论述的社会经济形态，一开始就抓住了异化劳动这个剥削的根基来揭示社会经济关系及其运动规律最深刻的本质。他指出："在……货币中，表现出异化的物对人的全面统治。过去表现为个人对个人的统治的东西，现在则是物对个人、产品对生产者的普遍统治。"② 他还进一步指出，在私有制统治下，"劳动所生产的对象，即劳动的产品，作为一种异己的存在物，作为不依靠于生产者的力量，同劳动相对立。对对象的占有竟如此表现为异化，以致工人生产的对象越多，他能够占有的对象就越少，而且越受他的产品即资本的统治。"③ 这表明马克思一踏进经济学领域的门槛，就把异化概念引入劳动范畴，不仅抓住了私有制统治剥削的根源，而且已探入异化劳动与资本的本质关系。随即他在《经济学哲学手稿》中对异化劳动进行了专门论述，由此创立的异化劳动理论构成他的历史唯物主义的科学根基与突破前人政治经济学理论范畴的强有力武器。

古典学派以劳动价值论为基础的政治经济学，虽然对资本主义社会经济形态运动规律作了较系统的论述，但却无法说明不同社会制度的不同性质与特征。这个学派的代表人物也有丰富的历史知识，但他们不理解也不能说明人类历史发展演变中各特定社会经济形态的不同性质与由来。马克思突破了这个难关。他在 1844 年秋冬和恩格斯合著的《神圣家族》中首次提出"生产方式"④ 这个范畴支配人类社会发展不同阶段社会形态的性质和特征，就是从异化劳动的阶级对立结构中发现的。由于对鲍威尔等的批判着重阐述人民群众实践创造历史的原理，所以在这本著作中没有从政治经济学领域对"生产方式"这个范畴展开论述，但它标志着马克思已洞察到支配社会经济结构的关键。

1845 年春，马克思对当时德国经济论坛影响很大的李斯特《政治经济学的国民体系》一书进行了猛烈抨击。这是马克思根据自己的异化劳动理论，对李斯特宣扬费里埃那一套保护关税只有利于容克庄园封建地主更厉害地剥削工农劳动者而发出的愤怒火焰。值得指出的是，马克思在批判中根据自己的异化劳动理论，对"劳动""工人""生产力""交换价值"这些经济学的范畴，从本质特征上作了深入的分析论述，指出"把物质财富变为交换价值是现存社会制度的结果"，"工人是资本的奴隶，是一种'商品'，一种交换价值"，工人"把他的力量售卖给资本，……他的活动就是'劳动'。……'劳动'是私有

---

① 马克思、恩格斯：《马克思恩格斯全集》第 42 卷，北京：人民出版社，1950 年版，第 19-20 页。
② 马克思、恩格斯：《马克思恩格斯全集》第 42 卷，北京：人民出版社，1950 年版，第 29-30 页。
③ 马克思、恩格斯：《马克思恩格斯全集》第 42 卷，北京：人民出版社，1950 年版，第 91 页。
④ 马克思、恩格斯：《马克思恩格斯全集》第 2 卷，北京：人民出版社，1950 年版，第 191 页。

财产活生生的基础"。① 这表明马克思已察觉到了劳动力是工人出卖的特殊商品。在对李斯特的批判中，马克思还从圣西门的思想得到启示。他断定无产阶级"今天，这些力量仍然是资产者的奴隶，明天，它们将砸碎自身的锁链"②。在这里，马克思初步洞察到了资本主义发展起来的生产力与生产关系存在着尖锐的矛盾。创造这种生产力的无产者必然会砸碎这种私有制的生产关系。这表明马克思在将《经济学哲学手稿》中创立的异化劳动理论，运用以剖析资本主义生产关系各经济范畴的本质特征方面，又向前跨进了重要一步，为他探索已发现的生产方式结构支配的历史变化规律，打开了大门。在蒲鲁东的《贫困的哲学》出版不久，马克思抓住对方那一套伪善的骗人把戏，进行猛烈的抨击和揭发，并利用这一机会表述了自己新的历史的和经济的理解方法的诸基本特点。这其中理论价值很高的最关键的东西，就是他 1846 年底写信告知安年可夫的"生产方式"。1847 年，马克思把上述战斗成果用《哲学的贫困》书名出版。"生产方式"这一范畴在马克思的历史唯物主义与政治经济学和科学共产主义的理论体系中居于很重要的地位，在上述这些论著中已表述得很明显。这是马克思从异化劳动理论基础上全面探索社会经济结构性质和特点而确立起来的。1884 年，恩格斯为《哲学的贫困》写的序言中指出，"那时，马克思已经亲自弄清楚了他的新的历史的和经济的理解方法的诸基本特点"，"马克思决不把他的共产主义的诸要求建筑在道德的感情上面，而建筑在资本主义的生产方式之必然的崩溃上面"③。随后，他俩起草的《共产党宣言》就是这两位革命导师的历史唯物主义、政治经济学和科学共产主义的基本思想体系统一表述的光辉文献。它告诉全世界无产阶级，"现代资产阶级本身是一个长期发展过程的产物，是生产方式和交换方式的一系列变革的产物"④。《共产党宣言》还强调，无产阶级要利用政权强制干涉，"作为变革全部生产方式的手段是必不可少的"⑤。由此可见，生产方式这一范畴在马克思主义政治经济学理论体系中居于极为重要的地位，社会经济形态结构的性质和变化是由它支配决定的。马克思后来在 1857—1858 年《经济学手稿》写的《〈政治经济学批判〉导言》中论述政治经济学的方法时，把生产方式作为政治经济学研究对象肯定下来，是政治经济学革命性发展的关键之一，它是马克思在政治经济学方面突破前人的第一道关口，也是建立马克思主义政治经济学理论体系中具有关键性的基本

---

① 马克思、恩格斯：《马克思恩格斯全集》第 42 卷，北京：人民出版社，1950 年版，第 254 页。
② 马克思、恩格斯：《马克思恩格斯全集》第 42 卷，北京：人民出版社，1950 年版，第 258 页。
③ 马克思：《哲学的贫困》，北京：人民出版社，1950 年版，第 1、8-9 页。
④ 马克思、恩格斯：《马克思恩格斯选集》第 1 卷，北京：人民出版社，1950 年版，第 252 页。
⑤ 马克思、恩格斯：《马克思恩格斯选集》第 1 卷，北京：人民出版社，1950 年版，第 272 页。

范畴。

马克思在把异化概念引入社会劳动生产领域，观察到了工人出卖的自己的特殊商品，不是劳动而是劳动力，最初在《经济学哲学手稿》和批判李斯特的《政治经济学的国民体系》中是使用"生产者的力量"① 这样的术语，在《德意志意识形态》中使用"劳动力"这个概念，与后来在《工资、价格和利润》中使用的"劳动力"，其含义是一样的，都是作为与资本主义生产方式有内在联系提出的。只是在 40 年代的著作中还没有把"劳动力"作为政治经济学的重要范畴展开论述。1848 至 1849 年法国革命浪潮走入低落的阶段，马克思被迫迁居伦敦，集中精力继续从事政治经济学研究批判工作。1851 年春他对李嘉图的《政治经济学及赋税原理》重新作深入细致的研究，这时他发现李嘉图的劳动价值论很不彻底，存在许多矛盾有待解决。进入 50 年代，马克思在政治经济学领域继"异化劳动"与"生产方式"这些重大范畴确立之后取得又一个重大成果，就是他把"劳动"与"劳动力"区分开，这是李嘉图在劳动价值理论上陷入循环困境的关键所在。马克思这一突破，才进入发现"剩余价值"的通途。后来（1891 年）恩格斯为马克思在 1849 年写的《雇佣劳动与资本》的单行本所作的《导言》中说，他在这个版本中作了一些必要的修改和补充，是完全符合马克思的心愿的。他所做的全部修改，都归结于一点。在原稿上是，工人为取得工资向资本家出卖自己的劳动，在现在这一版上则是出卖自己的劳动力。恩格斯指出这点修改"并不是纯粹的咬文嚼字，而是牵涉到全部政治经济学中一个极重要的问题"②。恩格斯还指出，"李嘉图学派，多半是由于不能解决这个矛盾而遭到了破产。古典政治经济学走入了绝境。从这种绝境中找到出路的那个人就是卡尔·马克思"③。"那些优秀的经济学家从'劳动'价值出发而无法解决的困难，一到我们用'劳动力'价值来作出发点，就消失不见了。"④ 这说明确定工人出卖给资本家的不是"劳动"而是"劳动力"，这个区分是马克思在政治经济学批判工作中取得的极为重要的成果。

这里还值得指出的是，恩格斯在上述《导言》中讲的，"在 40 年代，马克思还没有完成他的政治经济学批判工作。这个工作只是到 50 年代末才告完成"⑤。这是否等于说马克思在政治经济学领域取得的重大研究成果是 50 年代末，在此之前的有关著作没有什么科学价值呢？如果这样去理解，那不仅抹杀了 50 年代末之前长达近 20 年中马克思的巨大功绩，而且会把马克思的思想理

---

① 马克思、恩格斯：《马克思恩格斯全集》第 42 卷，北京：人民出版社，1950 年版，第 91 页。
② 马克思、恩格斯：《马克思恩格斯选集》第 1 卷，北京：人民出版社，1950 年版，第 341 页。
③ 马克思、恩格斯：《马克思恩格斯选集》第 1 卷，北京：人民出版社，1950 年版，第 345 页。
④ 马克思、恩格斯：《马克思恩格斯选集》第 1 卷，北京：人民出版社，1950 年版，第 347 页。
⑤ 马克思、恩格斯：《马克思恩格斯选集》第 1 卷，北京：人民出版社，1950 年版，第 340 页。

论体系的发展丰富和完善过程一笔勾销。这极有害于全面系统的研究马克思的
著作，很不利于深入学习他的丰富宝贵的创作经验，甚至会把他遗留下来的大
量珍贵手稿看作"无价值"的东西。应该指出，马克思突破古典政治经济学的
劳动价值理论，发现资本积累源泉的剩余价值，绝不是在 50 年代末提笔思索
一下子从脑子里涌出来的，而是在四十年代研究的成果的基础上发展起来的。
进入五十年代初，马克思细致研究李嘉图的代表作《政治经济学及赋税原理》，
从他遗留下来的摘录、评注、笔记可以看到他把原著各章有关理论体系中的关
键论述部分，长段长段摘录在笔记上，认真细致地进行分析研究。大约用了三
个多月时间，终于把李嘉图理论体系中的矛盾解决了。他指出从产品中扣除资
本家支出的生产费之后还有一个作为利润的余额，这个"余额不是在这种交换
中产生的，虽然只有在交换中才能实现。余额是这样产生的：工人从花费了 20
个工作日的产品中，只得到值 10 个工作日的产品"①。这样，马克思发现了利
润是工人在劳动日中没有得到报酬的那部分劳动时间里创造的价值。当时对这
个余额虽然还没有正式使用"剩余价值"这个概念，但发现了这个利润的实体
及其来源，因而也就解决了李嘉图学派陷入的那个循环圈的矛盾。后来（1856
年夏）写的《工资、价格和利润》的报告手稿中，把"劳动"和"劳动力"，
"劳动力的价值"和"剩余价值"明确地区分开，并用"劳动力""剩余价值"
分节作小标题，指出，"工人所出卖的不直接是他的劳动，而是他暂时转让给
资本家支配的他的劳动力"②，"劳动力的价值，是由生产、发展、维持和延续
劳动力所必需的生活资料的价值来决定"③。工资是劳动力的价值用货币表现的
价格。资本家买入劳动力就取得了支配使用它的权力，强制工人劳动生产比支
付劳动力的价值有更多的价值，这个超过部分就是资本家无偿占有的剩余价
值，就是利润的源泉。由此可见，马克思是把劳动与劳动力区分开，才揭露出
资本家剥削工人创造的剩余价值的。这些重大成果是马克思在写 1857—1858
年《经济学手稿》之前的研究工作中取得的。正是由于这些成果，才能在
1857—1858 年的《手稿》和 1861—1863 年《手稿》中对资本主义社会经济形
态及其运动规律展开全面、系统的论述，为后来的《资本论》巨著写出了草
稿。从现已翻译出版的《马克思恩格斯全集》第 46 卷上下册和第 47 卷的内容
来看，其基本观点与许多基本原理都是在 50 年代末以前论述了的，恩格斯所
说的在 50 年代末马克思才完成政治经济学批判工作，是指他对资本主义社会

① 马克思、恩格斯：《马克思恩格斯全集》第 44 卷，北京：人民出版社，1950 年版，第 140-
141 页。
② 马克思、恩格斯：《马克思恩格斯选集》第 2 卷，北京：人民出版社，1950 年版，第 179 页。
③ 马克思、恩格斯：《马克思恩格斯选集》第 2 卷，北京：人民出版社，1950 年版，第 181 页。

经济形态及其运动规律全面系统的揭示、论述这一巨大任务的完成，而不是指马克思政治经济学理论体系形成发展的全过程。

写到这里，我还要指出一点，就是有这样一种看法，认为马克思的异化劳动概念在四十年代著作中使用得最多，是受黑格尔与费尔巴哈的影响，后来自己思想成熟了，就很少使用这个概念了。马克思区分劳动与劳动力和发现剩余价值，看不出与他早期的异化劳动论有何联系。我认为这不仅是肤浅的，而且是不正确的看法，这要从马克思政治经济学理论体系诸范畴的内在联系去观察才能清楚。资本增殖的源泉是剩余价值，而工人提供给资本家的剩余价值，是在资本主义生产方式下资本家强制压迫工人劳动产生的，资本家在资本生产中夺占了这种剩余价值，就是马克思的劳动异化论的基本内容。在 1857—1858 年的《经济学手稿》的"资本"章中，马克思还用"随着资本的发展，劳动条件同劳动相异化"作标题，用异化劳动这个范畴反复论证资本的剥削关系："在劳动生产力发展的过程中，劳动的物的条件即物化劳动，同活劳动相比必然增长，……因为劳动生产力的增长无非是使用较少的直接劳动创造较多的产品，从而社会财富越来越表现为劳动本身创造的劳动条件，……从资本的观点看来，……是劳动的客观条件对活劳动具有越来越巨大的独立性，……而社会财富的越来越巨大的部分作为异己的和统治的权力同劳动相对立。关键不在于物化，而在于异化、外化、外在化，在于巨大的物的权力不归工人所有，而归人格化的生产条件即资本所有，这种物的权力把社会劳动本身当作自身的一个要素而置于同自己相对立的地位。""从资本和雇佣劳动的角度来看，活动的这种物的躯体的创造是在同直接的劳动能力的对立中实现的，这个物化过程实际上从工人方面来说表现为劳动的异化过程，从资本方面来说，则表现为对他人劳动的占有。"[①] 由此可见，马克思发现剩余价值，是以异化劳动论作基础探索资本增殖运动考察出来的。

三、消除异化劳动、实现人的复归，是马克思科学共产主义思想体系的精髓，是鉴别真假共产主义的明镜

马克思曾将他的共产主义理论体系集中表述为："共产主义是私有财产即人的自我异化的积极的扬弃，因而是通过人并且为了人而对人的本质的真正占有；因此，它是人向自身、向社会的（即人的）人的复归，这种复归是完全

---

① 马克思、恩格斯：《马克思恩格斯全集》第 46 卷下册，北京：人民出版社，1950 年版，第 360 页。

的、自觉的而且保存了以往发展的全部财富的。……它是人和自然界之间、人和人之间的矛盾的真正解决，是存在和本质、对象化和自我确证、自由和必然、个体和类之间的斗争的真正解决。"① 这段话包含很深的哲理，全面解释清楚需要用很长的篇幅。这里只就我理解的主要内容，用我们习惯的语言谈些体会。

根据马克思的有关论述，他是把个体的人看作社会存在物，每个人通过劳动生产结成一定关系的集团，最初他把这种集团以"类"的概念表述。人类组成的社会是以自然界为基础，人和自然有本质区别，又是对立统一而不能分割的。人类改造自然受生产力所制约，而生产力又由一定的生产方式形成的生产关系以及社会结构的上层建筑所制约，因而人与人之间、人与自然之间存在着对立统一的关系。在生产力发展到一定水平，能生产剩余产品，生产方式发生了变革，劳动物化品异化、外化为劳动者的对立阶级占有，即异化为统治劳动者的权力，形成私有制统治下的对立阶级。劳动者丧失生产资料，也就失去支配生活资料的权力，人的本质也丧失了。资本主义是私有制发展到最高也是最后的一个剥削阶级统治的社会形态。由于剥削造成的社会两极分化，无产阶级越来越强大，越觉悟到只有推翻私有制的资产阶级剥削统治，消除异化劳动，劳动者联合占有与共同使用生产资料，极大地发展生产力，使每个成员都得到全面发展，创造极丰富的物质财富与高度的精神文明，才能实现共产主义最美好的社会生活，完全实现人的复归。到那时，人和自然之间、人和人之间的矛盾才得到真正解决，才由必然王国进入自由王国，实现全人类彻底解放，建立全世界的共产主义社会。马克思的这一伟大光辉思想体系，是经历四十年的艰苦研究和革命实践不断发展和丰富完善起来，并作出全面深刻的科学论证的。在这里，我不打算批判资产阶级辩护士对马克思的共产主义的恶意歪曲，而只就我国当前思想领域还存在的对马克思共产主义理论的片面的甚至错误的认识作些评述。

首先值得指出的是，我们理论工作者对生产方式这一重要范畴的讲解宣传做得很不够，甚至片面地把生产方式的变革说成只是生产关系的变革，而把生产力抽掉了。其结果就必然要违反生产关系必须适合生产力发展水平的规律的要求，造成国民经济长期停留在落后状态，社会主义制度优越性受到严重的窒息。这同在理论上没有弄清马克思论述的生产方式变革的规律，对异化劳动与共产主义人的复归的真理模糊不清，是有着密切关系的。马克思论述得很清楚：无产阶级推翻私有制的剥削统治、劳动人民夺回剥削阶级占有的生产资料

---

① 马克思、恩格斯：《马克思恩格斯全集》第 42 卷，北京：人民出版社，1950 年版，第 120 页。

并建立社会主义公有制，是消除异化劳动的前提；在这个前提下，劳动者如何根据自愿联合原则，组织什么样形式的公有制，才有利于把从旧社会解放出来的生产力极大地提高，这就要自觉利用生产关系必须适合生产力水平的规律来组织社会主义经济体制和生产经营形式。在社会主义生产方式建立后，忽视生产力的发展，片面地去抓生产关系的不断变革，是危险的。共产主义人的复归不可能在落后的生产力水平上实现，是十分明白的道理。

马克思的异化劳动论可以解决另一个重大理论问题，就是社会主义商品生产问题。在共产主义低级阶段，劳动者联合体之间必须实行社会协作与分工，才有利于发展科学技术，改进生产工具，把自然界的自然力与社会劳动协作分工形成的社会的自然力有效地转变为高水平的劳动生产力。这个原理，马克思在 1861—1863 年《经济学手稿》第三章中论述得很详细。任何社会有劳动协作分工存在，就有商品货币形态存在。共产主义社会低级阶段的生产力还处于落后水平，各劳动者联合体还需要相互协作分工，因此也就必然存在商品货币经济形态，商品交换是按劳动物化于其中的比量来进行的。由于生产资料已为劳动者联合体公有共用，商品生产的劳动物化过程就不会变成劳动异化过程，不会变成统治压迫劳动者的权力。马克思共产主义人的复归是要消灭剥削关系的异化劳动，不是要消灭劳动物化与劳务交换。商品货币经济形态是社会协作分工的产物，不是剥削的产物，它与雇佣劳动制度下的劳动力商品化和剩余价值的剥削无内在必然联系。马克思在 1857—1858 年《经济学手稿》中分析资本的原始积累时指出："物化劳动同活劳动相交换，一方面还不构成资本，另一方面也还不构成雇佣劳动。……不论在东方公社，还是在由自由土地所有者组成的西方公社，我们到处零散地见到的自由短工也属于这个范畴。""如果 A 用某一价值或货币，即物化劳动，交换 B 的某种服务，即活劳动，那么这可能属于……简单流通的关系。双方互相交换的，实际上只是使用价值，一方用来交换的是生活资料，另一方用来交换的是劳动，即他方所希望消费的服务；这或者是直接的个人服务，或者是一方为另一方提供材料等，后者通过自己的劳动，即通过自己劳动的物化，用这些材料等创造出供前者消费的一定的使用价值。"① 马克思举了一个例子，说"农民把一个走乡串里的裁缝领到自己家里，供给他衣料要他为自己做衣服。或者我给一个医生一些钱，要他给我治病。在这些场合，重要的是双方彼此提供服务"。② "即使假定 A 用货币支付服务费，

_____

① 马克思、恩格斯：《马克思恩格斯全集》第 46 卷上册，北京：人民出版社，1950 年版，第 463-465 页。

② 马克思、恩格斯：《马克思恩格斯全集》第 46 卷上册，北京：人民出版社，1950 年版，第 463-465 页。

这也不是把他的货币转化为资本，而是把货币当作换取消费品即一定的使用价值的单纯流通手段"。① 在这种情况下，"货币不是资本，而是收入，是为了取得使用价值而被用作流通手段的货币，只具有转瞬即逝的价值形式的货币"。② "货币作为收入，作为单纯流通手段同活劳动相交换，决不可能使货币变为资本，因而也决不可能使劳动变为经济学意义上的雇佣劳动。"③ 马克思这些论述虽然是指的独立小生产者之间的商品交换，但对我们弄清社会主义制度下的商品货币形态的本质和特征，有很大启示。在我们当前社会主义所有制占绝对优势的情况下，无论是国家经营的企业或是集体、个体经营的企业，它们之间的商品交换，都是分工协作互相提供各自所需的生产资料与生活资料，都是以劳务作交换的互相服务，不存在谁剥削谁的劳动异化过程。在社会主义的商品交换中，即使交换双方所获得的劳动量有多有少，但这不属于经济学意义上的剥削，只是供求关系中常发生的不平衡的反映。因为双方着眼的是使用价值，"双方交换一定的劳动量，这只具有形式上的意义，使双方能够互相衡量劳动的特殊效用形式。这只涉及交换的形式，而不构成其内容。在资本同劳动相交换的情况下，价值不是两种使用价值相交换的尺度，而是交换的内容本身"④。由此可见，把社会主义制度下的商品生产交换当作"资本主义复辟"，何等荒谬！但迄今还有些人分不清这种是非界限，所谓"姓社或是姓资，性质未定"，就是那种荒谬宣传造成的思想混乱的具体表现。

还有一种思想，那就是把按劳分配当作"修正主义黑货"，而把"吃大锅饭"却当作高级阶段的"共产主义萌芽"。这已离开马克思共产主义原理千万里了！试问：否定了马克思确定的按劳分配原则，在共产主义低级阶段，扬弃私有制，实现人的复归还有什么具体内容？这种小生产者的平均主义思想，是与马克思的共产主义思想根本不相容的。社会主义是劳动者的自愿联合体，生产资料公有，这就消除了异化劳动的物质基础，但在生产力还未高度发达，生产品还未极大丰富，还不能实行"各尽所能、各取所需"的条件下，就只能实行按劳分配原则。这是马克思共产主义消除异化劳动、实现人的复归的必要措施。三十多年来，我们已经取得了正反两方面的经验和教训，实践已充分证明违反按劳分配的原则，"吃大锅饭"，是调动不了广大劳动人民的积极性的。党

---

① 马克思、恩格斯：《马克思恩格斯全集》第 46 卷上册，北京：人民出版社，1950 年版，第 463-465 页。

② 马克思、恩格斯：《马克思恩格斯全集》第 46 卷上册，北京：人民出版社，1950 年版，第 463-465 页。

③ 马克思、恩格斯：《马克思恩格斯全集》第 46 卷上册，北京：人民出版社，1950 年版，第 463-465 页。

④ 马克思、恩格斯：《马克思恩格斯全集》第 46 卷上册，北京：人民出版社，1950 年版，第 468 页。

的十一届三中全会以来端正了思想路线，拨乱反正，对国民经济进行一系列改革，逐步推行各种形式的责任制，打破"吃大锅饭"的平均主义框框，贯彻按劳分配原则，实质上就是为实现共产主义人的复归采取的具体措施。

　　还值得指出的是，有些人把马克思劳动价值论中的"劳动"概念片面地理解为单纯的体力劳动，把智力排除于劳动范畴之外。这就导致了把脑力劳动者即从事科学文化工作的知识分子当作"团结教育改造对象"。十年内乱中甚至把知识分子当作"臭老九"贬到最低贱的地位。应该指出，马克思在他的著作中是把"劳动力"与"劳动能力"两个术语当作含义相同的概念。他论述简单劳动与复杂劳动的不同，就在于劳动者学习科学文化知识技能的智力素质构成有高低差别。任何生产中的体力劳动支出都包含着脑力劳动即一定智力的消耗。愈是现代化生产，愈要较多的科学文化知识的智力消耗支出。失去了智力的疯子不能从事生产劳动，就是这个原因。现代化生产者工人需要有相应的现代科学文化知识与技能训练，也是这个道理。马克思用"劳动能力"这个术语，就是把智力作为劳动力的构成要素。当科学尚处于意识形态状态时，它只是社会生产力的潜在因素，还不是物质生产的直接生产力。只有当科学应用形成生产技术，科学意识形态通过技术这个中介环节才转化为物质生产的直接生产力。马克思讲的"科学是生产力"，就是指科学形成应用技术在物质生产中转化为直接生产力。由此可见，只有在公有制生产方式中，体力劳动与从事科学工作的脑力劳动结合起来，把科学的意识形态转变为技术，才能造成高度现代化的物质生产力，才能创造极丰富的物质财富与共产主义精神文明。这样，人和自然界之间、人和人之间的矛盾才真正解决。人类这个主体不仅是社会的主人，而且是充分支配和利用自然力的主人，马克思论述的共产主义的人的复归才能完全成为生活现实，这就由必然王国进入了自由王国。

振兴县级经济的战略意义[*]

"县级经济"，作为经济科学的一个概念、范畴，是最近才提出的。要求振兴县级经济，搞好县的总体规划，以有利于实现战略目标，已日益成为广大基层干部的强烈愿望。今春在省科协和省教育厅的指导下，我们湖南财经学院和湖南大学、中南矿冶学院、国防科技大学等院校十一位同志组成一个课题小组，协助汉寿县制订实现战略目标的总体规划。半年来，在县领导同志和广大干群热情、积极的支持以及各部门的紧密协作下，我们的调查研究工作进行顺利，在实践中，我们逐步认识到开拓、振兴县级经济，具有重要的战略意义。

县作为一个行政基层组织，在我国从秦代开始，至今有很长的历史，尽管各个历史时期社会经济结构不一样，作为县级行政管辖区域也有所调整，但在两千多年的历史过程中，县始终没有废除。新中国成立后，我们国家的社会本质虽然发生了根本变化，而作为国家行政体制的基层组织的县，基本上是在原有区乡基础上建设起来的。这种历史性的传统，在客观上形成了县级经济的许多特点。其中一个最基本的特点，就是我国十亿人口中的八亿农民都是分布在全国两千多个县境内。他们的物质生活基础，直到现在基本上还是属于农业经济范畴，而且大多数还未脱离自然经济体系。农业是国民经济的基础，农民又是我国人口构成中的主体。农业现代化实现了，八亿农民富裕了，实现战略目标就有了坚实的基础和强大的后劲力量。就湖南来说，把近百个县的经济开拓、振兴好了，使五千万农民能创造人均产值一千五百元以上，那么，湖南省实现自己一千一百多亿元的战略目标，还有何困难？农民有没有这种创造力呢？在共产党领导下，充分发挥社会主义制度的优越性，我们敢于肯定地说，农民有这种创造力。近年来，在广大农村出现的万元户并不是神话，而是生动的现实，它显示了我国农民在生产财富上蕴藏着的创造潜力是巨大的。事实有力地证明，汉寿县于1981年春全面推行以家庭为经营单位的联产承包责任制以后的两年中就涌现出一批专业户和重点户，在1982年冬县委召开的全县专

---

* 《振兴县级经济的战略意义》，《财经理论与实践》1984 年第 4 期。

业户、重点户经验交流会上被评为"劳动致富"的 639 户，人均纯收入达到 700 元以上，而被评为"小康之家"的 70 户，人均纯收入都在 1 000 元以上，他们创造的产值都是在 1980 年的基点上翻一番到两番以上，在致富的道路上，这些能手户所占比例虽然还不大，但显示出创造财富的能量和速度是惊人的。他们都是普通农民，手里并没有掌握现代尖端科学技术，但在党的政策指引下，发挥了自己勤奋的劳动素质和善于学习技能的本领，就具有了这种创造力。可以预料，随着党的一系列正确政策的全面贯彻，城乡体制改革坚定地进行，科学技术深入普及，我国农村蕴藏着的巨大生产力是会很快涌现出来的。抓好县级经济振兴的战略意义根本点就在此。

半年来，我们在汉寿县进行调查考察，内容是很丰富的。经初步分析，我们认为县级经济的开拓、振兴具有以下几个方面的战略意义。

1. 对"两个转化"和促进农村商品生产全面发展，县级经济体制综合改革已居于关键地位。自从农业生产责任制推行以来，农业生产力从人民公社体制的束缚中得到了解放，广大农民生产劳动致富的积极性大大地激发出来了。这一突破，使农业生产力得到了一次飞跃的发展，农林牧副渔全面发展显出了喜人的新势头。汉寿县也和全国农村一样，农业总产值大幅度增长（1980 年到 1983 年的三年共增长 16.7%，平均每年增长 5.6%，这三年中还受到两年大的水灾），人民生活有显著的改善。这种成绩的取得，有力地证明了农业生产责任制的强大生命力，而农业生产责任制的推行，还仅仅是整个农村体制改革的一个方面和起步。为了进一步提高农业生产力，促进农业商品经济的发展还要使自给半自给的农业自然经济体系转化为社会主义农业商品经济体系，使传统的农业转化为现代农业。这"两个转化"比建立以家庭经营为基础的联产承包责任制要复杂得多。它不仅要求调整已不适应商品生产发展要求的农业经济体系结构，而且要求调整、改革商品生产运行总过程四个环节（生产、分配、交换、消费）之间的关系，改革不适应的上层建筑，使自然经济体系的生产力各种要素，通过商品经济形态有效地转化为社会生产力。这样的要求，需要把一个县作对象进行综合改革才能达到。目前我省农业生产责任制的进一步完善，就是要推进"两个转化"，大力提高农业生产商品率，促进农村商品经济全面发展。要完成这项历史任务，搞好各个县的综合改革是个关键。

2. 对把社会生产结构第一个层次的农业提供的原料转化为第二个层次的工业产品，以满足社会日益增长的多样化需求来说，县级经济的开发、振兴居于支柱地位。发展农业和农村的商品生产，提高劳动生产率与经济效益，是实现社会主义生产目的的重要手段和途径。为此就需要有效地把自然力转化为社会生产力。农业生产的主要特点，是通过劳动把自然生产力转化为经济生产力。在我国当前的情况下，家庭经营的农业生产劳动方式，能够更有效地把自然生产力转化为经济生产力，组成良性循环。但这个转化还必须通过商品生产才能实现为较高水平的社会生产力。自给半自给的自然经济体系其所以不能提高社会生产力，就是因为它不能发展由商品生产与分工协作而形成的"社会的自然力"，这是马克思早已论证了的。据此，就需要发展"两户一体"来突破自然经济体系，创造商品生产与专业化及分工协作的基点。当前我国农业生产中，专业户、重点户不是单一化的生产经营。对他们来说，农、林、牧、副、渔只有一项到两项是经营的主要产品，除去自给部分，剩余的转为商品。一般是基于生理上的差别先形成家内分工协作，然后通过其产品转为商品，形成社会分工协作。多种多样形式和内容的联合体就是以家庭经营为依托基点而发展起来的商品生产经营实体。有的联合体成员，既是原料生产者，又是自己原料加工联合体的成员和股东，由此形成以农业为基础的第二个层次工业结构以及为工农业服务的第三产业结构。这种转化层次已体现出发展的规律性，由村到镇到县城，农工商网络结构，大多是这样产生和发展起来的。这样的商品生产经营体系正在形成县级经济结构的新特征。县有自己的机动财政收支和银行定额贷款，很有利于支援这种商品经济结构模式的建立和发展。而这样的县级经济，既能用自己的资源建成独立自主、自力更生、结构优化、循环良好的完整区划基地，又能用自己资源优势在专区和省辖各县乃至省外挂钩，建立联合企业，对国民经济发挥重要的基地作用。

3. 县级经济的开发振兴有利于就地安排农业生产游离出来的过剩劳力，避免城乡人口过度膨胀。地少人多，是我国的重要国情。我省也有这个特点，除边远山区外，我省人口分布密集。目前广大农村劳力过剩现象已日益突出，一般都有30%的农业剩余劳力有待开创新企业、新门路吸收消化，而这种剩余劳力的比重将会随农业机械化的发展而上升。根据现状预测，到本世纪末，农业生产剩余的劳力将相继增加到50%～60%，如果让其流入大中城市，不仅对城市住宅建筑、交通、环保、卫生及文教设施等等造成巨大的压力，而且对社会治安秩序将带来不易维护的严重困难。如果让其闲置在农村，倒不是吃、穿、住等问题不能解决，而是巨大劳力资源弃之浪费。这是不符合社会主义建设的原则问题。而要能及时合理安排农业剩余劳力，防止大中城市由于农村人口流入造成畸形发展，就只有开发振兴县级经济，根据离土不离乡的方针，就近安排农业剩余劳力。因为农业第一个层次生产的成果大部分转化为第二个生产层次的工业以及相应的服务行业，是需要大量人力投入的，这是完善县级经济结构必要的建设，又是全县人民创造更多的使用价值和价值，实现战略目标必走的路子。目前我省各县都在为实现战略目标进行总体规划和改革工作，计划生育都作为规划内容的重要组成部分。而我们认为开发振兴县级经济，对农村剩余劳力在开发振兴总规划中合理安排，不仅有助于解决人口流动造成的新问题，而且能促进城乡共同繁荣，具有重要战略意义。

4. 振兴县级经济，对加速能源开发与交通建设，以及环保生态的改善、实现城乡共同繁荣，具有巨大的促进作用。能源交通建设，是实现战略目标的重点任务。能源供应不足已成为大多数省市发展工农业生产的严重阻力，我们湖南受到这种阻力更为突出。在农村现代化建设中，不解决能源供应，生产和生活的改进是很难办到的。而发展商品生产，交通运输梗塞，是最大的阻力。环保生态对工农业生产和人民生活影响很大。这些建设任务，中央和省级领导部门只能搞重点项目，抓骨干工程，不可能把各县的小水电站、小煤窑、沼气池、薪柴林、乡镇车路、小河航运、荒山造林、庭院绿化、污水处理、填沟修渠、美化环境等等都承担起来，只有县的领导全面规划，具体安排，动员干群，调集物资，现场指挥，才能很快完成。因为这些建设任务与县境内的广大居民群众生产和生活条件的改善直接紧密联系着，所以县、乡领导动员号召合理安排，能够迅速把群众发动起来，积极性高、行动快，任务完成好。湖南近年来大批小水电站，都是各县自己搞的。只有 60 多万人口的汉寿县，新中国成立以来，仅在全县水利建筑方面，投资总额达 4 618 万元，投入劳动日 19 781 万个，完成土石方 24 527 万方，兴修了防汛大堤 117 公里，建成了中小型水库 211 座，电力排灌站 273 处，装机 401 台，发电 40 862 千瓦。类似这种业绩的县很多，都是在县级领导下创建的。这表明县在基层的建设具有巨大的创业力，它在能源、交通、环保生态的建设上能够作出重大的贡献，必须在这些方面进一步作出更大的成绩，才有利于实现战略目标。

5. 振兴县级经济，对改革现行教育结构开辟广阔教育园地，普及各类中等教育，培养大量专业人才，能提供可靠的保证。开发智力、培养大量专业人才，是四化建设和实现战略目标所必须创造的条件。而独生子女受到中等教育，势必成为普遍要求。长期来单一化的中等教育结构，已造成很不适应四化建设的严重问题，改革教育结构已成为紧迫任务，问题更大的是要求进学校的青少年越来越多，现行计划生育按 8% 的出生率计，从 1980 年算起，我省每年出生人口就有 44 万，绝大多数都是独生子女。到 1986 年出生的独生子女共有 264 万人，在本世纪末之前都进入各类中学，至少需要 5 200 多所各类中学才能容纳。如果把这些学校都设在全省较大的 12 个城市里，平均每个城市要办 430 多所，这显然是不可能的。分设到各县，平均每县要办 50 多所各类中学，国家很难承担如此庞大的教育经费。只有各县人民大力协助政府官办民助，或民办官助，才能办到。振兴了县级经济，人民富裕了，才能把这项战略任务完成。

总之，对县级经济开发振兴的战略意义是不可低估的。我省从上到下都应该把它作为大事来抓，并以此来促进城市的体制改革。

跟踪记[*]

——蓝山县执行经济、社会、科技发展规划的调查

　　蓝山县是省科委于 1985 年初下达我院协助制定经济、社会、科技中长期发展综合规划的五县之一。为了弄清他们执行规划带来怎样的变化和效果，以及适应湘南地区进一步开放的新形势，对原规划分段执行进行小结和必要的调整与补充，我们于去年 2 月下旬前往该县进行了一次调查，这是我们协助制定规定之后在执行过程中必须跟踪反馈所安排的工作任务。现将调查了解情况与对规划调整补充意见综合如下。

一、两年来执行规划所取得的成效与存在的问题

　　与我们制规划的 1985 年相比较，1987 年社会总产值为 26 616 万元（平均每年递增 18.93%），国民生产总值达到 15 597 万元（比上年增长 11.09%），国民收入为 14 478 万元（平均每年递增 20.02%），人均国民收入为 475 元（平均每年递增 17.67%），扣除物价上涨因素，增长的幅度还是显著的。1987年全县工农业总产值达到 14 148 万元（按 80 年不变价格计算的），平均每年递增 11.03%，其中，农业总产值为 9 601 万元，平均每年递增 7.61%，工业总产值为 4 547 万元，平均每年递增 19.44%，工业总产值占工农业的比重已由1985 年的 27.77% 上升到 32.13%，在蓝山县原有工业基础极为薄弱的情况下，刚刚起步的工业有此发展速度是正常的。

　　在农业中，由于近两年气候多变，灾情频繁，影响了粮食作物的生长，但两年来粮食总产量仍比 1985 年分别增长 12.9%、10.4%，经济作物的烤烟、花

---

　　[*]《跟踪记——蓝山县执行经济、社会、科技发展规划的调查》，王驰、何振国主编：《社会主义初级阶段理论与区域经济开发》，长沙：求索杂志社，1988 年，第 363-370 页。

生、甘蔗、柑橘等产量都有不同程度的增长。在畜牧业方面，生猪发展较快，两年来的出栏头数比 1985 年分别增长 17.13%、34.15%；耕牛、家禽、水产都有较大幅度的增长。在林业方面，正以每年营造 4.5 万~5.0 万亩的速度恢复百里林场（其中速生丰产林占 50% 以上），在大农业中，木材、生猪、烤烟三大商品已占全部农林牧渔产品产值总额 80% 以上。

在工业方面，由于原有基础薄弱，基数较小，所以近两年增长幅度较大，1986 年与 1987 年平均年递增 24.3%。规划提出"要发展工业必须电力先行"的战略部署，近两年来他们把高塘坪高山水库的三级电站工程迅速抓了上来投产，使 1987 年的发电量增加到 3 153 万度（增长 24.52%），预计今年内全县发电量将达到 5 000 万度以上。在工业所有制结构中，两年来也发生了重大变化，全民制工业产值由原来占工业产值的 33.57% 下降为 18.95%，集体与个体工业产值占全县工业总值上升到 81.05%。工业全员劳动生产率，全民和集体均有提高，后者提高幅度更大，全民企业全员劳动生产率由 1985 年的 7 896 元提高到 1987 年的 8 190 元（提高 3.72%），集体企业全员劳动生产率由 1985 年的 6 376 元提高到 1987 年的 9 184 元（提高 44.04%），这反映全民制企业在改革上还有待于深化，经营管理上还存在不少问题，需要在承包体制的完善方面下功夫，在技改措施上挖潜力，在调动职工积极性中增活力。

从财政收入来看，近两年递增较大，1986 年在 1985 年财政收入 646.1 万元的基础上增长 33.3%，1987 年财政收入达到 1 105.3 万元，增长 28.3%（其中工商税占财政收入 79.4%，农业税只占 13.4%），扣除物价上涨因素，其增长幅度仍然是可观的，它主要来源于商品经济的发展，但近两年来财政上的收支逆差正在逐年减少，预计今年可望达到收支平衡。目前最令人担忧的是物价上涨与国家干部工资难以相应增加的矛盾突出，县领导感到毗连广东的邻县，他们所采取的补助奖励办法，在蓝山县苦于财政困窘而无能为力，继此下去，很难安定这支干部队伍。这个问题确实值得领导上在改革中根据不同地区的具体情况，拿出可行办法予以解决。我们认为，只有深化改革，充分调动全县人民的积极性，挖掘资源潜力，发展生产，提高经济效益，增加财政收入，才能从根本上解决问题。

蓝山县农村经济近年来的发展是显著的，广大农民的生活有了明显的改善。1987 年农民人平纯收入 408 元，比 1986 年提高 6.8%。1987 年全县农民私人造房的有 2 407 户，占农村总户数的 3.53%。城乡居民储蓄余额已达到 3 304 万元，比上年增长 39.11%。

二、规划内容合理调度与必要的补充措施

根据以上发展变化与出现的新问题，我们与县领导和科委负责同志共同研究，为适应开放试验区的新形势，加快蓝山县国民经济健康发展步伐，对原规划内容作些合理的调度与补充。

1. 在粮食生产方面必须增加投入，保证稳步增产。1987 年全县粮食产量 11.58 万吨，按全县 31 万人口计，人平 400 公斤，粮食产量在"七五"期间应提高到 12 430 万公斤，今后三年每年粮食产量按平均每年递增 2.52%，这是可以办到的，但要抓好以下措施：①首先要抓低产田水利过关与土壤改良，继续发展畜牧业增加有机肥，把输出商品创汇的收入用于购买化肥（主要是磷、钾肥）；②烤烟等经济作物不能挤占主粮，播种面积可向山土或天水田发展；③鼓励兼营副业和从事第二、三产业的农户保留口粮田，让出责任田，把责任田有计划有步骤地集中于种田能手，实现商品粮种植经营规模效益；④大力开垦平岗、丘山地，在有利于生态修复防治水土流失的前提下，充分利用山地或林粮间作，增加旱粮与饲料作物；⑤在体制改革深化中，要对责任田长期经营使用权予以保证，改良土壤投入定的奖励政策要兑现；要严格控制修造房屋乱占耕地。这些措施具有战略意义，是可行的，要狠抓落实。

2. 要进一步抓好畜牧业，重点是良种和饲料工业。两年来，全县畜牧业虽有较显著的发展，但进一步抓好措施，发展的速度还可加快。①生猪是蓝山县发展畜牧业的重点，1987 年饲养量达到 35.29 万头，这对于农民来说增收还不多，我们建议把"七五"期间全县生猪发展速度由 1985 年到 1987 年的出栏数增长的 14.5% 提高到年递增 19.29%，达到农户一年人平出栏 1 头肥猪，是可能实现的。②发展生猪与家禽是蓝山县面向两广输出农副产品的紧俏商品，也是全县农村缺乏主劳的农户依靠畜牧业脱贫致富的有效途径。繁殖家畜、家禽，投资少，生产周期短，见效快。③大力发展畜牧业有广阔的山土种植饲料，杂交玉米正在推广，可以做到原料基本自给。供销社和商业系统应负责组织好运输力量，及时运送仔猪幼禽，收购达标肥猪与家禽，送往县外市场。④在林区要加快建立草场，大力发展菜牛、奶牛以及草食动物（如长毛兔、獭兔等），还可围山饲养野禽、野兽，发挥蓝山县综合利用林区、开发多种资源的潜在优势。

3. 要加快林区综合开发的步伐。蓝山县资源合理配置利用的最大潜在优势在林区，要把林牧业因地制宜地配置起来，以短养长，造林的巨大效益才能发挥出来。西南部山区与江华、涟源毗连，适应营造速生用材林，把百万亩宜林荒山垦殖培育好，恢复百里林场的茂林修竹胜景，不仅可以防治水土流失，发

挥生态重大效益，而且仅农牧林的多种资源综合利用多层次增殖，其经济效果必将超过种植业，还可利用山水林相关优美景观发展旅游业，促进蓝山县全面繁荣。①根据中央制定的政策切实处理好山林所有权与使用权之间的矛盾。山林营造可由村组集体或分户承包，管理要集中于集体，单人独户管理不好山林。②对百里林场要全面规划，根据小气候与土壤特点，因地制宜配置林种、草场，村落宅旁要以果林或经济林、家庭小牧场为主，充分利用山土，实行林粮（杂粮）间作，农、林、牧结合，克服林业单一化的弊端。③要大力宣传全面开发林区综合利用资源的生态效益与经济效果，修好林区交通，建好服务系统，鼓励人口稠密的乡村居民迁入林区，建立新村，保留原口粮田，税收、贷款予以优惠。④号召动员机关干部与学校师生，利用春节假期进入林区大力造林，也可自建林场，也可以投资折股分红方式与林农合作，繁荣林区，多作贡献。⑤综合利用林区资源，要建立加工业基地（注意防止污染），把初级产品通过多层次加工转化为高档商品，只有走这条路子，才能做到林区资源合理利用，高效增殖，创造更多的财富。⑥把建设九嶷山旅游区连接起来，在山的南麓修建猪场，茂林修竹，群峰叠翠，山花烂漫，风景宜人，定能吸引大量游客，创造非贸易外汇收入，富国裕民。⑦为绿化林区以外的荒山秃岭，开垦广阔的油茶山土种植经济作物与旱粮，压缩薪柴林很有必要。这就要封山育林，禁止居民入山砍柴，引导农民改烧煤炭。

三、要把城关镇作为带动农村的中心与外向开放的枢纽来加快建设，同时逐步建设三个新镇

蓝山县的城关镇有很大的区位优势，但作为全县的中心城镇和湘南开放试验区，通向广东的门户之一，充分发挥它的综合功能，还有待于加强建设，完善各种市场机制。

1. 借鉴龙港镇建设经验，利用出租地皮，筹集资金，加快落实公益基建措施：①以5万至10万人口以内的规模和工商业为主体的城镇结构作为设计的依据，首先征购好需要的土地，作好平面布局，规定建筑物层次一般不低于三层，按街道区位标价出租，租期30~50年，租期届满，可续租，亦可拍卖建筑物，远近工商企业经营者均可承租营造建筑；②租金一次定额，五年内可分期付款，但承租签署契约时，要交付不少于租金定额的50%的现金，所欠租金，按年度加息偿付，政府把出租收入的资金集中用于清付征购的土地和公共设施建设费用；③城建局可联合银行设立房产公司，统揽商品房经营业务，既可代

承租地产者建造房屋，也可建造整栋商品房出售，房屋所有者，可根据国家的政策自由出卖，但建房的土地为国家所有，非依法取得土地所有权者，不得私人买卖土地；④在城镇的公房屋，亦可根据国务院制定的住宅制度改革的实施条例进行拍卖，所得收入用于本城镇公共基础设施建设投资或新建商品房屋出售。

2. 为完善市场体系与创造利用外资的良好环境，建设好服务系统和基础设施：①城关镇的建设，应从本县实际出发，以市场体系逐步教育完善为重点，发挥城镇带动农村商品经济与文教科卫全面发展的多功能辐射作用；②利用毗连广东的区位优势，建立开放型的三大产业，充分发挥外（县外）引内联双向流的传递、吞吐功能；③要认真计划安排本县近 8 万农业（种植业）剩余劳动力如何有效转移与生产合理布局，把城乡建设融为一体，统筹规划，有步骤地进行，避免在建筑和用地上造成人、财、物的浪费；④在上述规划中，要考虑全县到本世纪末人口将增加，只能保持人平耕地 1 亩左右，这些耕地大部分可使用半机耕，有 3 万个劳力即够，剩余近 8 万种植业的劳力要转劳动岗位，估计可将 30% 转入畜牧业与林业，仍有 6 万多转入第二、三产业，这是具有重要战略意义的劳力转移；⑤就城关镇本身发展规模来说，如果控制在 10 万人口以内，可以吸收近 3 万农业剩余劳力，但一般不要在近期内把这些转移的劳力连家人带户口迁居城镇，家庭仍安排在农村；⑥把现有的旧城居民区改造成为机关市民新住宅区，把环城路和已建的大街作为商业集市区，可向古城、竹市方向沿公路两侧扩建第三、二产业区，占用的耕地，可从改造丘岗油茶山补充，水利条件好，种植粮食与蔬菜、经济作物都能高产；⑦城关镇基础设施建设，要向现代化方向发展，自来水的塔池要建在西边水源清洁的地方，邮电、信息、金融机构要配置在闹市之中，文化娱乐场所与接待客商的饭店、宾馆，开设在西北面和宝塔周围，便于美化环境、建造景观；⑧古城一带可作为工业区，吸收外资，搞"三资企业"与"三来一补"工厂，把古城经火市到临武县城的公路修直，使城关镇呈螃蟹形，左右两条公路直伸到广东，消化吞吐，活力强劲。

蓝山县发展商品经济，仅靠一个中心的城关镇，在生产力布局上还不能达到合理要求，还需要在中心城镇的周围建立卫星的乡镇，才有利于商品经济结构优化、循环良好。这些卫星镇建在什么地方合适？我们认为要根据三个条件选择地址：①周围乡村的人口应在 5 万以上，生产的商品进行集市交换，一般不超过 20 华里路程；②资源比较丰富，开发加工需要的劳力便于农村居民就近转移；③交通运输条件较好，便于商品集散。据此，我们认为在下列三个地方建镇比较适宜：①总市镇（或楠市镇）；②火市镇；③大麻镇。小的集市，各乡都可以选择适当村落作为市场，但必须修好公路，把县城通达三大镇的公路加宽升级，开设三路公共汽车，便于商贾、村民携带商品进出城镇和在农村住宿的工厂、机关职工，来往方便。龙溪渠要延伸到楠市，调节北部农田水利、补充总市镇的用水供应。龙溪以上的溪流在不淹没耕地的前提下，分段筑坝蓄水，这样，与舜水下游分流的矛盾可以缓解。为保证城关镇与河流两边良田免遭洪水冲洗，从龙溪桥到古城这一段河床要结合筑堤工程进行疏导，也有利于林区竹木用水路输送，减少运费。

四、关于体制改革与筹集资金问题

1. 要做好宣传工作，劝导居民不要争占耕地，不要过早改造农村居民点，要等城乡建设全面规划确定后，有计划、有步骤地进行农村住宅改造，以免造成人财物的浪费。要鼓励人们勤俭节约，把积蓄的钱用于大农业增产与集资兴办乡镇企业（这些企业最好采用"泛股份制"，便于多渠道、多种形式筹集资金）。为引导城乡居民有计划、有步骤地修建住宅，可由银行、信用社、城建局、建筑工程队联合组织"房产信托公司"，发行房产券，由居民自愿认购，在各乡镇的居民点上修建商品房屋出售，持房产券者可优先承购。这样做，有利于引导居民把积蓄的钱有效使用。少数民族乡过于分散的单家独户，要适当集中建设新村，便于修建学校和改进文化、卫生设施与美化环境。

2. 政府的财政支出，在近五年内应尽量压缩非生产性与非营利性的基建投资，优先用于教育和人才的培训与生产科研项目的开发，以及政府机关改革后干部生活的补助与奖金的开支。政府办的全民制企业工厂，结合改革放权，有的实行承包制，有的可出租或出卖，有的可转为参股制企业。在实行财政包干的体制，仍需加强增产节支，切忌在税收上搞"杀鸡求卵"。要善于培植税源，充实财力后劲，轻税率的城镇最能吸引投资，促进工商业繁荣。

3. 湘南已确定为开放试验区，蓝山是个最大的中途站，今后来往物流人流必然拥挤，城关镇的服务工作必将愈来愈繁重，这就需要对这方面的工作人员进行严格训练，提高其服务素质。各种服务设施，应在扩建城关镇的规划措施中，周密设计，保证质量符合规格。市场结构体系，力求随商品经济的发展要求而逐步完善。对市场管理工作要训练一批能人强手专司其事，忠诚奉公执法，杜绝邪风歪气，树立社会主义文明城市的优良风格。要制定吸收外来投资的优惠政策，促进蓝山国民经济振兴繁荣。

4. 关于物价问题。在价格体系方面还不合理，国家对价格体系是要逐步进行调整的，但影响物价因素很复杂，很难预测准确，中央将采取各种措施来控制物价上涨幅度，国务院领导同志在答记者的会上说，农副产品价格逐步开放在调整过程中上涨一点，对农业生产发展有利，使农副产品价格符合价值，是合理的。要紧的是农业潜力应充分发挥出来，粮食不能放松，计划生育政策不能放松，要指导农民增加农业投入，充分利用有限的耕地多种冬作物，提高单产。向两广输送农副产品与建材，劳务输出到外县外省的商品与劳务，要购回本县紧缺急需的生产资料与必需生活资料，不要都是货币流回，这有利于本县物价稳定，发展生产，循环增殖。

关于节约用水与产业结构调整
实现高效益的探索[*]

一、我国是一个人口多、地域辽阔、人均耕地又少的缺水国家，如何节约用水又能实现产业高效益，是一个值得探索解决的重要问题

（一）世界缺水国家所处的地理位置是不能自由变换的；国家的版图面积分布的总水量，由于地质结构与大气环流的支配，在陆地上分布水资源总量是难以由人工随意增加的

1. 我国水资源在全国陆地分布很不平衡，这表现在地区间年均降水量的差异是很明显的（大西北地区年均降水量为 400~450 毫米，而长江以南地区年均降水量为 2 500~3 000 毫米，差距为 2 100~2 550 毫米）。虽然风调雨顺年成，这种差距出现小的变化，但总的降水格局是改变不了的。

2. 人们会产生这样的疑问：我国陆地面积虽然辽阔，但海岸线很长，每年都有十多次台风在我国沿海登陆，带来大量雨水，海洋水量大，怎么不能增加我国水资源总量呢？这个问题气象学家已明确论证解答了，水资源总量不能增加是客观的规律，原因是复杂的。总的说来，是由于海水由台风送来大陆不是固定的；远离海洋的内陆地区送不进去，最大台风送雨也越不过秦岭、大别山峰，一般都停留在长江以南地区，无论蒸发为水汽或是雨水，都在长江中下游回流入大海，所以全国水量是不易增加的。这是因为大气环流决定水的运动循环规律。

3. 由于水资源缺少而又无法增加其总量，这种有限性决定了节约用水的重要性，使一定的水量能够供应较广的消费需求，所以节约用水的目的是要遏制水的浪费，提高使用效率。在节约用水的方式方法上，一般都是采取定量分配方式，在工业上，用回收设备把用过的水经过处理，多次循环使用；在农业上，大力普及推广节水灌溉技术，对渠道进行防渗封砌和利用管道输水，以减

* 《关于节约用水与产业结构调整实现高效益的探索》，《财经理论与实践》2001 年第 1 期。

少输水过程中的渗漏和蒸发损失，提高输水效率，发展喷灌、滴灌、微喷灌等节水灌溉技术，把浇地改为浇作物，可以大幅节约田间灌溉用水（据水利部统计，采用防渗和管道输水比浸灌节水 20%~30%，喷灌可节水 50%，微灌可节水 60%~70%），可以肯定，采用节水先进技术可以大大提高用水效率（据有关资料统计，农业用水占总用水量的 75% 以上，所以采用先进的节水技术具有特别的意义）。

（二）水资源分布在一定区位的版图内，总量是一定的，人工不能支配大气环流进行水的增量，但可由人工修复生态的水利工程调配，还可通过生物优化配置利用水资源，实现高效回报目的

1. 自然界的动植物都是靠适量的水供应而生存繁衍的。一定量的水资源生物配置优化，效益就能够大大提高。例如水田，既可以种水稻，又可放养泥鳅、田螺、鱼和牛蛙。禾苗的害虫，牛蛙能捕捉当作食料，它的粪便又可作鱼、泥鳅、田螺的食物，这是生物以食物链促进相互增殖的生物圈。同样原理，一块二米深的水塘，既可种莲藕，又可放养草鱼、鲢鱼、泥鳅、蚌、螺、蛙、鳖，密度适当配置，这水产动植物可结成食物链，互相促进生长，既可产莲子、蚌珠，又可养殖一系列高蛋白水产动物。

2. 恢复草原发展畜牧业，把畜禽优化配置，用水肥喷灌，使牧草加快成长，提高效益。例如：改放牧为栏养，配置肉牛、奶牛、鸡群、羊群与珍贵的羚羊，动物的厩肥又可为草原提供肥料；一只肉牛两年可产肉 200 斤以上，皮肉毛产值 1 000 多元；一只羚羊好羊绒价值 400 美元/斤；一只良种奶牛日产 40 斤以上鲜奶；一只母鸡年产蛋百多个，自孵小鸡 4 个月成熟，作商品鸡出售，每只价 20 元，作种鸡饲养，供给精料不多，一只山母鸡年产蛋 100 个，孵出小鸡 90 多只，出售产值呈几何级数增长。放入草原消除害虫，鸡屎含磷氮钾，肥效高，可作牧草最佳肥料。从这些实例中，可知草原优化配置畜禽，效益极高。

3. 在退耕还林的山区，同样要加强山坡旱地水利工程建设与林草优化配置。我国的山土虽广，但有效利用率却很低，居民不能脱贫致富，发展林业改善生态环境难以实现。如果我们不能从大的环境角度去思考，单一地强迫农民植树造林，仍必陷入"造了又砍，砍了再造、再砍，越砍越贫，越贫越砍"的恶性循环，从而跳不出这种"怪圈"。山区种粮田少，农民需要挖山土种红薯、苞谷，全家人吃不饱肚子，绝不会以红薯苞谷喂猪养鸡换票子。造林不能套种粮食，强迫命令农民造林是行不通的。民以食为天，农民处于这种困窘，是不可能建设好生态环境。江南贫困山区，退耕还林不可能使农民脱贫，奔小康更

难实现。（退耕还林，目前国家采取补贴的办法，但补贴不可能无限期地补贴下去。）政策好，推行不了，收不到任何效益，矛盾仍旧，山河难以实现旧貌换新颜。

二、我国南方山土广阔，但童山、秃岭、荒漠化、石漠化严重，不少山区居民仍处于未脱贫困境，退耕还林难以推行。拯救方策，必须根据客观规律制定全面规划，把水资源开发放在首位，创造条件，实现资源优化配置，大力推广科学技术，才能加快前进，奔向小康

1. 秦岭、大别山脉以南地区，虽属丰水地带，但山丘地带大部分仍未全面解决水利问题，降雨多时，洪水泛滥成灾，继而又是干旱降临，这在山区已成规律性现象（已有的水利工程，灌溉面大多在岗平地带，山洪暴发常常夹带大量泥沙流入溪河，汇于湖泊、水库，致使储水能力减弱，洪水过去，山丘干旱依旧）。要解决这种现象，最有效的办法是多建高山水库、塘坝，环山开渠，建立输水网络，自流喷灌山土，还可从溪水、河流扬水上山，干旱才可望解除，同时暴雨降临，又可将水导入水库、池塘，使之不易汇集成洪水，旱洪恶性循环就可消除，山丘地带的潜在优势资源也可顺利开发。

2. 山丘岗平湖水资源不平衡的矛盾解决了，就可为产业结构优化调整扫除主要阻力。科学技术是第一生产力，袁隆平院士创造的超级杂交水稻，在湘南山区示范种植，平均亩产 700 公斤，每户人口只要用 7 分田种一季超级杂交水稻，就可获得 500 公斤粮食，吃饭和饲养畜禽的问题逐步可得到解决，这就为退耕还林创造了条件。营造山林，既可保护幼苗成长，又可因地制宜，优化配置树种与家畜或野养各种动物（如松杉伴南竹，以竹代木，年年有竹可砍，无需砍松杉），林业中的长（长期成材）短（短期收益）矛盾就解决了。（农民植松杉要 15～20 年才能采伐，等于存入绿色银行的钱要 15～20 年才能取回本息，没有富裕起来的农户是承受不了的，如能把存入的钱有一部分每年都可取出本息，这就把长期利益与短期利益协调起来了。）农民造林没有短期行为破坏，造林改善的生态环境才能稳定发展。

3. 水资源问题解决。生态环境的改善，农户人家生存资料有剩余，农民就可以合理充分使用土地，开展各种作物的优化配置（例如紫云英可套种油菜，玉米可伴种黄豆或绿豆、辣椒，棉花可套种花生或芝麻等），这样既充分利用水土资源和阳光，又可根据市场需求大力发展经济作物，增加收入。为买而卖的小商品生产，就会转化为卖而买的大商品生产经营，自然、半自然的社会经

济形态，就会转化为市场经济体系，社会劳动分工协作大扩展，劳动生产率必然相应提高，农业现代化必将加快进程，农民的生活水平将会由温饱型向小康型和较富裕型跨越，前进必将加速。同时，这也就会促使尚未建成新村、新社区地带的农村居民解放思想，改变传统的分散的自然村落，朝着新型的集中居住的新村、新社区模式转变，以适应大农业专业化、产业化、城乡一体化发展要求，从而进一步解放生产力。因为农民富裕了，家家户户都有钱购买机械化劳动工具，专业化分工协作可以大大提高生产力，办企业的共同要求必然产生"公司+农户"的农村新结构，使剩余的农业劳动力就地转化为工业劳动力，在示范的典型吸引下，必然使乡镇企业大发展，使新社区加快组建形成。回乡的大中专学生，在大中城市就业不易得到工作岗位，回乡易解决就业问题，同时随着信息科技的发展，网络化的形成，新社区也可逐步配备各种教学网点，结合实际，继续学习十分方便。新社区发展起来，就会成为推动城乡互促共同繁荣的强大支撑点，我们的农村就会跃上一个新的历史台阶。

三、东中部农村的巨变，对西部大开发必将产生重大推动力，使"先富带后富，最后实现共同富裕"的战略目标加快实现。这种发展格局是由内在规律促成的，东中部地区资源优化配置成功经验，必然引起西部的重视和吸取而加快大开发进程

1. 西部缺水，势必要启动"南水北调"的西线工程，才能实现最大的经济效益增长。长江源头水资源丰富，调入黄河上游，能产生一系列重大效果，这是其他水利工程不可能替代的。就水力发电来说，青海省内至少还可增建龙羊峡、积石峡两大水电站；还有兰州至靖远河谷的"黄河小三峡"，其地势优越，可建梯级水电站三座，总装机容量65万千瓦，年发电量约31亿度，规划设计均已完成，只缺资金，该项目如能早日建成，黄河上游各站发电量，不仅可满足大西北地区本身需求，而且有很大剩余可供东输。这对东部地区经济发展的促进有很大效力。同时也可为引黄改造开发腾格里与巴丹吉林两大沙漠提供大量能源，推动治沙工程加快前进。

2. 西部地区，目前有80多万平方公里的沙漠和荒漠化土地，还有潜在荒化危险的土地100余万平方公里，这两项占西部国土面积的40%左右，沙漠和荒漠地带逐年向东向南扩展延伸，沙暴危害一年比一年严重，要消除此害，关键在于植树、种草、恢复生态环境，使大西北辽阔的沙化荒漠转化为秀美山河，使潜在的丰富资源转为现实的财富，使贫瘠旱地转化为肥沃土壤，产生巨

大财富，实现政治、经济、文化的战略目标。不完成这样的任务，西部大开发本身不仅没有达到预期的经济目的，而且还失去其政治意义。生活在近两千万平方公里贫瘠地带的人民群众，生活水平得不到提高，这算得什么美好的社会主义社会？由此可见，造林种草恢复良好生态环境的重要性和影响在大西北开发中具有突出的战略地位。

3. 从目前情况看，恢复退化的草原，如浑善达克沙地草原，在技术和资金上为它创造条件就较易办到，我们应把这项任务提前完成，为首都北京优先建造一个良好的生态环境。而任务更为艰巨但又必须完成的塔里木河与腾格里、巴丹吉林两大沙漠的治理，急需动工，以免造成更严重的灾害。

（1）据《人民日报》记者李新彦、白剑峰最近调查报道，塔里木河下游大西海子水库以下 320 公里的河道已经断流了 20 多年，导致 81 万亩胡杨林渴死，绿色走廊渐衰败，濒临毁灭。沙进人退的现象日趋严重，库姆塔格沙漠和塔克拉玛干沙漠已呈合拢之势，这两大沙漠一旦合拢，不仅会给生态环境带来灾难性的破坏，而且将严重威胁塔里木河中下游 700 多万人民群众的生存。毁灭 1 735 万亩粮、棉、瓜、果、畜牧和我国的石油、天然气的基地；截断南疆西水东输的通路和与内地入疆具有重要战略要道的绿色走廊，使占全国沙漠总面积（47.28 万平方公里）71.36% 的塔克拉玛干大沙漠有继续扩展的危险。为消除此大灾害，抢救塔里木河是战略上策，如何抢救？集中专家们的意见，我们的构想是：扩大建设兵团，派遣强有力的领导干部，成立专家小组与当地群众的专业队伍，携手攻坚；从天山西部与准噶尔盆地北部各河流引水和抽出地下水，汇集直接输送入塔里木河上游，恢复该河流量，严禁随意乱垦荒地和乱挖河口引水，建造支流和干流大型骨干控制性水利工程，用滴灌、微灌迅速把胡杨林全面恢复发展；巩固粮、棉、瓜果、畜牧基地。财、物可由中央和自治区政府直接提供，争取 10 年内完成此任务，使整个新疆的经济和生态环境跃上一个新的台阶。

（2）腾格里与巴丹吉林两大沙漠的治理开发难度很大，横穿腹地异常困难，非经专门训练的摩托车和骆驼，难以进入沙漠境内，特别是巴丹吉林沙漠，不但极少人烟，飞鸟野兽也难生存。4.43 万平方公里，全为沙丘覆盖，其中流动沙丘占 83%，环境极为恶劣，年降水量仅 50~60 毫米，年均温度 7℃~8℃，绝对最高温 37℃~41℃，绝对最低温 -37℃~-30℃，沙面温度有时可达 70℃~80℃，八级大风日为 30 天左右，年均风速 4 米/秒，都是西北风，沙漠流动性很大，风起尘扬、黄沙蔽日。该沙漠东南边有很少牧民饲养骆驼，平均每 10 公里不到 1 人。这块大沙漠与腾格里沙漠（面积 4.27 平方公里）连在一起，后者内部沙丘、湖盆、山地、平地交错分布，其中沙丘占 71%，在沙丘中，流动沙丘占 93%。巴丹吉林沙漠处在腾格里沙漠西北部，两大沙漠连在一起，形成流沙巨大扩张力，沙漠不仅向甘肃、宁夏、陕西、内蒙古四省区延伸，而且还向山西、北京、天津、河北等地区直接扑来，危害极大。专家们预断，这两大沙漠合流肆虐，不仅甘、宁、陕、内蒙古四省区直受侵害，整个华北地区也将面临沙漠化严重威胁；黄河中下游河床将被流沙淤积，地处华中的河南和山东两省的西北地区，亦将直受其害，后果之严重、形势之险，不难想象。为此必须下大决心，消除此害。就我国目前拥有的综合国力，已具彻底消除此危害的能力。

改造开发这两大沙漠，是一场对自然界的大革命，必须集中力量，成立一个新的，用现代高科技武装起来的建设兵团，团结群众对两大沙漠中心地带进行改造，从黄河引水，修建防渗暗渠网络，用沙打旺、沙棘、麻黄草、胡杨、白杨（乔、灌、草）优化配置，组成大方块连环套的"植被阵营"，先行征沙。采用滴灌、喷灌、微灌（氮、磷、钾肥液），用飞机播种牧草，先把重流沙地带的流沙镇压住，一块一块建稳植被，稳步扩展，在已建稳的生态环境中，开办鸵鸟场和珍贵的栏养畜禽场，加大投入回报效益，累进发展种、养、加工业，逐步改善整个沙漠地带的小气候，最后取得这场自然界大革命的胜利。

4. 塔里木盆地与准噶尔盆地和巴丹吉林、腾格里两大沙漠，都改造开发了，巨大的地下潜在的资源转为现实社会财富，新村、新社区相继组建，能够带来一系列连动效益。

（1）西部地区新村、新社区运用已取得成功的浙江温州"龙港模式"，可以跨过小商品生产的自然、半自然经济形态的历史时期，加快实现社会主义现代化大商品生产经营，大分工、大协作全面展开，优化配置的企业群、产业带、社会生产线，即可在大西北和全国城乡全面组成，使国民经济进入良性循环，加快国内生产总值的增长速度。

（2）大西北地区资源丰度胜过东部和中部地区，但经济和文化事业还有待进一步发展。先富带后富，两个文明建设先行的东部、中部地区能够用此带动大西北两个文明建设的进程，促进大西北人才的培养和干群综合素质的提高。基础教育的普及、高科技人才加快成长，是实现西部大开发战略的又一个关键。有人才，有国家政策上的支持和资金上的投入，加之丰富的自然资源，增加社会财富的速度就能逐步赶上东部和中部发达地区。

（3）东中部地区的企业与西部地区合作，不能把设备陈旧、技术滞后或将淘汰的企业迁到西部地区，否则不仅使西部地区企业群处于落后状态，难以优化组成先进的产业带和社会生产线，这势必损耗西部地区的宝贵资源，违反中央开发西部地区的战略决策，而且会使迁去的落后企业加快被淘汰而造成浪费。西部地区市场是全国市场的重要组成部分，它资源丰富、中外资本涌来，不需经过重组就具有较强劲的竞争力，落后企业在这里没有生存发展的机遇，掌握市场经济运行规律，把最先进的设备、技术而又无冗员负担的企业迁入西部地区，可以得到更快的发展与更优厚的回报。

（4）东部、中部地区与西部地区加强合作，互惠互促，西部地区开发进程必将加快。潜在的丰富资源转化为社会财富的速度必将加快，东部、中部企业迁厂、投资西部地区，不仅可直接得到丰厚的回报，而且还可以从西电、西气（油气）东输中得到巨大的效益，促进企业的发展，增强其国际市场竞争力，从而进一步加快中国现代建设的进程，为中国入世后取得促进国际经济发展的重要地位而奠定坚实的基础。

附注：

腾格里·巴丹吉林的大沙漠降水、气象数据引自东方出版中心1996年1月出版的《中国地理概览》，我国水资源在全国陆地分布不平衡数据均引自此书。

关于"自然生长力"如何充分高效转化为
社会生产力的探索[*]

一、水、土、种（物种）三者是一切生物生存、生长和繁衍的根本要素，其中水又居于首要关键地位。"自然生长力"就是由水作为根本要素形成的

一切生物的存在都是以水土为基础。水是生命的源泉，是有生命的物种生长的活力，没有水，任何有生命的东西都不能存在，更不能繁衍，这是生物科学家早已论证了的。月球、火星迄今还没有发现存在生物，就是没有水，这也是自然科学界公认的而无争议了。

土，是一切生物生存发展的载体与媒体，"土能生万物，地可发千祥"，这是我国农村土地庙祠广为流传的对联，它反映土地在劳动农民意识中的重要地位。但土这生产要素又是靠水渗入支持形成的。没有水，生在土地上的植物就不能进行光合作用产生叶绿素，植物也就不能生长发育，所以水和土是一切有生命的物种生长的基础。微生物是有生命的细菌，是生物圈的第二个层次，植物是第三个层次，动物是第四个层次，土是第一个层次，所有这些层次的生物圈，都是依靠水形成支持的，是有机结合起来的，这是生态学家已实证阐明了的。我讲这些，是为了分析说明"自然生长力"是指一切生物生长的功能、活力、生命力，是没有人类劳动力参加而形成的。地球上出现生物，就发生了这种"自然生长力"，它缺乏水，就会衰萎，所以水是"自然生长力"的根本要素。人类社会群体创造的生产力，根本来源于"自然生长力"，但二者在本质上是不相同的。社会生产力是由"自然生长力"通过人类劳动转化实现的，这种转化是有规律的，"自然生长力"本身形成变化也是有规律的，是自然科学研究探索的对象。社会生产力的规律是社会科学研究工作者要探索揭示的任

---

　　* 《关于"自然生长力"如何充分高效转化为社会生产力的探索》，中共湖南省委宣传部理论处编：《湖南省荣誉社会科学专家论文集》，长沙：湖南人民出版社，2001 年。

务，这是学术研究上的分工。至于"自然生长力"转化为社会生产力的规律，哪方面的科学工作者来承担，迄今还不明确，我看这任务由区域经济学研究工作者来承担较为合适，人类社会的发展已产生了这种要求。

二、"自然生长力"转化为社会生产力的规律，需要深入全面进行探索揭示，是国际上出现许多新情况、新问题亟待解决的要求，我国社会主义现代化建设更需要了

人类出现于地球上，就形成社会的群体，它不是单纯依赖自然界生长的东西提供生活资料而能存在和繁衍，而是通过群体劳动，把"自然生长力"转化为社会生产力创造的产品用来消费才能生存和发展。由此可知，社会生产力是人类社会存在的根本支持力和发展的根本推进力，人类社会结构不是由群体随意编组的，是在社会生产力一定水平上组成一定模式的生产方式建成的。这种生产方式，一面与自然界联系，构成人与自然的关系；一面把人与人联系起来，构成社会生产关系。生产方式就是这样构成人类社会物质基础（即经济基础），在这基础上还有许多机构，称为上层建筑，人类就是在这种结构中进行劳动，把"自然生长力"转化为社会生产力。

随着社会生产力的发展，生产方式结构模式也相继转变，迄今人类社会生产方式已发生五次根本性的变化，出现了五种不同本质的社会形态，马克思把不同的社会生产方式作为不同本质的社会形态的标志，并论述了水资源的管理体制造成"亚细亚生产方式"不同于西方古代社会的许多特点，这种科学的分析社会形成把水资源管理体制造成"亚细亚生产方式"构成的社会形态许多特点，给我们重要启迪，它表明了水是"自然生长力"的根本要素，一旦"自然生长力"转化为社会生产力，水资源在其中起着重要的作用和影响，水在自然界形成的"自然生长力"是其中的根本要素，在转化为社会生产力中，并未失去它的作用和影响的地位，这是容易明白的事实。

"自然生长力"转化为社会生产力的规律，在经济学界古典学派创始人威廉·彼梯早已作了揭示。他讲的"土地是财富之母、劳动是财富之父"，这已成为经典名言，三百多年来无人辩驳，证明这名言是对规律的揭示，虽然他没有表明这种转化过程，但它的含义在实质上已把这规律包含在内。随后弗格森和他的学生亚当·斯密阐述的分工协作原理，曾为马克思所称赞，在他的经济学手稿中论证"相对剩余价值"用很大篇幅介绍斯密师徒的分工协作理论，（见《马克思恩格斯全集》中译本第 47 卷第 3 章）以及李嘉图的地租论与国际

贸易论所强调的自然因素影响作用。对此马克思都没有否定，而且在他的上面手稿中还讲到的自然力在提高社会生产力中的重要作用地位，很值得我们学习领会，它包含的丰富科学内容，对我们研究水资源在社会经济发展中的作用，能够得到很多启迪。

三、我国是世界缺水国家中的大国，现正处于建设社会主义现代化的关键时期，新世纪上半叶要完成更巨大更繁重的历史任务，克服水资源缺乏的阻力，已很紧迫

在以江泽民同志为核心的党中央，高举马列主义、毛泽东思想、邓小平理论的伟大旗帜，紧密围绕全国各族人民，奋发图强，大力创新，在改革开放和社会主义两个文明建设，各个方面的工作都取得了重大成就，在国际上已产生了强大的影响力，现在全国各族人民在党中央的坚强领导下，奋力前进，国民经济稳步发展，结束了几年来徘徊不前的局面，我国即将成为世界贸易组织的正式成员国，对外开放，进一步扩大外来的高档商品大量输入，我们的市场商品将更丰裕。西部大开发已全面启动，外来投资很踊跃，形势喜人。跨入新世纪，前程更辉煌，这是不容怀疑的。但我们前进途中将面临一系列重大问题，中央清楚地预见到了，并作了一系列战略性的部署和措施，以求及时解决。在这一系列重大问题中，水资源缺乏是突出的，正在成为社会生产力提高的一大阻力。造成这个问题的因素是很复杂的，解决这个问题需要下大功夫，花大国力。首先对这个问题加深全面认识是很需要的。

水资源缺乏问题的解决是很紧迫需要的，问题的造成因素是极复杂的，解决此问题的任务是很艰巨的，回报的生态效益与经济效益又是极丰裕的。

近几年来发生的洪涝灾害，地区是很广的，损失是很惨重的，仅1998年的洪涝灾害直接损失达5 000多亿元，而去年以来广大地区发生的旱灾，迄今还在扩展，其损失之重，还未全面统计，仅河南、湖北两省公布的农业灾情损失之重就够惊人了。目前全国已有400多座城市供水紧张，我们的首都北京市住有1 300多万人口，天津市也有1 000多万人口，生活供水的减少已成头等压力。整个华北地区人畜和工农业用水都很紧张，而大西北地区开发，水资源已居于关键地位，由此可知，水资源缺乏问题的解决已很紧迫。

水作为资源增殖财富，是要把"自然生长力"转化为社会生产力才能实现。我前面已讲到它的转化规律，"自然生长力"的形成是一系列复杂因素交互作用实现的，迄今生态学家对生态系统诸多因素交互作用的规律还未探索清

楚，而"自然生长力"转化为社会生产力的规律是在社会领域实现的。现代国家的社会、政治、经济、文化，其形成、发展、演化，不仅受本国历史传统因素在生产力发展变化中起作用的影响，而且还受外来的政治、经济、文化参与活动力量所影响，可见现代市场经济生产力形成发展更为复杂化，解决水资源问题的复杂性更大，需要下大功夫探索其规律。

水这一自然物体运动，是在大生态系统进行的，它从地面蒸发，升华到空中形成积雨云层，在空中流动是循大气环流而流动的。它降落到地面通称雨水，这种雨水降落到哪些地面、如何分布，是受大气环流支配的。直到现在，世界上还没有一个科学家能控制大气环流运动，用人力在大气环流中调配雨水降落位置与分布地区，只能在地面上修复完善生态系统来调节水形成良性循环，用水利设施工程建造渠道网络，合理分配水资源。在我们国家，生态破坏严重，沙漠与退化草原辽阔，要完成这项任务是很艰巨的，但又必须完成。

解决水资源问题，任务虽然艰巨，但它的回报是很丰厚的。黄河流域近年来对水资源进行了合理节约使用，改善生态环境，许多地区防止了水土流失，这些地区年生产增值 2 000 多亿元。河北兴隆县退耕还林，近四年农民收入年均递增 15%。宁夏回族自治区有一家治沙企业，名叫广夏（银川）实业股份有限公司，承租 10 万亩荒漠，已开垦 2 万亩种植葡萄酿酒，五年来累计投资 4 亿元，把科技股作为中心，回报的利润已达 10 亿元。由于垦地已把沙漠转为绿洲，大大减少了沙尘暴对银川的袭击，还带动了周边农民大批投入治沙增产行列。这种利润呈几何级数递增，是由于种养的动植物具有几何级数发展的性能。一粒稻种育成秧苗，植入生态环境良好的大田，生长出几千粒稻谷；一只母山鸡，雌雄配置得好，年产蛋百多个，受精率高，孵出小鸡饲养得法，三个月成长为商品鸡，市场需求旺盛，投入市场及时成交，该鸡场工作人员少，饲养技术分工协作好，鸡群发展快、成本低、利润高，这是我在亲戚办的山鸡场亲自观察实证的，它体现了"自然生产力"充分高效转化为社会生产力的规律。

四、我们的国力已大大增强，拥有的高科技和人才已能大力修复我国生态系统，加快水利基础设施工程建设，把全国荒漠地带改造为肥沃良田、草原、绿洲

要正确利用客观规律，必须全面深入认识客观规律。生态系统水分的运动

是有规律的，地面的水分是集蓄在江、河、湖、泊、水库、海洋、森林、植被和动物（包括人）体内，这些水分载体释放出来的水分蒸发升华到空中，形成积雨云层，又形成雨水落到地面被土壤和各种生物吸收，又释放升华，形成积雨云层，又落到地面。如此循环运行构成的圈子就是水分子运动的循环圈，它是地球生物圈的重要组成部分。它对生物生长发育起促进作用，就是良性循环；起破坏作用，就是恶性循环。由于一定空间水分不足或缺乏，不能满足生物生长发育要求，造成生物大量死亡，这样的生态系统是脆弱的，最后断裂，造成旱灾；反之，一定空间水分过多，地面森林少，不能大量吸收游离的水分子，形成暴雨，造成洪涝灾害。可见水分子森林调节力强弱，与洪涝旱灾发生有密切关系。大量造林种草，就是修补完善生态系统，护育发展"自然生长力"转化为社会生产力的重要措施。

雨水在大气环境中虽然还不能由人力直接控制调配均匀分布，但它落到地面是能由人力营造生态系统与水利工程设施，建设供排水网络渠道，进行调节分配的。我国大气环流总是从西北大陆流向东南沿海地区，西北干旱降雨量少（平均都在 400 毫米以下，沙漠地区更少），东南沿海降雨量大（年均 2 000 毫米以上），且多暴雨，这使海洋和河流湖泊蒸发水分大，气温较低，形成的积雨云层不易循大气环流回返到西北干旱地区降落雨水，造成江南水量很丰、西北缺水的不平衡场面。长江年流量有 1 万亿立方米注入东海，而黄河源头来水流量仅 5 亿多立方米，下游的花园口年均流量也只有 470 亿立方米。近十年来黄河断流频繁发生，根本原因是上中游来水量少，大西北地区生态破坏严重。近年来虽然开展了大力造林种草，但水资源缺乏，造林种草进度很慢，腾格里和巴丹吉林沙漠地带那样的广阔，极难进行造林种草修复生态。这就决定了大西北生态系统修复，必须调长江水增加黄河流量。"南水北调"的重要性和必要性，也就很明白了。

"南水北调"是毛泽东主席生前提出的，中央很重视，有关专家学者都拥护，并提出分三线调水的构想。国务院水利部很快组织了"南水北调"的规划管理局，并组织有关专家学者到三线经过的地区进行观察调查，传说对三条线调水工程的上马秩序，主张有分歧，何时启动，很难确定，因为有些专家认为工程庞大，调水成本很高，回报效益低，使用此调水的机关、企业、个人都不易负担，国家投资财力还难承受。至于工程技术难度也很大，出包难以找到对象，因而工程难以启动。这些都是传说，究竟内情如何，我们门外汉搞不清楚，也没有必要去探听，这样大的建设项目存在不同意见是正常的，由于这项目与我国区域经济发展有密切关系，所以我们从事区域经济学研究工作者对此有强烈的关注，在我的思想里产生了构想，下面我要陈述。

五、解决全国水资源问题，"南水北调"是处于关键地位，我们的国力已日益增强，解决此问题条件已基本具备。"十五计划"实施期间启动此工程较合适

干旱与洪涝灾害在我国是突出的，到现在已成为社会生产力发展的巨大阻力，我国要加快社会主义现代化进程，必须扫除此阻力。我们的国力已能承担此大任，推迟解决，弊害丛生，此种阻力不会减少，且将增加其危害，应予警惕。全面解决水资源问题，包括严重旱灾与洪灾的消除。"南水北调"工程就是要解决有限的水资源问题，合理分布与使用，消除它的破坏性，发挥它的促进社会生产力递增功能。

"南水北调"是要三条线路分工协作调整水资源，缺一不行。华北东边与豫东、鲁西、苏北缺水地区，利用老运河基础加工修整，作为调水东线，是合适的；利用汉水丹江口水库分流，北调通过大别山、豫西地区，沿伏牛山麓修渠到黄河，在小浪底水库的大坝建渡槽，跨越黄河，穿过新乡，连通河北已建水渠，加工改造，调水入北京首都，这条中线与东线调水配合，"双凤朝阳"更能闪出调水功能的光辉。但这两线调水，中线汉水流量不大，北调水源不足，还不能满足首都西北部地区治沙漠建绿色屏障要求，也不能直接支援黄河中游地区缺水困难的解决，尽管用节水办法与合理分配，加强管理，是重要的、必要的，但不能解决黄河上游辽阔地区严重缺水问题。只有西线调水，才能从根本上解决黄河水资源缺乏造成的一系列重大问题。

在我的视野和观察中，大西北这块大宝地，它的财富大部分还是潜在的，有待开发，地下的油和气与大量矿产不是商店、仓库现货，还要人力开采加工才能成为商品，茫茫黄沙地区的珍贵动植物，还要人力改造沙漠生态环境才能大规模种植饲养，而这种生产力的转化，缺水是无法进行的。4亿多万亩荒漠改造成绿洲，也不是挖些池塘就能成功的，是要高投入巨大的人力、物力和财力，才能进行这场"自然革命"且取得胜利。而黄河的径流量是很小的，上中游没有大的支流注入给它增量，仅靠天空降雨和源头来水（5亿多立方米），对现在已有的工农商业和机关供应极为紧张，又怎能满足修网络渠道，供4亿多万亩耕地作物和饲养大规模畜禽以及建立新村、社区发展第二、三产业对水的要求？由此可见，大规模调水增加黄河流量，是全面开发大西北的必要战略措施。

就我估量，新疆维吾尔自治区两大沙漠盆地的治理开发所需水资源，把北边的额尔齐斯河与乌伦古河分流调入准噶尔盆地，把天山西边的伊犁河流入库尔勒地区的水引入塔里木河，结合丰富的地下水开发，这两大沙漠盆地逐步扩大绿洲，恢复良好生态环境，开发地上与地下资源，是不需要从境外调水。只有黄河源头从"南水北调"西线调水过来，增加流量，才能从根本上解决黄河上中游地区缺水问题。从地理上看，在玉树地区截通天河水，调入黄河。玛多县的黄河河床宽深，可容大量调水。通天河水量丰富，北调年流量 150 亿立方米，补充黄河流量，就资料分析是可行的，从上游调节全流量，是方便的。青海省内刘家峡电站水库储水容量有 57 亿立方米，加上龙羊峡电站水库等，黄河上游来水 150 多亿立方米，80% 可储蓄于青海省内，全省工农业与发电需要都可就近供应；流入兰州水量分配 30 亿立方米。以 5 亿立方米供应河西走廊建设生态，发展三大产业；以 25 亿立方米调入秦川地区发展工农业，向西北建长渠深入腾格里与巴丹吉林两大沙漠地带，修复生态，扩大绿洲居民新村，我认为宁夏回族自治区境内应作为引黄河水改造沙漠，锁住黄龙，消除沙暴袭击银川、内蒙古西部、陕北榆林以及华北广阔地区的主战场。"三北"供水治贫，巴丹吉林与腾格里（包括毛乌素等沙化地带）两大沙漠的改造，陕北地下资源的开采与泥沙流失的治理，内蒙古西部工农业发展，都要靠黄河供水才能顺利进行，分配 50 亿立方米水量才能适应这一系列要求，并从偏关调水 10 亿立方米支援山西省是必要的。这样调配水量，还剩余 60 亿立方米，供下游小浪底水库调节黄河两岸工农业生产用水需求量，用束水攻沙带流入海做到均衡，断流就不会发生了，还可满足东线和中线"南水北调"水量要求。就西线来看，调巨大流量入黄河，不仅可保证干流需要的水流量，还可满足四川西北部水资源需求，对调控长江洪流，消除洪水灾害，威力显著。由此可知西线调水战略意义重大（我还构想过，如果通天河调水不能满足黄河流量需求，还可从雅鲁藏布江大转弯马蹄形东北部分流出适度水量，满足长江与黄河源头流量是可行的）。

在源头调水与治沙工程技术方面不存在大的问题，投入资金的筹集与回报效益，都应有如实的估计。就我估量，调水最大的工程是凿山穿洞建造大水渠，这方面南昆铁路的建设者，在西南那种复杂的地质环境中施工已取得的经验，能够克服穿高山深谷建渠中的技术难度。改造沙漠，建设绿洲，增值财富，近年来群众在实践中已创造出 10 种模式，很有示范作用，各地结合自己的实际，是能推广的；筹集资金，广夏（银川）实业股份有限公司的办法是较好的。全国银行仅工商行一家储蓄额已达 3 万多亿元，这反映了人民群众手中的游离资金是丰裕的。全国城市建设楼台酒馆和娱乐场所，近年来很膨胀，投资踊跃，这其中利润并不都丰厚，有些没有经济文化发展促进作用，甚至还有破坏危害，有些没有建设需要，应当制止。把上述的资金吸引一部分投入开发荒漠的水利工程上来，是可能的，利益回报是丰厚的。广夏（银川）实业股份有限公司的利润，呈几何级数递增，是有力的证明。改善生态环境取得优厚回报，在全国各地都有突出典型事例。由此可知，开发荒漠、兴建巨大水利工程，动用大的国力是值得的。发动全国人民积极参与建设是必要的，加快全国生态环境改善，建设秀美河山，是能在新中国成立一百周年前夕实现的。

上面我讲的观点和工程内容，是近年来思考的构想，错误之处，希望得到有关专家学者和领导指正。

（2000年7月下旬于湖南大学北校区。写此文是省委宣传部要求湖南社会科学工作者每人交一篇论文，我照办，及时交卷了）

关于消除我国洪旱严重灾害规划的构想

今年的特大洪水持续三个月，引起我的心情很难平静，每晚坐在电视机前边看边反思，随手记录的资料，打算做个专题进行研究，但思考联想的问题有一大堆，年老精力衰退，又无勇气写作，这种心情上的矛盾，引起我一种内疚："研究区域经济十多年，为什么没有探索出消除我国洪旱灾害的好方案？这与作为共产党员研究区域经济的教授职务很不相称，现在许多专家学者都在研究抗洪除害问题，把自己思考的问题和解决的规划方案构想提出来，便于请教，定有收获。"这就是我写此文的动机和希望。

一、我在看电视和阅报中，看见许多专家学者对治理洪灾发表了大量意见，其中很有代表性的见解，给我很多启迪，使我对此问题形成自己的基本观点和思路

1. 给我启迪较深的，有下面介绍的三种意见。

（1）从根本上消除洪涝、干旱严重灾害，急需治山兴林，保护和建设水生态环境。森林是天然"绿色水库"，具有很大的保水能力，能避免径流成洪，冲洗山坡泥沙注入江湖淤积，破坏江湖行洪功能，造成泛滥成灾；能调节地面和空中水分良性循环，缓解形成高洪峰破坏力。

（2）重新审视江湖关系。确立湖泊以蓄为主，蓄泄并重的治水最佳战略，湖不治，江难安，二者关系如人之胃与肠，没有胃的健全消化功能，食物直接注入肠道，会使人成"饱死鬼"。江湖水库堤防是迎战洪峰的重要物质基础和武器，需优化组合使用、统一掌管。各自为政，只加高堤防，必将导致越加高、越要加高，最后成废品。故治湖、治山、退耕还林、退耕还湖、是上策。

（3）现代科技成果在这次抗洪抢险斗争中大量使用，发挥了强大威力。成千上万的科技人员深入现场，对处险指挥献计献策，效果显著；各地区使用了防汛计算机网络、气象卫星雷达系统与航空航天遥感系统，在天地之间建起了一个高科技立体探测网，使抗洪领导准确地把握了洪水脉搏，高效率指挥战斗；卫星云图使气象预报准确。汛情变化，各地指挥一目了然，战斗布阵、出击洪魔、战果辉煌；电探堤坝内部隐患位置范围，看得清晰，处险快速，消除了大量祸害于萌芽中，使人力物力财力损失减到最低度；防浪新材料大大减少人力物力财力的耗损；水文自动测报系统、GPS卫星定位系统、多普勒流速仪等先进仪器设备的应用，不仅减轻了水文工作者冒着生命危险抢测暴雨洪水资料的难度，而且大大提高了工作效率和资料的精确度；在封堵九江溃堤斗争中，专家组提出"溃口封堵闭气实施方案"，使用了北京军区某集团军首创的"钢木土石结构组合堵口新技术"，创造了特大洪水条件下，长江干堤堵溃成功的纪录，避免了一场巨大灾害。防总派出的19个专家组与各省、市组派的大批科技工作者深入现场，与解放军、武警部队和广大干群紧密配合战斗，在处险中，使用振动沉管济密注浆法、高压喷射注浆法，以及用具有反滤性能的土工布解决散浸等等，大大加强了抗洪斗争的威力，减少了数千亿元的损失，而且把一场波澜壮阔的抗洪斗争变成了一场空前的科普运动。"第一生产力"在这场抗洪斗争中显示出的威力是巨大的！

2. 我受到的启迪使我形成了治水的如下基本观点。

（1）水是生命的源泉，没有水，人类和一切生物都无法存在，一切文明都将毁灭。保护水资源是任何国家的头等重要任务。淡水是从空中降下来的，雨水降落地区不平衡，造成洪涝干旱灾情，因而谋求雨量在地区分布达到基本平衡，才能消除洪旱灾情。

（2）由于雨量在区域空间降落多少，是受地面蒸发水分进入大气，形成云团，循大气环流运动而降落，大气环流是受多种气压相互作用支配的，到现在世界各国还不能用人力直接控调大气运行、空中降雨量，只能从水生态系统修复完善与水利建设工程调节水的合理分布。因而，保护水生态系统不遭破坏，加强水利工程建设，已成许多国家治水的重大措施。

（3）水生态系统的保护，许多国家还不能办好，主要是由于人口与耕地的矛盾没有处理好。随着人口的增加，一定国土面积不能相应扩展，因而人与地的矛盾日趋激化，在科技还不能大量提高农业生产时，砍伐森林、扩大坡地，便成为人们寻求改善生活的盲目行为，使生态系统严重被破坏，大量表土流失、河湖淤塞、围湖造田，加重生态系统调节水分良性循环功能的损害，洪旱灾害频繁降临，我国已成为此种病态环境突出国之一。

（4）为消除洪旱灾害，治山兴林，退垦还林，退田还湖，改善江湖关系，加大湖泊水库蓄水容量，确立"湖泊水库以蓄为主，蓄泄并重"的治水战略方针，全面加强水利设施建设工程措施，扬水上山，喷灌山土，改良品种，立体造林，治理沙漠，扩展耕地，以免除下世纪中叶人口增加到 16 亿人的困境出现。为此，有必要对全国生态系统修复完善，建立全国水利调节网络，从根本上消除洪旱灾害。科学制定这样的规划，逐步完成这伟大工程的建设，已成为全国人民的紧迫任务。

二、我对于消除洪旱灾害全国规划水利建设工程的构想，是从以上的基本观点形成的思路进行的思考。内容包括以下 8 大项目

（1）全面治理洞庭湖与荆江河段，调整江湖关系，把荆江河床拉直挖深，恢复洪湖与长江连通渠道，拓宽螺山河面，适度加固、加宽、加高荆江两岸干堤，分洪入湖，只留松滋口，其余逐步封闭，因为隔河岩、葛洲坝以及三峡大水库建成，可蓄洪 221 亿立方米，比分洪入洞庭湖的蓄洪区容量大 4 倍，这巨大的蓄洪调节功能发挥了，分洪入湖已无洪可分。洞庭湖内治理工程，重点置于湘、资、沅、澧四水入湖的航道挖深，加固保留垸堤，以利航运；低洼潮湿的造田不利于农作物生长，一律改为水产鱼池；把留下的好湖田，建立股份合作制公司机械化耕作大农场，将居民村与湖区内小城镇的建设结合起来，率先实现农村农业城市化、机械化、集体化。这种改造，争取到 2010 年基本实现，使洞庭湖真正成为"聚宝盆"。

（2）湘、资、沅、澧综合治理，是改造洞庭湖不可分割的部分。"治湖必须先治河、先治坡"。1996 年的特大洪水，闹得洞庭湖和长江中下游一个多月无宁日，就是沅江的洪魔演主角；今年的特大洪峰是以澧水大洪暴为主凶，这与武陵、雪峰两大山脉聚雨量大有密切关系。湘资两水总是陪伴沅澧两水闹洞庭湖，危害长江中下游。就我看，治理澧水，把江垭、皂市两大水库加快建好，再在大庸以上河段增建一水库，退耕还林，环山建渠，喷灌山土，澧水流域就可治好；资水把柘溪水库堤防加高，增大库容，在邵阳市境内再建一大水库，洪旱灾害可以解除；湘江中下游无地方建大水库，上游支流，已有东江、欧阳海、双牌、涔天河等水库，调水能力基本已够，从衡阳以下河床疏浚，那是航运货轮增加吨级载量的要求，只有浏阳河与省城长沙、京广铁路大动脉安危直接关联着，有必要在这条河中上游建一较大水库，调节流量解决洪旱是有效的。只有沅水的治理应作为重中之重。它有几大特点：河道之长，流量之大，水电蕴藏之富，流域山土之广，居住少数民族种类之多，林业潜力之雄厚，都居四水之冠。西水东调，解决湘南大片旱地，也只有这条河拥有供给能力，现有五强溪、凤滩两水库，远远不够调节能力要求，至少要在铜湾以上河

段修建两大电站水库。不把沅水治好，那是湖南治水一大失策。

（3）保护、营造好川、滇、黔、重庆市地区的森林植被，直接关系到三峡大坝建成后的库容调洪削峰功能的盛衰。如果这一地区的森林植被继续破坏，巨量的泥沙流注入三峡水库内，淤积率将大大高于过去，尽管大坝内有23个深水孔和导流明渠有22个导流底孔，有控制地泄水，但1 093千米长的河段，形成279亿立方米的库容，仍难免被淤积的泥沙抬高河床而减少库容水量，降低调洪功能，使这种利在当代、泽被子孙的千秋伟业工程遭受严重损伤。中央领导对此极为关注，今年洪峰刚过，即发出指令，要求这一地区立即全面停止天然林采伐，恢复生态植被，减少水土流失，防治地质灾害。四省市的领导干群已积极行动起来了，承诺负担这项责任，以最大决心和实际行动治山兴林，完成历史使命。我深信，这项任务完成好了，三峡工程的巨大防洪威力能充分发挥。

（4）南涝（长江流域的水灾）北旱（黄河流域的华北与西北地区旱灾）这种区域间的灾害，现在还无法用人工直接调控大气环流来消除，只能用人工改善生态系统、加强水利建设来解决地面水分布的不平衡格局，三路南水北调，连通黄河、长江，是治理这两大河流的最佳战略措施。黄河流量要解决的旱灾区域面积与长江洪涝面积大致相等，而黄河的洪水流量比长江少得可怜，黄河年均天然径流量不过560亿立方米。现已年年断流，时间达数月之久，可见黄河缺水的严重程度。而长江年均入海水量达1万亿立方米，水量过多造成洪灾频繁降临，把长江过剩水量调到缺水的黄河，这是把弊转为利的水利建设措施。要消除我国水资源分布不平衡而造成的洪旱灾害频繁降临，必须实施调水战略，把长江与黄河连通，三路南水北调，意义和作用极其巨大，形势发展要求把这巨大水利工程及时上马，我们已有综合国力把这酝酿多年的建设项目付之实现。

（5）连通长江黄河水资源，必须三路南水北调，缺一路都不行，而西路地位更重要，作用更大。因为东路是利用老运河加以疏浚，从长江三角洲引水北上，过郑州黄河直到京津，可以使苏北、鲁西、豫东地区和黄河下游得到长江水调剂。但郑州以上河段引不上去，这要靠中路从汉江（长江的大支流）的丹江口水库分流北上满足豫西南旱区要求，又可增加小浪底水库水量，但不能输送到缺水最多的陕、甘、宁、内蒙古、山西的黄河中游河段去。唯有西路自青海玉树地区截长江上游的通天河水源，修渠引到黄河上游的达日，把这两大河流的源头连通起来，调集150亿立方米流量，既满足青海三大水库发电、蓄泄调节中游流量的要求，使兰州至玉门关的"河西走廊产业带"与青海的西宁至格里木市一连串工业基地都有充足的淡水供应，使兰州引黄入秦（秦川地区）

与西南部腾格里沙漠区（包括巴丹吉林沙漠）的改造，宁夏中卫县、内蒙古西部、陕北、晋中引黄供应工农业用水与改造，腾格里、毛乌素沙漠所缺水源都可解决，还可引黄入晋北，打通桑干河上游，调剂官厅、密云两水库，供应京、津与冀北地区缺水的急切需求。

（6）改造沙漠地带，拓展草原、绿洲、林园、农田，已成为我国人口下世纪中叶增加到 16 亿人必须创造的农业基地。西路南水北调，有利于实现这一目标。现在改造沙漠地带条件已具备的，是腾格里沙漠（包括毛乌素沙漠）。宁夏中卫县与盐池县引黄建渠开发沙丘，投入少，收获丰厚，当年投资开发，当年得利，水稻产量不亚于江南农田，多种经营，扩大生产规模效益，推进农村农业产业化、现代化，比江南山区好得多，快得多。这一成熟的经验，是在腾格里沙漠地区创造的，正在快速推广，腾格里沙漠改造好了，流沙东袭华北的威胁就可解除，为改造北疆准噶尔盆地沙漠地带提供良好范例。该盆地资源极丰富，气候类似江南，从北面额尔齐斯河调水南下供应准噶尔盆地改造沙漠，又很方便。地上地下富饶资源大开发，成果显著，利润丰厚，对外资具有强大吸引力，这就能把水利建设产业转化为大批出口产品输送到国际大市场，从而大幅度增加我国外贸额，大量引进国外先进技术设备，为改造天山南麓塔里木盆地大沙漠积聚强大实力，不出 30 年，就能把这块大沙漠地区建造成巨大"聚宝盆"。把新疆维吾尔自治区建设成我国西部强大的现代化产业群落基地，为欧亚第二大陆桥拓展一系列大市场。三大沙漠改造好的土地有 7 亿多亩，可容纳 3 亿多新增人口勤劳创业。由此可知用水利工程改造沙漠，是最佳的战略措施。

（7）黑龙江、吉林、辽宁是我国工农业重要基地之一。嫩江、松花江必须全面整治。有人认为，今年嫩江、松花江发生特大洪水，投入数百万军民，日夜奋战两个月，才取得最后胜利，建议在嫩江上游河段修建 80 亿立方米的大水库，调节流量，杜绝洪、旱灾害，这是利用以湖治江的战略措施消除洪旱灾害。我的想法是：以湖治江原理值得利用，但从今年嫩江、松花江特大洪水，大部分源流来自内蒙古东部十多条大小江河，用上述建大湖措施，难以消除洪魔危害，不如用人工建长河，北水南调，三省和内蒙古东部沙漠的洪旱灾害都可消除。构想方案的具体内容是：从黑龙江南源的额尔古纳河分流建渠沿大兴安岭林区东侧南下，经呼伦贝尔盟、兴安盟、赤峰市入冀北边境，用这条人工河（大渠）把嫩江、松花江、辽河所有支流上游与湖泊都串连起来，既可调节三大河流量，又可输水改造沙地、湖泊与灌溉呼伦贝尔、科尔沁两大草原，还可为京、津与冀北旱区供给水源。大渠本身，既是调水武器，又可作航运通道，改造好 2 亿多亩土地，可供亿多人口安居创业，发展国民经济。由此可知，这巨大的水利工程具有重大战略地位，投入这工程的劳动，能创造辉煌业绩。

（8）华南水利工程，重点在于西江多级水电站的建设与东江供应香港居民水质水量的保证，河堤的达标与珠江三角洲渠网疏浚治污，任务紧迫。南岭群山丘岗造林绿化，是调节两江（东江、西江）流量与保护水源清洁的关键，也是拦挡台风袭击长江中下游的强大前卫兵团。用果木林园替代防护林带，效力很少。建草坪、造花坛，只能美化环境，不能代替成熟森林植被，改稻田为鱼池，经济价值高，但不能替代粮、油、棉基地建设。修高速公路，建立交桥，是现代化商品经济大市场、大流通的需要，但不能替代宏观调控的功能，从区域经济发展要求来审视，完善生态大系统，省际的协力合作已成当务之急，丢失时间，其损失难以"补牢"！

以上八个方面的构想，是否属于梦呓，有待论证。借此请教，开通思想，增长见识，作为晚年体会发言，错误之处，是能得到指正的。

（此文发表于 1998 年 10 月 18 日出版的湖南财经学院经济政策咨询研究所主办的《经济政策咨询报告》，是当月湖南财经学院"第二届夕阳红学术研讨会"我的一篇发言稿）

中国解决水资源问题对国内和
国际的影响评析

一、中国是当前世界水资源缺乏国家中的大国，解决缺水问题，对国内和国际必将产生多方面的重大影响

中国有能力解决自己的缺水问题，这种能力，不仅来源于拥有的科技实力，更重要的来源于中国人民自己选择的社会主义制度的优越性。

中国当前人均水资源拥有量为 2 240 立方米（这是按我国拥有水资源总量 2.8 万亿立方米平均分配给 12.5 亿人口计算出来的）。到新世纪中叶，我国人口将增加到 16 亿的最高峰，人均拥有水资源仍有 1 750 立方米，高于世界缺水国家人均拥有水资源 1 700 立方米水平（见世界银行绘制的最新水分布状况图）。

但由于中国人口多，必须把加强农业基础建设置于经济建设的首要地位，中国农业的用水量在三大产业用水量中比重最大（70% 以上），加之水资源分布不均衡，因此，中国水资源缺乏问题也就显得较为突出了，解决此问题的要求也就很迫切了。

解决水资源缺乏问题，在我国已拥有较强的科技力量，这个条件当然重要，而更重要的是中国人民选择的社会主义制度的优越性，具有解决此问题的综合能力。事实容易明白：实行社会主义制度，社会经济基础的上层建筑具有强大的宏观调控力，使水资源难以形成私人垄断，在社会主义生产关系中革除了这种垄断束缚，科学技术上解决水资源合理分配就好办了。就目前而言，中国水资源缺乏还不是绝对的，而是相对的，主要表现在地区之间分布的水资源不平衡，丰水地区还没有对缺水地区做好以丰补缺的水资源合理调配工作（近年来已开始大力展开这项工作）。目前，人大常委会对老的《水法》进行修订，使水资源的综合利用能够适应我国经济的持续发展。私人不能垄断占有水资源，这表明水资源是能合理分配的，能把享受水资源合理分配作为人民的基本权利。我国《宪法》规定，凡我国领域内一切水资源均属全民所有，即国家所有。此种权利具有激发全国各族人民共同开发水资源的巨大积极性和创新力。我国土地的所有权是以社会主义公有制为前提的，我国土地所有权为全民所有（即国家土地所有权和农村集体土地所有权），这是我国社会主义制度优越性的体现，与资本主义制度有根本区别。在资本主义制度的国家，资本家对水资源和土地都能进行私人垄断，因为把水和土地这两种资源不是作为人民的基本权利，而是当作一般财富，允许私人进行垄断，这就失去了广大劳动人民兴修水利的积极性和创新力。中国实行社会主义制度，在生产方式和生产关系中，不存在私人垄断的束缚力，即使出现这种阻力，劳动人民当家作主，也是容易进行改革的。

社会主义制度的生产方式与生产关系，不存在束缚生产力的对抗性矛盾，只有差别性矛盾，这种差别性矛盾在水资源分享上是容易调整的，因为水资源的享受已成为人民的基本权利，这种权利与义务是连生并存的，不能分割的。新中国成立以来，兴修水利取得巨大的成就，都是劳动人民（包括科学技术脑力劳动者）在中国共产党领导下团结奋斗、群策群力创造的业绩，无论在计划经济年代或市场经济时期，都能创造这种业绩，1958年全国性的大办水利，近十几年来在抗洪涝旱灾以及改造沙漠地带已取得的成就，都是这样创造的。

二、中国人在社会主义制度优越性下创造的治水经验，有丰富的科学内容与广泛的实用性，所生产的效益是很丰富的，是可持续发展的优越典型

1. 水这种自然物质是一切有生命的物种生存繁衍的根本要素，地球上一切生物生长发展的动力，都是依赖水的供应而在其体内形成"自然生长力"，它在优越的社会生产方式及其生产关系中转化为社会生产力，也是强大的。由"自然生长力"转化为社会生产力，是有规律的。对此，自然科学家与社会科学家已分别进行了大量的探索和揭示，使自然科学与社会科学得以不断地发展，达到现在的较高水平。中国人在治水创造的业绩和经验中包含的丰富科学内容，也都包括在这两大类科学之中。值得指出的是，自然科学本身没有社会阶级性，任何国家人民都能自由利用。社会科学则不同，它包含的社会规律不是任何国家人民能自由利用并发挥巨大效益的。社会历史的发展告诉我们，只

有先进的生产方式与生产关系，方能护育出生产力高度发展的社会，才能实现利用社会规律所产生的效益。我前面讲到的水资源在社会主义国家不允许私人资本垄断，使水资源成为全国各族人民共享其利的基本权利和护育的应尽义务，就是这方面的证明。

2. 水分布到地面，在中国这样版图辽阔的大国，气象变化极为复杂，不仅出现的旱灾面广，发生的洪涝也很凶猛，二者出现，不仅周期愈来愈短，而且往往在同一时期不同地区相续逗留，南涝北旱已基本定型，灾害带来的损失严重。中国人治水把重点置于生态环境的修复与网络渠道的调控方面。中国人口多，农业比重大，耗水量相应较大，开源节水遏制污染，防止水土流失，因而具有特别重要的意义。解决水资源问题，不仅要使生产力大发展，而且要求生产关系广泛适应。地理结构复杂，荒漠地带辽阔，地貌变化频繁，治水任务极为艰巨，到现在还未全面完成，但已取得成功经验所包含的科学成果是丰富的，在理论与实践上意义重大，开花结果的效益必将更璀璨辉煌！

3. 中国已积累的治水经验，概括起来，有以下几个方面的科学内容。

（1）社会主义制度的优越性，防止了水资源被私人垄断而作为剥削资本。水资源的合理分配与共同享受，成为全国人民群众的基本权利与义务，因而激发了全国人民兴修水利的巨大积极性和创新力。这是一种因果规律的体现。

（2）生产方式及其构成的生产关系，消除了占有和利用水资源的对抗性矛盾，这就使人类利用科学技术改造自然界、增长"自然生长力"大大加强；"自然生长力"转化为社会生产力要求的改革也能够顺利进行，从而使自然科学与社会科学在应用上更加紧密结合，加快自然科学与社会科学共同发展，我们认为这也是事物发展的必然规律。

（3）新中国成立以来，各地区之间为水资源都没有发生武斗，更未引发战争，都是用协商合作解决水资源利益共享。战争本身不能创造财富，中国人深受战争的折磨，因此能够清醒地认识到战争对财富和生命的毁灭性破坏力。水资源是生命之源，是创造财富的根本要素，与每个人血肉相连，如果用战争夺取水资源，只能酿成仇恨，使战争硝烟长久不息，参战双方不是同归于尽就是共入灾难罗网，招来外敌侵略而导致更大灾害，这是争夺水资源战争发展必然产生的恶果。

（4）在正常的状况环境下，水是再生资源，但如果自然环境遭到破坏，其熵值就会增加。人民群众在建设生态环境实践中认识了"自然生长力"转化为社会生产力的规律，要自觉利用这规律取得丰厚的回报，必然要求加强生态环境建设与改革社会生产方式及其生产关系，使其适应生产力的发展，加快社会财富的创造。不同社会制度的国家人民都能利用这种规律，因为造福人类的科学是没有国界的，任何国家只要有相关的科学人才，都能运用这种科学规律。以色列人创造的喷灌、滴灌节约用水的科学方法，中国人学来使用了，中国的治水经验，以色列也能汲取使用，两国社会制度不同并不妨碍科学技术的交流。可见，科学技术的传播利用具有普遍的规律性。

4. 前面我讲了，实行社会主义制度的中国不允许私人资本垄断水资源，为什么又欢迎外国企业家投资水利工程建设项目？这是容易理解的，我国社会主义现代化建设，资金尚有不足的，需要从国外引资，所以欢迎外商来华投资。在大型水利工程方面投入巨大，在设备科技上，还有些需要到国外购置和聘请专家指导协助，这是国际贸易与科技合作的正常现象。外商来华投资水利建设项目，不是我国政府把水利资源送给外国资本垄断控制，是外商来华与我国政府联合开发水利工程项目，这种联合有利于我国社会主义现代化建设进程加快，外商投资得到优厚的回报，是与中国政府和人民共享合作项目的效益，不是我国政府把水资源送给外国资本家的资本独占垄断积累利润。在新中国，这种垄断已不可能实现了，因为中国共产党和人民政府已把水资源占有利用享受效益作为全国人民的基本权利了。因此，我们应认清，垄断资本独立剥削积累，在社会主义经济基础的上层建筑政权已掌握在全国劳动人民手里，资本主义的垄断是不可能形成的。

三、中国人治水的成功经验，是自己艰苦创造与广泛汲取外国的好经验实现的，尊重知识、尊重科学，已成中国人的习性品格

1. 中国的治水经验是在历史发展的长时期中积累起来的，所有创造治水伟大业绩的前贤，都受到中华儿女世世代代的尊敬。

（1）中国人每遇到洪涝严重灾害的年头，都把五千年前伟大部落酋长大禹治水业绩拿出来进行颂扬，以激励与洪魔作斗争的坚强意志和战斗精神。在那原始部落时代，社会生产力和科学技术水平很低的条件中，大禹团结各部落人民修浚黄河，开凿龙门，使洪水驯服地注入东海，使各部落人民安居乐业，为中华民族生存繁衍和经济文化发展奠定了坚实基础。他那"三过家门而不入"的全心全意、坚毅地为人民谋幸福的崇高品德和卓越的领导才华，受到中华儿女世世代代的敬仰。

（2）到了中世纪初，秦王朝的李冰出任西蜀太守，官品位并不很高，而他父子领导群众修造的都江堰水利工程，把平川八百里的瘠地改造为肥沃良田，扫除了严重的洪涝灾害，使数千万巴蜀人民代代受惠，而他父子发明的水利工

程所包含的科学技术，现在还具有较高的实用价值。历史学家把李冰父子称为"二王"，剧作家把李冰称作"千古一人"，两千多年来，纪念李冰父子的祠庙香火日夜不息，参观的游人站在"二王"塑像面前肃然起敬：这表明了伟大的水利工程是与受其惠的广大人民群众血肉相连的。

（3）大禹和李冰他们所处的历史发展阶段，社会生产力已有相当大的差距，但在治水规划战略上，都是以调控疏导为重心，以造福广大人民群众为目的。因为水的循环受大气环流所支配，水分布在地面是不平衡的，只有通过水利工程排灌网络渠道调配，才能解决这种不平衡的矛盾，如果让这种不平衡矛盾扩展，少水的地区就会造成干旱，损害生物的正常生长乃至毁灭生物，降水过多的地区又会造成洪涝灾害毁灭生物，这种不平衡愈大，造成的洪旱灾害愈重，直接间接地破坏社会生产力，损害人民与国家的利益。所以社会科学家认为："水利工程兴，则民富国强；水利工程衰，则民贫国弱。"这是科学的结论。

（4）中国的治水成就并不是已全面完成了任务，为保证社会经济的可持续发展，有待进一步展开更大规模的水利工程建设。为三线"南水北调"、两线"北水南调"、多项"西水东调"以及遏制污染、节约用水，改善全国生态环境，改造辽阔沙漠化、石漠化地带与恢复大面积草系绿洲，要完成的水利生态工程、优化配套组合，任务极为巨大。同时，还要把全国企业改革与三大产业结构优化调整以及城乡互助互促、逐步消除地区之间发展的不平衡差距与水利工程建设联系起来。综合考虑，用现代高科技提高社会生产力。因此，需要全国各族人民在中国共产党领导下，紧密团结起来，共同奋进创新，善于总结自己的经验，认真学习汲取外国的科学成果，提高全国干群的素质，这样才能加快达到我们的伟大战略目标。

2. 中国人已认识到了，社会主义现代化建设任务，水利工程是其中重要组成部分，现在国力更强了，更有信心和能力来完成这项伟大的建设工程。

（1）中国人民选择的社会主义制度具有一条突出的优点，就是能集中力量办大事。社会主义现代化建设是中国人头等大事，其中修复完善全国生态环境与全面统一调配水资源的建设工程，是现代化"头等大事"中的重要组成部分。现在我们的国力得到空前增强，国民经济发展多年徘徊的局面已结束，高速稳健增长的形势已出现于全国，西部大开发已全面启动，"十五"计划已基本制定和开始实施，中国人将以豪迈的步伐进入新世纪，实现伟大战略目标。

（2）就目前我国的实际情况，修复全面的良好生态环境，全面调动水资源合理分布的工程建设，在工程技术上已不存在难以克服的重大困难，在投入人力、物力、财力和调配筹集等方面，也不存在难以解决的问题。我们认为：

①我国已建和正在建的水利工程是广泛的，但渠道网络化不够。如果我们能够在此基础上把江、河、湖、泊、大水库连通起来，我们对水资源的分配调节功能就会大大增强。我们设想：主体工程及"大动脉"工程可由中央和省级承担，山塘、溪流、坡地"微循环系统"工程交给地（市）、县、乡去完成，在财政上并不困难。在大工程方面（三条线路"南水北调"，其中西线连通长江黄河源头工程；东北三省与内蒙古东边交界地带），由中央直接负责、直接组织，在财力、物力上给予支持，是水资源调配网络系统建设的关键。

②在人力的调配与物资、器材、设备供应上不存在难以解决问题。一般劳动力，可由工程所在地区调集；在科技力量上，由国务院出面，把全国高等院校与科研机构和有关企业单位联合起来成立专家队伍，派到工地现场指导施工技术，这也是理论联系实际的很好办法。在青海、甘肃、宁夏、陕西、内蒙古治沙与恢复草原森林植被工作，可以成立新建设兵团，企业界可采用"公司+农户"承包荒漠开发。这样，军民企业、科研机构大联合，携手奋进开发大西北宝地，滚滚财源即可涌现出来，"先富带动后富，最后实现共同富裕"的战略目标一定能够早日实现。至于林、果、花卉、牧草良种，开发地区单位既可自己培育，又可发动全国人民义务供应，这种培育工作，男女老少、机关家庭都可进行。水果是每个人日常生活必需品，把吃剩的果核保留晾干，用楼房周边空隙土地、阳台用盆子装素沙育苗，一个月就生长出壮苗，转移到肥沃土壤，1~2年就可培育出大批壮苗（我用此方法每年为农村老家培育出千多株果苗，送给老乡造林，很受欢迎）。全国有十多亿人口，都可利用空闲时间进行培育，幼儿园老师、小学老师指导幼儿、少年作为劳动作业，是培养儿童、青少年建设生态环境、爱护一草一木、加快祖国秀美山河营造工程的良好习性品格，对义务供应种苗可发挥庞大力量。我们深信，"功在当代，利在千秋"的伟大工程，全国人民都会踊跃积极参与并作出奉献。

③在资金筹集上，国务院可以选择效益高、风险小的生态建设项目发行建设公债，把先富起来地区的居民手中游资，吸引到后进地区开发资源的项目上来，这是把生态建设从育苗开始就纳入商品化、市场化运行轨道。我们国家实际上已开始实行了大规模建立苗圃，出售种苗已由个人和集体扩展到企业公司，就是现代化、商业化的典型。政府发行的建设公债，其中就包含着生态建设的投资筹集，政府财政拨款支援大西北开发投资和基础设施建设工程中，就包含生态建设的内容。现在住房商品化、货币化政策推行很快，室内装饰很讲究，住房区花园化表明买房消费者对美化环境的追求已成时尚，此种良好风气正由大中城市吹向农村，开始建设的新村、新社区，美化环境已置于适应消费者要求的重要地位，把它纳入大生态系统建设工程是形势发展的必然。

④在培育人才、发展科技事业与传播文化方面，随开发的拓展与新村、新社区的建立，各高等院校与科研单位可以大联合，在新社区、新村设立网上教学点，就地培养各类专业人才与传播先进科学文化，提高各少数民族干群素质。有关专家学者还可亲入现场，因地制宜，作科技使用示范操作，不仅可推动开发，而且还可深入调查研究，丰富科技内容。"百名博士团"西北行（包括西藏自治区）与地区群众和企业签订了大批合同，搜集到许多珍贵标本资料，就是有力的证明，还可把旅游观光与现场考察研究融于一体。成果大，效益高，何乐而不为？至于文化艺术的传播，各地文艺团体可以把自己的优秀节目送给西部开发地区播放。最好是亲入城乡社区工地，为群众公演献艺，既可使广大群众得到艺术享受，又能从乡土民情中汲取创新源泉。近年来，许多文艺团体联合深入沂蒙山区、井冈山革命老区、少数民族集居地区、大型建设项目工地公演献艺，每场都有几万、几十万人前来观赏，演与观双方都得到深深的鼓舞和激励。可见，文艺团体深入基层群众生活，不仅是推进两个文明建设的一支巨大力量，而且具有重要的政治思想教育意义，西部大开发文艺活动很需要加强配合。

⑤西部大开发战略，不能简单地理解为把西部地区地上地下的资源开发出来就完成了任务，还必须把开发地区的人民社会组织健全起来，使其生活工作有个良好环境，有助于开发工程加快推进。把开发区三大产业优化组合起来，成为有中国特色的社会主义社会新的更有活力的组成部分，为中华民族伟大复兴在全国版图上每一寸空间都充满璀璨光辉，使东方红日永远照耀全世界。地球上的每个民族都把自己的国土建成秀美山河、幸福乐园，这不是幻想。人类社会历史发展的规律，由低级到高级到更高级，都是人类在劳动实践中认识了客观规律，自觉利用规律改造客观世界建设起来的。

3. 我国治水改善生态环境，消除严重自然灾害，不只西部和北方地区，东南沿海地带防治台风灾害仍是重大任务。

（1）台风袭击，在我国是特殊的自然灾害，已有长久的历史，东南沿海地区人民遭受此灾害的损失是惨重的。周期性降临，只是各年度受害程度有些差别。每年都发生此种灾害，已成规律模型，近百年来很少改变，只是每次台风登陆地点和风力强弱与袭击方向有些变动。在浙、闽、粤海岸登陆是台风的传统习惯，至于登陆后的风力重心向东北袭击，次数较少，向正北面长江下游进犯，也只是十一级以下的风力常走的路线，十一级以上的强台风绝大多数是向西北闽、粤、桂和赣、湘地区袭击，而这一地区，江、河、湖泊、水库容洪量比浙江和长江出口大三角地区少得多，溪流又长而弯狭，聚集的洪水流入大海速度慢，因而袭来的台风暴雨造成的灾害面广又沉重。

（2）新中国成立后，中国共产党领导的人民政府对台风的袭击危害采取了一系列的防治措施，东南沿海的防浪堤坝抗筑设施大大加强了，每当强烈台风袭来，沿海地区军民干群昼夜奋战抗洪抢险，大大减少了这种灾害的损失，使沿海地区成为全国经济发展的龙头。然而，在全球气温上升的影响下，台风暴雨的破坏力愈来愈严重，这表现在闽、粤、桂和湖南、江西的西南部每年受台风破坏的灾情大于浙江全省和长江出口大三角洲地区。除广东省东西江出口大三角洲，依靠三个特区吸收港澳和引进外资，加快了经济发展，而粤北、赣南、湘西南与广西地区的经济发展远远落后于前一地区，这种情况虽然不全是台风的影响，但生态系统中荒漠化、石漠化，农村经济发展缓慢，影响这一地区经济发展速度却是不能否认的。

（3）我们认为，把台风的破坏力转化为社会生产力是可能办到的，这对于上述地区的经济发展加快能产生重大促进力。应认清，台风本身是消除不掉的，但台风携带的巨大暴雨并未含毒汁，是良好的水资源，暴雨落到地面是不平衡分布的，易汇成大洪涝泛滥成灾，如果把落到地面的暴雨，通过渠道网络调控分流，引入山塘、水库、湖泊、溪流、江河进行储蓄，然后适时、适量用以灌溉农田、山土作物，供应工厂生产与人畜饮水、水电站发电以及江河航行运输，这就是把暴雨作为水资源开发利用，使破坏力转化为创造财富的社会生产力，这有什么困难不能办到？

（4）在闽、粤、桂以及赣湘西南部这一地区，水利工程基础设施正积极进行建设，但在指导思想上，还没有把台风的破坏力有计划地转化为社会生产力。对江河只重视大型水电站的建设，对其小支流水库山塘建设还未高度重视，山区水产业发展仍停留在个体户承包的小生产经营水平上，还未纳入"公司+农户"的大企业开发经营行列，更未把台风暴雨破坏力转化为社会生产力，纳入水利工程与大生态系统建设项目优化配置的统一规划、积极动工的措施中，更未把农村电气化与农业企业化结合起来，纳入电脑统一调控管理大系统中。我认为这方面的改进，我们的治水工程防治会更完善，效果会更丰富，回报效益会更大。与西线南水北调、治沙、造林、种草、开发大农业与地下资源发展工业一样，对促进全国经济发展具有同样强大的联动效应。

总的来说，我认为把台风暴雨破坏力转化为社会生产力，把降落的暴雨作为水资源进行开发，在理论上是科学的，在实践上是不难办到的，在工程建设任务上是较易完成的。规划工程全面优化配套可以节约人力、物力、财力，提高效益，不需要到外国去聘请专家帮助与购买设备器材，工程完成时间不长，有一个五年计划时期就可完成。

四、中国人在共产党领导下，创立社会主义国家，总结治水成功的经验，为自己的国家和人民带来巨大效益和福利，也会引起水资源缺乏和环境恶化的国家和人民高度重视和关注，对保卫世界和平和建立新秩序会产生一系列的积极影响

1. 水是一种有限的自然物质，它转化为"自然生长力"与社会生产力是有规律的，需要自然科学家与社会科学家共同研究探索，才能全面认识和自觉利用这种规律。这对于国际上自然科学家与社会科学家大联合、紧密协作、共同努力解决洪涝旱灾，是会产生重大促进力。

2. 中国人治水成功经验的积累、扩大和发展，是在新中国成立后半个世纪，依靠共产党领导，实行社会主义制度，把全国各族人民团结起来实现的。把治水工作与社会改革有机地结合起来，合理地分配使用水资源，从而使"自然生长力"能够充分高效地转化为社会生产力，国民经济实现了高速稳健的增长，增强了国家综合实力，这对于第三世界发展中的国家和人民是有重要启迪的。

3. 中国是一个版图辽阔、人口众多的多民族国家，各地区水资源分配很不平衡，新中国成立以来，在民族之间与地区之间从未发生过为争水资源而引发的武斗和战争，这表明中国人认清了战争本身不是制造财富的社会生产力，而是毁灭财富与人的生命的凶猛破坏力。水资源与每一个人和群体的生存直接联系，用战争绝不能解决水资源的争端，只会造成民族之间、国家之间的仇恨，使战争蔓延，造成双方民贫国弱。中国人在国际上宣传自己团结联合共同开发保护水资源、共同分享利益的成功经验，对国际上争夺水资源的战争是具有化解力的。

4. 水是世界上各地区和各个国家商品生产的根本要素，对于发展各国经济，扩大国际贸易居于重要地位。世界银行的专家学者们预测，新世纪水资源将取代石油，居国际经济发展的首要地位。该行新绘制了一张水资源图，揭示了水资源在世界各地区国家分布占有的不平衡局面，并说明水资源缺乏将对国际经济向全球一体化发展造成重大阻力，由此而引起水资源争夺，很可能造成重大危机。联合国专设的有关组织机构亦为此而忧虑。中国的治水经验包含着丰富的科学内容与广泛的实用性，很可能对国际解决水资源问题产生积极的影响，这也是中国政府和人民所期待的。

5. 中国正在进行西部地区大开发，其中改造广阔沙漠地带是一项重要战略任务，目前已积累了较多的经验，但仍需要学习、汲取外国的好经验。世界上有许多国家存在大量的荒漠地带与生态环境日益恶化的突出问题，中国在治沙与改善生态环境方面取得的回报效益，可供有关国家借鉴，并希望开展国际上的更广泛合作，结成战略伙伴关系，实现共同繁荣。

（2000 年 8 月中旬于湖南大学北校区）

下编　学术著作

《产业革命》

目　次

第一章　产业革命是怎样的一回事 ························· 139

　　一、产业革命是什么意思 ························· 139

　　二、产业革命是怎样发生起来的 ·················· 142

　　三、产业革命是怎样发展完成的 ·················· 148

第二章　各先进国产业革命是怎样经历过来的 ·············· 152

　　一、英国是怎样成为产业革命的祖国 ·············· 152

　　二、法、德、日、俄、美等国是怎样完成产业革命的 ·············· 157

　　三、各先进国产业革命造成了怎样的后果 ············ 165

第三章　中国产业革命怎样来完成 ····················· 172

　　一、中国未能完成产业革命一般的看法怎样 ·········· 172

　　二、中国产业革命未能完成的原因何在 ············· 176

　　三、如何完成中国产业革命 ···················· 182

后　记 ····························· 190

第一章　产业革命是怎样的一回事①

一、产业革命是什么意思

在未讲到产业革命的具体事实之前，对于"产业革命"这个名称所包含的意思，有先加以解释的必要。因为这个名词在我们中国的古书上，是找不到的，它是文化上的舶来品，是从英文 Industrial Revolution 这两个字翻译过来的。虽然这译名从字面上去看，也可以大致理解到它所表达的意思；但究竟"产业"（industry）和"革命"（revolution）这两个字，并不是中国的固有名词。在中国的古书上我们只看到"产"字，譬如喜欢谈论经济政策的管仲和孟子，在他们的著述中就用过"产"字。管仲所说"计敌与，量上意，察国本，视民产之所有余不足，而存亡之国可知也"；"何谓民之经产？畜长树艺，务时殖谷，力农垦草，禁止末事者，民之经产也"。孟子说："无恒产而有恒心者惟士为能……""……今也制民之产，仰不足以事父母，俯不足以畜妻子……"管、孟两氏所说的"产"，虽然也可以用白话"产业"两字去解释，但他俩所说的"产"，与其他古书上所说的"财"，却是完全相同的意思。"革命"这个名称，自清末年以来，虽然也成为很流行的术语，大家也大致知道它是怎样的意思；但把"产业"和"革命"四个字构成一个名词，在缺乏新知识的人，就有点费解了。

事实上，不独在缺乏新知识的人不大明白，就是有一点新知识，甚至外国文懂得很多，能阅读外国文书籍的人，也不一定就明白"产业革命"的真实意义。所谓"新的知识"这个"新"字，在一般习惯的说法上，是表示着晚近的、现代的、西洋化的意味，并且还是与中国古旧的、陈腐的在相对意义上来说的。但晚近的、现代的、西洋化的知识，也不一定都是正确的、科学的知识。具有新的知识的人们所理解"产业革命"的意义，也不过是从外国人或外国学者的著述上传习吸收过来的。许多外国人和著作，对于"产业革命"意义的理解和诠释，庸俗谬误的多得很，从而薪火相传，自然仍旧是庸俗谬误的。

许多知识上的庸俗谬误，并不全是理解力的不够，或者无意地犯了错误，而且还有不少人故意制造谬误来掩蔽事实的真相。这在社会的知识方面尤其如此。"产业革命"是一种社会的大变革事件，社会事件总是包含着或关联着社会阶层或集团利害的对立关系，因此，各利害不同的阶层集团成员，对于同一

---

① 《产业革命》，中华书局，1949 年 8 月发行，1949 年 11 月再版。

社会事象，由于它关联着彼此不同的利害，从而彼此看法想法或说法，就免不了互有出入，甚至完全相反。比如太平天国事件，本来是中国广大贫苦农民，武装起来要争取解放，革清统治者的命，但腐败的清统治者，却视为"匪党""叛乱"，称之为"粤匪""发逆""洪杨匪乱"。这种相反的看法说法，理由很简单，因为太平天国的革命，是要推翻腐败的清政府统治剥削特权。这在被革命者为着保护其既得权利，掩饰自身的丑恶腐败，自然会当作"逆匪""叛乱"相看，以便"名正言顺"兴兵"戡乱"。此风自古已然，在外国亦复如此。也正因此故，对于"产业革命"这种社会大变革的事实，自然会有各种不同的看法和说法。最庸俗而又最普遍的看法和说法，是从表象着眼，看到产业革命过程中发明了许多机器，从而便把"产业革命"这种社会的大变革当作是纯技术的机器革命，当作是少数天才的发明家发明的机器所造成。这种庸俗的意识，传染到中国也很普遍。不少人以为只要从外国买进几批机器，派送几批学生到外国去学习几套使用机器的技术，聘请几位洋顾问和技术专家来指导指导，把机器安好，工厂开起来，我们就可以和别的先进国一样工业化起来，就可以轻而易举地完成"产业革命"。

我们并不否认"产业革命"是少不了机器和大量专门的技术人才，但仅有这些条件就可以完成"产业革命"的话，那我们这个国家早就完成了这件历史的伟业，早就成了现代化的国家，哪里还是现在这样的落后呢！略微明白中国近百年史的人都会知道：八十年前倡办洋务的李鸿章、张之洞等满清高级官僚，他们何尝没有从外国买进大批机器？又何尝没有派送留学生到外国去学工程技术？他们所开办的工厂，在量与质两方面，都相当可观，并且还是官办，具有政治上许多特权的有利辅助条件。然而结果呢？不独没有把中国工业化起来，而且所办的工厂，都变成了虎头蛇尾，买来的机器都放着生锈，最后拍卖收场。派送出国的留学生，不少都弄得个博士硕士的头衔兴冲冲地回来，可惜"英雄无用武之地"，学得的技术无地方应用，以致那些博士硕士的专家先生们，不得不改行。原因不是别的，就是我们这个国家还没有具备着使他们学得的技术可以尽量应用的社会条件。这些事实也就足够证明仅有技术条件，是不可能完成产业革命的。

同样，我们也不否认产业革命是包括着许多机器的发明这种事实在内。但与其说机器的发明造成产业革命，毋宁说是产业革命业已揭幕，才诱激起机器相续发明和扩大应用。如果一个国家的产业革命尚未揭开序幕，尚未具备产业革命的社会条件，那不独不可能激发机器相续发明；即使机器有了发明，也不会扩大应用。在古代希腊就曾经发明了简单的蒸汽机械，但它的发明并没有促成古代希腊发生产业革命。这正说明了古代希腊还没有具备产业革命的社会条

140

件，所以这个发明也不能扩大应用，从而发明者也不能成为一个像瓦特（Watt）那样的产业革命英雄。指南针是中国人在几千年前发明的，在先进国从产业革命以来，早就把它应用到轮船飞机和各种的机械指导仪器上，而且占着很重要的地位。然而在它出生的祖国呢？惭愧得很，直到现在，乡下人还是用它看风水，仅仅做迷信的工具。可见发明并不一定就能引起产业革命。现代初期英国人相续发明了许多机器，正是由于那个时候英国的产业革命诸社会条件都已具备，迫切需要发明所使然。因此，假使瓦特是生在中国的话，我敢武断地说，他一辈子还是一位烧开水洗茶壶土头土脑的工役瓦特，而不会成就为一位历史上的发明和产业革命英雄的瓦特。

我们应该明白：产业革命并不单是生产技术上的大变革，而且是一种社会体制脱胎换骨的大变革。更明确地说，它是封建社会体制蜕化为现代资本主义社会体制那种转型表现的社会经济大变革，亦即是旧的封建社会体制的崩溃与新的资本主义社会体制的诞生的一种历史大转型的变化过程。这种转型所表现的社会经济大变革，是包含着极复杂的内容。因为社会体制是一种极复杂的有机构成体，它有一种特定的"生产方法"，作为那种社会体制性质的标志，以及由那种特定"生产方法"而形成"生产诸关系"的全结构，作为那种社会体制的基础。在这种基础上建立着相适应的政治法律机构制度。所谓社会体制，就是指一种特定的社会经济基础和那基础上所存在的政治法律上层建筑有机构成的总体而言。所以社会体制的变革，不单是"生产方法"所形成的生产部门以及联结各生产部门的人与人所结成的"生产诸关系"之变革；而且还包括政治法律机构规章的变革。封建社会体制转变为资本主义社会体制，是人类历史本身成长发展必然会发生的变革过程，同时也是每一个国家由封建社会进入现代社会都会经历的。所以"产业革命"也是每一个现代化了的国家都发生过的社会经济大变革事件。这种大变革，表现在生产部门，尤其是工业生产部门的变革上特别显著，所以被人称为"工业革命"。因为工业上这种变革，是由用手直接操纵着简单的劳动工具从事小规模生产的手工业，转变为用复杂而庞大的机器劳动工具从事大规模生产的机械工业，从外表技术上去看，好像这种变革全是机器发明和应用所造成的，从而也就把"产业革命"看作是纯技术的事件。这不单是皮相的看法，而且是错误的理解。如果不从社会体制的变革上去理解，那不独不易明白"产业革命"的全盘内容，而且无法了解何以会有许多机器发明和扩大应用机器生产这些事实的由来。

就文字所表达的意义来说，industry 这个字，也并不是单指工业，还把农业矿业商业乃至金融业包括在内，就其存在性质与发展变化来看，这些经济部门又都是有机地密切关联配合着。任何一个部门是无法单独发展变化的。而它们的发展变化，又必然要牵连到政治和法律的变化，这些变化内在关联的必然性，后面我们还有剖析说明的机会。

这里我们还要指明的，是许多人把"革命"（revolution）这个名词的概念理解得非常单纯，非常片面；以为把旧的推翻了，就算是"革了命"。这与其说只理解得半截，毋宁说是理解错误。"革命"固然是包括旧的被推翻或者说是被否定，但仅仅是推翻或否定了旧的，而没有诞生新的高一级的东西，那还不能说就是"革命"。比如一个鸡蛋被孵化出小雏鸡来，这个鸡蛋才算是被它孵化出的小雏鸡革了命，如果这个鸡蛋被孵坏了没有产生出小雏鸡，而变成了坏臭蛋，那就这个鸡蛋本身正常的发展来说，就不能说它那种变化是"革命"，只能说是"丧命"。必须在否定旧的变化过程中，同时又产生了高一级的新的，才算是"革命"。社会的革命也同样是包含着这个意思，是指旧的社会体制崩溃瓦解，新的社会体制诞生的，一个蛹化蝶变的过程。所以"革命"这个概念，是包含着"破坏"与"建设"两层意思，也就是说"破坏"与"建设"是"革命"这一件事的两方面。"建设"是产生在"破坏"的对极，革命对旧的加以破坏，只是扫除新的建设上的障碍，使新的建设能够顺利达成。不把旧的障碍因素加以破坏和扫除，那在同一的空间领域上就无法建树起新的来。正如同一个小雏鸡，当它在鸡蛋里被孵成雏鸡后，如果不把包围着它的旧蛋壳啄破，它就不能诞生出来。产业革命是以旧的封建社会体制的破坏为出发点，而以新的现代的社会体制的建立为终结之一种社会的突变过程。有怎样的革命破坏，才有怎样的革命建设；后者是前者的对立产物，前者又是后者的清道夫，所以二者是对立的，同时又是统一的。是相背离的，同时又是相契合的。没有建设只有破坏的革命，是消极的革命。没有通过革命手段的破坏那种粉刷式的建设，亦是不真实不坚固的伪装建设。所以产业革命要能顺利地发展和很正常地完成，必须对旧的社会体制或封建因素加以彻底地破坏和扫除才有可能。旧的破坏程度如何，它规定了新的内容与形态如何。产业革命在先进各国表现了个别差别性的类型，只有从这方面去考察，我们才能明白其所以然的由来。也只有把握这种变革性，我们才能对"产业革命"的真实意义不致流于皮相的认识和错觉的理解。

二、产业革命是怎样发生起来的

要了解产业革命是怎样发生起来的，首先就得明白封建社会体制是怎样崩溃，在崩溃过程中又如何诞生新的资本主义社会体制这种事实。

前面我们已提到，社会体制是一个内容极复杂的有机构成体，经济结构是它的基础，政治法律是存在于经济基础上面的中层建筑，属于人们思想意识的文化，是其最上层的建筑。这些中上层建筑，其形态，其性质，都是受经济基础所规定。也就是说，有怎样的经济基础，才能产生怎样的政治法律和文化等中上层建筑。一旦经济基础发生了变革，中上层建筑也必然要随着或急或缓地变革。因此，我们要了解封建社会体制的崩溃，就得看封建社会经济基础是如何发生变革而促成封建社会体制的崩溃。

封建社会经济基础是由封建的生产方法作内容核心而构成的，这种生产方法是社会体制性质和形态及其能否继续存在的决定者。封建社会体制与资本主义社会体制的不同，就是由于二者经济基础构成上的生产方法不同来区别的。而封建社会转变或发展成为资本主义社会，以及在这转变过程中而发生的产业革命，也是由于这种生产方法的转变造成的。因此，我们要考察产业革命是如何发生起来的，就得考察封建的生产方法是如何转变为资本主义的生产方法。

但读者不要误解，以为"生产方法"是指像木匠制桌子用锯和斧头如何把木头劈开，又如何刨平，如何凿孔，装成桌子，或者像农夫如何犁田，如何播种施肥，如何收获农作物，那样劳作的技术生产方法。而是指在一定的历史社会条件下，特殊的生产手段占有者与活劳动力所有者结合起来那种社会生产关系的样式而言。这是社会科学上特有的一个学术名词，是从德文 produktion weise 或英文 the mode of production 翻译过来的。有的译为"生产方式"，因为任何生产是少不了生产手段（包括劳动对象物和劳动工具）和活劳动力这两个基本条件。但在私有财产制度的社会里，生产手段是被某一部分人所占有，而没有生产手段的人，要生存的物质资料，就只有利用别人占有着的生产手段去劳动生产，以求获得养活自己和家人的生活资料。正因为是出于生存压迫而不得不使用别人占有的生产手段去劳动生产，占有生产手段的人，就居于优势的支配地位，他就要把使用他的生产手段直接劳动生产者所生产出来的成果，榨取一大部分去，作为自己和豢养着的人生活享受上的物质条件，这样过着不劳而获的寄生虫式的生活。

生产手段其所以被人作为私的财产占有着，就是由于可用它作为剥削别人的工具；也只有可用它剥削别人，私的占有才有意思。生产手段占有者榨取去的部分愈大，则直接劳动生产者所得的自己劳动成果部分便愈少。所以在私有财产制度下的社会，"生产方法"是包含着利害对立的两个社会阶层：生产手段占有者，是统治阶层；使用那种生产手段直接劳动生产者，是被统治阶层。也就是各种私有财产制度社会最主要最基本的两大对立阶层。这两大对立阶层在生产方法上结合着的形式，是由社会生产力发展的程度所规定；而在社会生产力发展上所形成起来的生产方法以及围绕着这种生产方法而联系起来的人与人的诸经济关系，即所谓社会诸生产关系，又规制着社会生产力可能发展的程度。也就是说，社会生产力发展到某种程度，形成了一定样式的生产方法和生产关系，当它们形成后，起初对社会生产力是有护育作用，但到后来那种生产方法上的生产关系由定型化而变成硬壳，从而它内部生产力的发展便受到束缚，成为生产力发展上的枷锁，由此而引起生产力与生产关系的矛盾冲突，引起整个社会体制的动摇；到这场合，生产力要能进而发展，就得形成新的生产方法，把旧的生产关系突破或改造。一种社会体制转变发展到高一级的新社会体制，就是由于它的经济基础经过这种变化来实现的。封建社会体制转变为资本主义社会体制，就是封建的生产方法和生产关系转变为资本主义的生产方法和生产关系来实现的。前者不崩溃瓦解，后者无法诞生和成长，后者虽然是从前者的体内被孕育成的，但它发育诞生非把母体摧毁不可。正如同一只被孵的鸡蛋，当它被孵成小鸡，它一定要把包被的蛋壳啄破，才能诞生出来。

在封建社会，土地是最主要的生产手段，它是由封建的贵族领主所占有，直接生产劳动的是农奴。农奴是不能自由地离开领主的土地，只是领主土地上的附属品而已。农奴全家人靠领主那片土地生产劳作过活，领主又是靠农奴提供一定的劳动力或劳动生产出来的生产物作为寄生生活的物质条件，亦即是以自己领有的土地作为剥削农奴的工具。在中世纪欧洲的封建社会，领主是把自己隶属下的农奴构成一个一个的庄园。农奴不能任意脱离庄园，领主是庄园里的小皇帝，靠庄园里的农奴劳动提供各种生活物资而过着寄生生活。农奴对领主除缴纳规定的贡税外，还要替领主服各种义务劳役。领主对农奴亦有保护的责任。各庄园不发生横的物质关系，彼此都过着自给自足的生活。农奴与领主所结成的这种社会经济关系的样式，便是所谓封建的农奴生产方法。

往后发生了城市，城市里住的手工业者都组成行会，即所谓"基尔特"（gild）。"基尔特"里的学徒也和农奴人格身份一样，是受老板或师傅所管束，没有届满规定的年限出师之前，是没有一点自由行动的权力，手艺学成出了师，也还要对老板或师傅尽许多义务。所以"基尔特"的手工业生产，也是一种封建的生产方法，生产手段是老板或师傅所占有，学徒只得点饭吃而已。老板或师傅肝火发了，还会常常挨打。在中国内地城市里，你还可以看到铁匠师傅总是有一两个小铁匠，拿着铁锤翻腰地帮助师傅锤打，或站在师傅旁边拉风炉；皮匠店里总是坐着一两个小皮匠，帮师傅搓麻绳补烂皮鞋，常常被打得眼红红的：他们就是学徒。在封建社会，无论是庄园里的农奴，或基尔特的手工业者，他们劳动所使用的劳动工具都是很简单的，生产规模也很小，生产目的一般都是自给自足。直接生产劳动者是没有劳动的自由，他们所受到的剥削是多方面的，而且是多种多样的，这就是封建生产方法的特征。

资本主义社会的生产方法就大不同了，资本家和工资劳动者是资本主义社会两个主要的对立阶层，资本家不是靠占有大量土地来剥削他人，而是靠占有大量资本，用工资购买劳动者的活劳动力和其他生产条件来从事"为卖而买"的商品生产经营。他从市场上买进各种生产条件来生产商品，不是供给自己和家人直接消费，而是要把它再卖出去，所以是为"卖"而"买"，为获得一定额的利润而经营商品生产。

利润的源泉是工资劳动者在生产过程中创造的，即工资劳动者在生产过程中所创造的价值，自己在工资形态上只收回一部分，剩余的部分即所谓"剩余价值"，被资本家所攫取去了，变成资本家的利润。由于工资劳动者是自由地出卖自己劳动力给资本家，而其人格身份又与资本家在法律面前是平等的，所以资本家对工资劳动者的剥削在外表上是看不出来的。加之资本家为获得更多利润，力求自己经营的商品价廉物美，在市场上具有较强的竞争力，从而尽力设法改进生产技术，扩大生产规模，由是造成现代物质文明突飞猛进，以致资本家的剥削行为，更被掩饰得不明确了。这也正是资本主义或资本家生产方法的特征所在。

这里我们不打算来分析资本主义经济的全盘结构，所以不想进而多说，只是借此指出资本家生产方法的形成，是需要两个基本的前提条件：即失去了生产手段而其人格与身份又是完全自由的大量工资劳动者，以及可供大规模生产经营的巨量资本。前者是属于人的条件，后者是属于物的条件，这两方面的条件都是由封建社会体制的崩溃瓦解创造出来的。创造这两种条件的社会变革过程，在经济科学上又有个专门术语，名叫"原始蓄积"。

所谓"原始蓄积"（primitive accumulation）是与"现代蓄积"相对称的。现代蓄积即是指产业资本家的蓄积，是以大规模的生产为基础，蓄积的资本家以一定量的巨额资本投入生产经营中，使生产的结果比原来投入的资本价值额增大起来实现的，也就是用资本家的生产方法来进行蓄积。原始蓄积就不同了，它不是把大规模商品生产经营作基础，而是把小规模生产的农业和手工业作基础。蓄积者并不直接经营生产，而是置身于生产之外的流通界，以贱买贵卖的商业活动或以高率利息放账的高利贷活动以及运用政治军事权力向国民征课重额租税，或发行公债强制国民承销，乃至用武力掠夺殖民地或落后国人民的财富和劳动力等等方式来进行蓄积。所以这种蓄积是很野蛮而残酷的剥削行为，但却是资本家生产方法得以形成的重要准备工夫。

从社会经济自我发展演进上来看，商业资本和高利贷资本的活动对封建经济基础的崩溃瓦解和原始蓄积的增殖，确实担任了极重要的角色。

在封建的前期，各庄园过着自给自足的自然经济生活时，商业资本与高利贷资本，是没有抬头的机会。往后由于庄园内部的分工和生产力发展提高了，各庄园的剩余生产物也随之增加，于是庄园与庄园之间便发生了交换关系，商人也跟着出现了。由于交换关系沟通了各庄园的物品交流，长于手工业制造的农奴便放弃农业而专从事于手工业，在领主一定条件的允许下，他们便首先离开庄园而移居于定期集市的地点，以求生产品交换便利。随着肩挑游动的商贩也相续定居于市集，从而市集上便出现作坊和商店，进而发展成市镇，由市镇发展为城市。居在城市里的手工业者和商人都组织有同业的"基尔特"行会，起初也是受庄园领主所支配，负有纳税给领主和其他各种义务。

但商业的发展竟成为侵蚀庄园的主要破坏者。因为商人是商品的中介买卖者，同时也是货币的掌握者。货币是一切交换物的共通手段，有了货币在手里，就可以随心所欲购买其他一切可买的东西。交换关系扩大了，领主们的消费物品也不受自己庄园生产品所限制，从而消费欲望也必然会随着扩大。为着交换上的便利而要求取得货币，要求农奴把实物的贡纳改为贡纳货币。这一来，商业资本便获得了极有利的发展机会。因为农奴要取得货币去缴纳贡租，就不得不把自己的生产物出卖给商人，因此商人就正好利用对方"不得不卖"的机会压低价格，达到贱买的目的。这是对农奴剥削，累积商业资本的有利条件。

在领主方面，由农奴所缴纳的货币，又得转向商人买进各种消费品，而且也是不得不买。这又给商人抬高卖价，达到贵卖的目的。这又造成了商人对领主的僭取机会。领主的购买力是由剥削农奴得来的（虽然商人也对领主纳税，但把税额加在卖给领主的商品价格上就行了），商品价格高，领主就会加强对农奴的榨取，这样独立活动的商业资本僭取领主的部分，又落到农奴身上。

在多重剥削下，农奴不独无法改良生产，而且无法生活下去。为生存所迫，不得不向握有货币和商品的商人告贷或预卖生产物，所谓"二月卖新丝，五月粜新谷"，便是这种预卖的写照。由于是受生存威胁而告贷、而预卖，贷放款或预买的人，就有机会任意提高利息或压低预买价格，高利贷就是在这种乘人之危的场合高起来的。生产物廉价地预卖了，收获之后，又不得不再买入；没有钱，又只好告贷或预卖。商业资本与高利贷资本这对"孪生子"，便是这样把自己蓄积起来，同时也就是这样把小生产的农奴蹂躏得遍体伤痕，造成生活与生产条件愈益恶劣。而消费欲望扩大了的领主，不独不会因农奴处境日益恶劣而减轻榨取，反而要加强榨取，这就造成农奴无生存的余地，反抗暴动，或逃出庄园流浪乞食，就成为不可免的必然事象。领主的庄园经济体系，就是由此而动摇，封建的农奴生产方法和生产关系，便是这样开始溃解而无法维系。

在城市的"基尔特"手工业者，也是遭到同样的命运。因为"基尔特"手工业者，不独生产所需要的原料粮食依赖商人提供；而且生产的制造品，也要依赖商人贩销，商业资本在这方面又获得贵卖贱买的对象和增殖自己的机会。手工业小生产者，一旦落入了商业资本的剥削网罗，生产条件和生活处境自必日趋恶劣，结果也免不了与农奴一样，靠高利贷和预卖来过日子。

商业资本和高利贷资本所有者，就是这样控制了手工业生产，最后变为商人所有，原来的组织随之解体，学徒获得了身份的解放，与脱离庄园的农奴一样变成除活劳动力可卖以外就一无所有的自由穷光蛋。自由的工资劳动者，就是这样从封建生产方法溃解中产生出来的。到这场合，商业和高利贷资本自身虽然累积成为巨额的资本；但累积源泉，则因小生产者的破产而枯绝。要能继续累积，就得转为生产资本，自己雇佣工资劳动者经营生产。原始蓄积就是这样地提制出产业资本家生产方法赖以形成的人的条件与物的条件，也就是这样地转为现代蓄积。

当资本家的生产方法日益扩大，取得生产领域支配地位，封建的经济基础便变为现代资本主义社会的经济基础。原有的诸上层建筑，也就随着或急或缓的崩溃下来，而重新在新的经济基础上建立起现代的政治法律与文化诸上层建筑。现代资本主义社会体制由此诞生，产业革命的发展由此飞跃前进，迅即完成。

但上面的说明只是解剖封建社会体制转为资本主义社会体制内在关联发展变化的必然趋势。然而先进各国在这种社会体制转化变革具体所表现的事象，却不是风平浪静的，而是掀起社会阶层斗争的惊涛骇浪，并且也不是每一个国家关着门像在温室里生长发育地转化，而是许多国家在转化过程中就会对外展开积极的各种经济政治乃至军事的侵略活动，补充原始蓄积的条件。因为封建的贵族领主阶层，为着维护乃至挽回其既得权利，必然要运用政治军事力量来阻挠这种变革，从而对农奴暴动逃亡加以屠杀和镇压，对新兴市民阶层的经济活动横加阻抑。这样，掌握了大量资本的新兴市民阶层，为着自己集团经济利益的扩展和摆脱封建特权的束缚，推翻封建集团的统治势力，争取政权，便成为发展自己阶层经济利益的重要手段。这便促成了新兴市民阶层联合农工群众反封建争自由的民主革命。有的国家就是经过这种革命浪潮洗除了封建势力而建立起资产阶级民主政权，替产业革命铺好顺利发展的坦途，由是而完成社会体制转化的历史业绩。有的国家封建统治阶级，看到大势已去，无法挽回，革命浪潮汹涌可怕，便顺风转舵自动地解放农奴，放弃若干封建特权；或转化为资本家；或把土地以低额地租出租与农业资本家，做资本主义社会没有多大势力的地主；或者雇佣工资劳动者自己来经营农场，以地主身份兼做农业资本家，在政权上与新兴资产阶级妥协起来，把旧政权略为改装粉刷一下，使其适应新的情势，这样地达成旧社会体制妥协的解消转化。有的国家在原始蓄积上，用商业资本或武力侵略，从国外的殖民地或落后国人民手里劫取大量资源和劳动力，以补充其本国原始蓄积，加速产业革命的发展。有的国家没有得到这种补血条件，国内原始蓄积又较薄弱，则用政治力量，通过公债赋税政策，向人民压榨征课，以其收入由官方举办新式企业，或用奖励补助津贴等方式扶植新兴产业，或用立法手段压低工资和原料粮食价格，以利产业的发展。所以各先进国由封建社会转入资本主义社会，在其转化过程中也通过不少人为的措施。这些措施，有的是反动的，是阻挠社会发展的；有的是进步的，是推动社会发展的。但反动的终不能阻住历史车轮的前进，结果都被历史巨轮碾碎了。进步的措施也是在历史发展趋势业已形成，客观条件已经具备，才能有效地推动。

从上面的说明，我们已可明白：现代资本家生产方法的形成，是把原始蓄积溃解了封建的生产方式，从而封建社会体制所提制出来的条件作基本前提的。没有原始蓄积提制条件，封建社会体制没有溃解，或者原始蓄积所创出的条件由其他原因损毁了，资本家或现代的生产方法，是无由成长起来的。也只有资本家或新的生产方法成长起来了，在商品生产的自由竞争里，不断提高生产力，改进生产技术，才能激起各种技术的发明和扩大应用，才能促成产业革命表现在社会各经济部门突飞猛进的巨大变革。

三、产业革命是怎样发展完成的

说"产业革命"是封建社会体制转变为资本主义社会体制所表现的社会经济大变革，这从"产业革命"发展和完成上去看，更可明白。

许多人把"产业革命"当作纯技术的事件理解，一方面不从发生的社会背景上去看，另一方面又不从其发展的社会条件内在关联上去考察，只着眼于技术条件的配合，而且又局限于首先完成产业革命的英国所表现的那种典型的样式，而把其他后起的国家的产业革命所经历过的情形不放在眼里，致犯这种理解上的不正确的毛病。

从技术方面去看，在一个自发性极典型的产业革命，表现在各经济部门的那种极自然的变革程序，即由轻工业发展到重工业，由工业部门发展到农业、矿业、商业以及金融业等部门，好像全由技术支配似的。因为轻工业是制作直接消费品的工业，在生产制作上，不一定要使用巨重的钢铁劳动工具，有较简单的发明新式木质工具和使用人力、畜力、风力、水力就可使生产量增加，生产规模扩大。直接消费品大量增加了，人们才有较多的时间、精力去改进间接生产品的生产工具，由是使已发明的新式工具进而改良和扩大其规模。

轻便木质的生产工具改进扩大到某种程度，就需要钢铁的材料来配合建造，否则，不独不耐用，而且不能大规模地建造。在推动这种较巨大规模的生产工具，又需要较大的发动力。人力畜力有限，不够应用；风力水力又要受自然气候和地理条件所规限，不便经常地充分使用。因此，才促成钢铁生产技术和蒸汽机的发明，以冶铁炼钢为重心的重工业才发展起来。重工业发展起来了，可以大量制造钢铁的机械工具，且有较大的蒸汽力经常推动，它反转来，又促使轻工业生产技术和生产规模进一步扩大发展，从而轻工业部门所需要的原料大大增加。

轻工业的原料主要是来自农业生产界，这样便促使农业生产界技术的改进，而重工业又能提供农业生产的机器工具。农业采用了机器工具从事大规模农场耕作，不独使原料粮食生产量大增，可以充分供给工业部门，且可在机器使用上节省出大量活劳动力供给工业部门。这样农工两部门便得到配合的发展。重工业的原料是来自矿业生产部门，重工业扩大发展又引起矿业生产技术改进的要求；而工业农业部门发展了，又能提供矿业生产部门大量直接消费品和开矿用的新式机器与劳动力，矿业生产就可大增；它反转来，又可使重工业及其他生产部门更进而发展。

各生产部门生产物大量增加了，运输交通工具的改进，便成为迫切的需要。而在重工业的发展下，技术条件也可以制造轮船火车铁道和开凿运河，交通运输工具便得迅速发展起来。同时，机器生产量庞大而种类单纯，任何人所需要的物品在数量上有定限，而在种类上却需要多种多样的。所以用机器生产，就不可能是自给自足。大量生产品必须出卖，所需要的生产条件和其他种类的消费品，又得从市场买进。这样，社会的交换关系就大大地繁复起来。而交通运输又日趋便利，各地物品交流又很方便，分工生产劳作更趋发展。专从事于商品买卖作为生产与消费联系中介的商业，以及工商业集中地点的都市，便蓬勃地发展起来。交换关系与交换规模日益繁复和扩大，货币需要大增，货币的支付和融通方式也迫切需要改进，以专门从事货币资本经营活动的银行金融机关，相应地发展起来。社会经济由此而全部改观，也就是产业革命完成而造成的新形态、新场面。技术发明和改进，也就是这样表现为造成"产业革命"的外观。

我们并不否认在产业革命过程中，各经济部门技术条件的发展变革有着内在有机关联的程序和相互促进的机能，更不抹杀各种发明的机器工具在产业革命发展上所起的重大作用。但把产业革命社会经济各部门发展变革，片面地归因于技术条件，而忽略了社会各种条件的提供配合，那不单是非常皮相的看法，而且是很不正确的看法。严格地说，如果没有一定的社会条件配合，那即使从先进国移植技术进来，也无法扩大应用的。即使在某些经济部门勉强利用起来，也不可能促起其他部门跟着发展变革，结果会成为一件旧烂棉袍上补上一块新缎子补疤，极不相称，也不耐穿。而且新的缎子补疤终会很快地随旧烂棉袍一同变成不能继续穿用的废物。在近代史上有很多事例可以证明，下篇中还有叙述到的机会。这里我们要先加说明的，是需要怎样的社会条件才能使产业革命顺利发展起来。

第一，需要有合理的土地占有关系——所谓合理的土地占有关系，即土地占有关系能够配合工业的发展。更具体地说，必须土地占有关系不束缚土地生产上的活劳动力，并能实现大规模的经营，采用新式机械农具，提高农业生产力，从而增大农民购买力。这样，工业生产才能获得大量活劳动力和原料粮食。生产出来的生产品，才能有广大的销售市场。束缚土地生产的活劳动力与生产力，是封建的土地生产关系，或剥削关系。因此，封建剥削关系的摧毁，是农业生产力解放与配合工业发展的基本前提。这种剥削关系的解除，必须创制以下的条件，才能有效促进产业革命的发展：那就是不独要劳动力可以自由使用，而且要从事土地生产者或土地生产经营者有改良生产条件的能力和愿意采用机械农具。因此，又必须地租率减低。如果地租率仍高，那不独耕作土地或经营土地生产的人无法获得蓄积，从而无法改良生产条件，替工业生产提供大量原料粮食与产品市场购买力；即使有资金改良农业生产条件，亦不愿去改良和采购新式机械农具实行大农生产，而会把资金用来购买土地，坐收高额地租。一个社会地权买卖旋涡里吸去的资金愈多，则生产部门能得到的资金供给便愈少。这样，地租上累积起来的财富，固然不会转入农工业生产部门，就是商业资本与高利贷资本在原始蓄积过程中累积起来的，亦不会转化为生产资金或生产资本。这就会使农工业扩大生产所需资金或资本不易得到。这样，农工业就不可能配合发展起来，产业革命的发展，必受阻抑。所以合理的土地占有关系，是产业革命发展上极重要的社会条件。

第二，需要生产者或生产经营者掌握全国统一的政权——一定形式和一定性质的政权，虽然是在一定的社会经济基础上形成建立起来的，但它的存在，对于社会经济基础有着极重要的作用。任何一个国家经济基础的改革如果没有政权的改革，那不独经济上的改革不能彻底实现；即使改革了，也不能使新的经济秩序获得稳固和发展的保证。旧的政权势力，又会使旧经济因素与旧经济关系复活起来，从而绞杀新经济因素，破坏新经济关系。只有政权随着社会经济的变革而崭新建立起来，它才能发挥扫除或彻底改革旧经济关系的力量，采取护育和促进新经济成长发展的有效措施。近代初期各先进国由资本家生产方法成长扩拓而推动的产业革命，其发展完成，无一不是由新兴市民资产阶级取得政权之后才能达成。这就是由于资本家的生产方法是代表资本家集团的经济利益，为谋自己集团利益扩展，对于妨碍资本家生产方法发展的旧社会因素，运用政治立法权力加以扫除，是最有力的手段。而对于护育促进或有利于资本家生产方法发展所需条件，运用政治立法手段予以创立扶植，又是最有效的办法。资本家生产方法所推动的产业革命发展，需要资本家掌握全国统一的政权才能实现，非资本家的生产方法所推动的新社会经济发展，同样是需要这种新社会经济建设领导者或担当者来掌握全国统一的政权，才能实现。

第三，需要独立自主的关税权和健全的财政金融制度——一个国家独立自主的关税权，是防止外来商品倾销与调节出口贸易、扶植本国工商业合理发展的重要工具。如果没有这工具灵活运用，让外来商品倾销，占据市场，掠夺原料，应当输出的产品，又不能合理地输出，以换取自己经济发展上所需要而有赖输入的东西，那自己国家的幼弱产业，在外来商品压力下与自己条件缺乏下，就免不了要陷入枯萎凋落的厄运。已有的商业资本也会转化为替国际帝国主义侵略商品服务的买办资本，从而帮凶地摧残本国产业。在世界各国没有哪一个国家，无独立自主的关税权和在外来商品倾销压抑下能把产业发展起来或完成产业革命的。同时也没有哪一个国家，在苛捐杂税横征暴敛吮尽民脂民膏的财政政策下，以及货币流行不统一，通货恶性膨胀，金融物价剧烈波动下，能使产业发展或完成产业革命事业的。

这道理非常明显：一个生产者或生产经营者在生产上所得的成果，或物质价值的财富，被统治政府苛捐杂税横征暴敛剥夺去了，或者由恶性通货膨胀，把他手中的货币或货币资本的价值急剧地削减了，他就无法维持生产条件继续进行再生产，最后势必关门大吉，陷入破产厄运。而在一个国家内，货币流行不能统一，则资金周转与商品流通，就会大受阻碍，从而需要资金周转便利和商品市场扩展才能发展的诸生产事业，自不可能扩大发展，完成产业革命更不可能。所以独立自主的关税权与健全的财政金融制度，都是产业发展或完成产业革命不可少的社会条件。

上面所说的诸社会条件，也不是从天上掉下来的，或者由人们主观地去任意制造，更不能到别的国家去搬借来，而是要在自己社会体制合理的变革或改造上才能形成起来。也就是说，产业革命发展完成所需要的技术条件，还可以从先进国移植进来，而技术条件赖以生根和成长所需要的诸社会条件，就不可能这样办到，必须从自己社会体制合理变革改造中提制出来。同时，这些社会条件，是有机地关联着，单独提制不出来，也不可能用物理仪器化学药品去塑造，或者技术的措施可以办到，必须通过社会革命脱胎换骨的大变革，才能造出。下一篇我们进而分析各先进国产业革命经历过的具体史实，更可明白。

第二章　各先进国产业革命是怎样经历过来的

一、英国是怎样成为产业革命的祖国

英国是首先发生产业革命，并首先完成的国家。其他各先进国，都落在英国之后才起来产业革命，并且也受到英国产业革命已成熟的技术条件所加惠。因此，英国就被视为产业革命的"祖国"。甚至有些历史学家，还把"产业革命"只当作是英国历史上特有的事。其他各国产业发展变化，都是由于从英国输入技术条件所造成，这种看法是不对的。我们并不否认英国产业革命首先成就的技术条件对于后进各国产业革命起过协助的作用，或推动的影响。但这不能看作是后进国产业革命所由发生的主要原因。后进诸国继起而发生的产业革命，自有其本身的必然原因，外来的促进影响，只有在其本身已具备一定的历史社会条件下，才能把那种促进影响作用显示出来。如果把后进各国产业革命，归因于英国产业革命所造成的或派生的，由是而把产业革命看作是英国社会特有的事，那是太不懂历史发展的道理了，是庸俗而且错误的看法。

在前篇中，我们已说明了：产业革命，是每个国家由封建社会进入现代社会时都会经历的社会经济大变革事件，都是把自身原有的封建社会体制溃解，并由其溃解过程中创制出的原始蓄积条件，作为其产业革命的基本前提。一个国家自身的封建社会体制如果没有溃解，即使有外来技术条件输入，也不会促成产业革命的发生。同时我们又指出：封建社会体制的溃解，即使创制出了原始蓄积条件，但那些原始蓄积条件在尚未构成新经济体制的质素之前，遭遇到内在的或外来的原因而损耗了；或者形成了新经济的质素而得不到其他护育的新社会诸条件相配合，那即使发生了产业革命，亦会受到挫抑而难以顺利完成，甚至造成不正常的畸形变态。我们要了解各国产业革命有先后迟速正常与不正常之别，只有从这些方面去考察探究，才能明白其所以然的由来。

一般说来，一个国家封建社会体制溃解得愈早愈彻底，原有蓄积愈丰满，其他需要的社会诸条件愈齐备，它的产业革命也会愈早发生，愈能顺利而正常地发展和完成。否则结果相反。英国首先发生和首先完成产业革命，而其发展又能表现出最正常最典型的历史发展样本。只有从这些方面去考察，我们才能明白英国之所以成为产业革命"祖国"的缘由。

研究过英国近代历史的人都会知道：英国的封建庄园制度，在 14 世纪 50 年代即动摇了；到了 15 世纪以后，庄园的封建经济体系即告消灭。城市手工业基尔特行会，到 16 世纪以后亦逐渐解体。这些封建经济体系的溃解，商业

资本发展活动不用说是一大功臣。因为自 14 世纪初，意大利所属位于地中海诸城市与德国北部波罗的海区"汉撒同盟"诸城市之贸易，由于大陆交通受诸侯领主势力之阻挠，而移向于大西洋水上交通联系后，英伦三岛便成为商业资本活动区域上的一个中心站。后来南北两商业区衰落后，商业活动更移向于北海和大西洋区域。加之 15 世纪末新大陆发现后，欧洲各国商业资本在海外的竞争发展，更把英伦三岛几个主要城市变成商业资本进出活动的总站。虽然在这期间，西、葡、荷几个国家在海外殖民地的劫掠先于英国，但由于那些国家内在条件的脆弱与对殖民地经营方策的欠善，在相续和继起的竞争过程中，终被英国所击倒。1765 年荷兰的"无敌舰队"被英海军打垮后，英国便掌握了海上的霸权。上述几个国家海外的殖民地，也相续被英国所攫取。这对于英国商业资本活动的扩拓发展，与对殖民地直接掠夺而形成原始蓄积的物的条件，是非常丰裕的。

英国的原始蓄积，不独物的条件（即资本）非常丰裕，而且人的条件（即活劳动出卖者的工资劳动者）亦非常充足。因为在 16 世纪，英国的手工制造业，虽然还落后于尼德兰，但尼德兰手工业（尤其是毛织业）的发展，使生产羊毛成为当时英国最有利的作业。在这种利益的激诱下，便促成了英国近代史上极有名的圈地运动，即贵族地主们把大量的肥沃农田圈划为牧场，畜养羊群，而把成千成万的农民驱出田园，变为无家可归的流浪群；也就是有名的"羊吃人"故事。这种圈地运动，虽然是丧尽人道的残酷措施的大悲剧，但它对于后来英国资本家生产方法的产业之发展，亦即一般人所说的"产业革命"，显然是发生极大的助力，因为它充分提供了原始蓄积的人的条件。有了这"产业预备军"人的条件，配合着前述的原始蓄积巨量的资本条件，资本家的生产方法，自然很快地蓬勃发展起来。加之英国位处海上，与欧洲大陆隔了一个海峡，当时还没有空袭轰炸的破坏威胁。所以在大陆诸国所进行的一连串战争，英国未参加的，固然没有受到影响；就是参加的，它有强大的海军自卫，亦未受到战争直接破坏而耗损其原始蓄积条件，并且还得到不少利益：那就是大陆诸国许多富有企业心的富翁资本家和制造业熟练技术人员，在其本国战争和宗教的迫害下，相续移居或逃入英国。这对于英国产业发展是大有助益的。同时英伦三岛河川交通与水利又极方便，煤铁矿产之蕴藏亦很丰富，这些自然条件，都有利于英国产业之发展。英国之所以首先走上产业革命，从上述诸条件加以考察，也就不难明白其由来了。

英国首先走上产业革命，而且很顺利地首先完成，除上述经济方面诸条件的首先获得且很充裕所促成外，政治上的护育条件，亦居于很重要的地位。这是我们考察任何一个国家产业革命所不可忽略的。

英国早在 13 世纪，国王便在贵族市民的压力下设立了国会（"巴力门" Parliament）。国会分上下两院，上议院的议员都是大地主贵族及朝廷大臣，下议院则是由市民、中小贵族和一部分农民代表组成的。下议院有决定各种赋税法制及通过征税案之权，所以它的权力和作用，比上议院大得多。从 16 世纪以来，市民的议员在国会中便逐渐占有决定的地位。他们是代表全国纳税人（主要是工商业者）的利益，从而国会便成为市民阶层与国王所代表的封建统治阶级政治斗争的主要场所。国王要横征暴敛，代表纳税人利益的议员，自然要强烈反对；这就造成国王不断解散国会不断重组国会的斗争事件。

查理一世（Charles Ⅰ）是一位有名的横征暴敛的专制魔王，在被统治的人民遭受到残酷的剥削压抑下，便激起了人民武装行动的革命。经过相当时期的武装革命斗争，终于在新兴市民资产阶级代表人克伦威尔（Cromwell）的军事领导下，于 1645 年第一次获得了空前大胜，打垮了反革命的王党军队，后来并活捉了查理一世，封建国王统治政权被推翻了，而以克伦威尔为首领建立了共和政体，查理一世被判处死刑而送上断头台，"君权神授"说的实践者和发扬者，便是这样下场的。由此，英国新兴市民资产阶级便掌握了政权。

克氏死后，斯图亚特朝（Stuart）虽然复辟，查理第二再做了皇帝，而它的权力却受到了限制；1679 年《人身保护法案》（Habeas Corpus，有的译为《出庭状议案》）在国会的通过，对民权的保障确有很大的历史意义。但詹姆士第二（James Ⅱ）即位后，又企图恢复专制主义，结果没有实现，终被代表工商资产阶级的辉革党（Whig，即日后的自由党）和代表大地主贵族的托利党（Tory，即日后的保守党）相互妥协下，把威廉（William）亲王从荷兰接了回来，赶走詹姆士第二，这就是英国史上的"荣誉革命"（Glorious Revolution）。威廉登基后，国会便提出了《权利法案》（Bill of Right），由新国王批准。根据这法案，国王权力大受限制，国会的权力提高到足以保护资产阶级的利益和支配政府的政策。自此以后，代表工商阶级的自由党和代表大地主贵族的保守党（后来变为主要代表大资产阶级特别是金融资本家的政党）更迭掌握政权，资产阶级在政治上彻底胜利了。

英国新兴资产阶级在政治上击倒了封建势力，自然也是由于封建政治势力所依存的封建经济基础的溃解作前提条件的。但新兴资产阶级掌握政权之后所采取的许多立法措施，加速了封建残余势力的溃解，而扶植了自己集团经济利益的扩展，实为不可抹杀的事实。1650 年克伦威尔派军征服苏格兰的反抗之后，即统一了全国。1651 年颁布的《航海法》，以国家全力推进海外扩展事业，这对于英国商业资本在海外原始累积，是有力的扶植。1653 年召集的新国会，也通过了好些有价值的法案，如取消什一税，削减了封建的剥削；禁止地主保留三分之一以上的不耕种土地，一切空地都须供给农民耕作，这样大大地扩拓了农业上的耕地，增加了农产品，原料粮价格的降低，对于英国工业的发育，大有助益。

由于上述社会诸条件充分的提供，英国的产业资本，便昂首向前寻找扩展的方术了，这方术便是技术条件的改进。英国的发明家，便是在这种社会背景下造就了他们的天才，一连串的发明便出现了。这些发明是适应当时英国产业部门要求的。棉织业是当时英国一种新兴的企业，它不独没有受到残余行会制度的束缚与政府的限制，而且又比较集中，便于应用新式机具。加之原料供给又较先发展起来的丝织业和毛织业更为充足而便利，成本低，销路又好，故未几即将丝织品与毛织品的市场夺取过来，获利亦较丰。但由于印度殖民地输入的棉织品成为当时英国本土棉织品的一大劲敌，棉织品企业家为充实自己竞争力与适应市场扩大了的要求，不能不积极设法改进技术条件，提高生产力，扩大生产规模，从而产业革命在生产部门的变革猛进，便首先由这个部门发轫。

1730 年，韦亚特（Wyatt）首先发明了"转轴纺纱机"（roller spinning），应用这种机具，即使妇女儿童亦能生产更多量的棉纱。这一技术的改进，又迫诱织布工具的改进。否则织布部门不能配合，尽管纱大量增加了，仍不能达成大量生产棉布的目的。终于 1738 年约翰·开（John Kay）发明了"飞梭"（flying shuttle），使用这种"飞梭"，生产力也可提高两倍，且能使布的阔度增宽。他的儿子罗伯特·开（Robert Kay）更将"飞梭"进而改良，发明上下自动的"抒箱"（drop-box），从而织布速度与产量大大增加。这一来，又引起纺纱锤改进的迫切需要；否则纱多而不能迅速地提供到织布机上去织，则仍将限制织布机可能发挥的生产力。1764 年织匠哈格里夫斯（J. Hargreaves）便发明了"珍妮纺锤机"（Jenny 是他妻名，据传哈氏一天归家，不小心一脚把妻子正在纺纱的车撞翻在地上，仍能继续旋转，他因此获得启示，用一条纽带的帮助以一个纺车运动多个纺锤，最初模型机可容 8 个锤，到他死前已增加到 80 个）。但"珍妮机"纺出来的纱，质地不佳，且不耐用，亦不美观。1768 年，由一位理发匠亚克莱特（R. Arkwright）就韦亚特的转轴机加以改良而发明了"水力纺纱机"（water frame），但仍美中不足，只能纺粗纱。至 1779 年，又由克勒普东（Crampton）发明了"综合精纺机"。这机是综合"珍妮机"与"水力机"的优点而成，好像驴马合交生的骡一样，故名"骡机"（spinning mule）。这机能以最高速度生产粗细两种纱。

但纺纱机突进，织机又落了后，形成不平衡发展。1785 年，终有卡特莱脱（E. Cartwright）的"力织机"（power loom）发明。随着又有约翰生（Johnson）完成制造精巧布匹的自动机。至此，一个织工可产四十倍于前的棉布。然而织纺等机虽已配合改进了，但动力是依赖水风等自然力和畜力。畜力有限，不够充分提供机械所需要的动力，水风自然力又受地理和气候所限制，不便经常充分使用，故动力的改进成为迫切要求。这便引起了瓦特（Watt）蒸汽机的发明。

瓦特于 1765 年改良留孔门（Thomas Newcomen）的蒸汽抽水机，发明了"单动汽机"，并继续改良，终于 1781 年制成了"复动汽机"，正式完备的蒸汽机才产生出来。从 1784 年以后，各纺织厂都相继采用。动力供给的问题也解决了。

1793 年，美人辉特尼（Eli Whitney）又发明了"轧棉机"（cotton gin）。这发明非常重要，如果没有这种"轧棉机"大量地轧棉（每个工人用此机产量较前增加百五十倍），则前述各纺织机器都会受限制而不能充分发挥生产力。所以这发明是把轻工业的纺织业全部机器体系完成了。随后还有荷鲁克斯（Horrocks）"调整机"和"画眉机"以及罗伯特（Robert）"自动综合机""旋转纺纱机"等相继发明。故到 19 世纪初叶，英国纺织业完成了空前大变革。这些新式机器随即扩展到丝、毛、麻织业等部门，以轻工业为重心的英国第一期产业革命，即告完成。

由于轻工业的激进发展，以钢铁业为主的重工业，必然要随之发展起来。因为轻工业本身不能制造大量钢铁机器，所以它所需要的机器工具必须重工业部门供给。加之商品经济日益发展，交通运输工具急需改进，这些都得以钢铁工业之发展为条件。

早在 1735 年，达比（Darby）曾有煤熔铁的发明，生铁产量是增大了，但熟铁却不能大量锻炼。1769 年，瓦特改良了留孔门的引擎，使烧木炭的熔炉增大了熟铁的产量，但仍不够需要程度。直到 1783 年，科特（Cort）发明以生煤混合氧气的熔铁法，熟铁产量才大大增加。在此期间，并有翰齿曼（Huntsman）精炼钢法的发明，以及安全灯和蒸汽机的普遍应用，使钢铁业获得更大的发展。至 19 世纪中叶，贝塞麦（Bessemer）等更进而发明各种最新的炼钢法，钢铁工业更惊人地发展起来。这种钢铁工业的发展，交通工具的发明，不仅有了便利条件，而且有着更需要的条件。在特尔福（Telfourd）等建筑路床技术改进的先导下，1814 年即发明了火车头，铁道交通工具在 19 世纪 30 年代即在英国出现。水上交通工具亦由美人富尔敦（Fulton）把英人菲赤（J. Fitch）1790 年首先发明的汽船加以改进，终于 1807 年完成了汽船制造，而使水上交通运输发生巨大变革。故至 19 世纪 50 年代以重工业为重心的英国第二期产业革命，亦宣告完成。

在上述的英国工业急剧地突飞发展过程中，农业部门亦起着大的变革。自

16世纪所展开的圈地运动，到18世纪中叶以后，进行得更为大规模而积极。厂地的耕作法差不多完全废除，19世纪初，科学的排水法，人工施肥法，以及机器耕作，都相续普遍采用。虽自1776年以后，由国外输入的农产物逐年增加，但那不能看作英国农业没有配合工业现代化起来，只是英国农地在三岛之上面积有限，且其生产在收获递减法则局限之下，不可能像工业部门那样累进地投资，累进地扩大农业生产，从而粮食原料不够工业部门急速发展上的需要，不能不由国外大量输入。同时，从许多事实也反映出农业资本家生产方法的扩展，圈地运动所圈划的土地，不仅是把封建土地占有关系破坏了；而且无论所圈划的土地是作为牧场抑或是作为农场，都是大量的单纯的为交换的农业商品生产经营。

1815年所通过的《谷物条例》（Corn Law），是资本主义社会的地主为提高地租而订立的，并不是封建性的地主占有下的土地关系要求提高封建纳所造成。关于这点，我们从大经济学家里嘉图（D. Ricardo）所阐明的地租法则，即可明白。里嘉图强烈地攻击《谷物条例》也正反映他那代表资产阶级利益说话的身份。这条例终为"反谷物条例同盟"（Anti-Corn Law League）的斗争所打倒，而于1846年废止了。

此后英国的国际贸易，差不多全为亚当·斯密（Adam Smith）的自由放任经济学理论所指导。而在金融业方面，同样配合发展起来了。有名的英格兰银行早在19世纪中叶以前即成为英国资本家经营货币资本的国内外总机构。所以到19世纪中，英国不单是完成了极典型的产业革命，而且由此首先跳上"资本主义王国"的宝座。这不用说是内外有利条件造就了她的地位。其他后起的资本主义国家在产业革命这社会的大变革上，就没有像她这样顺利，这样典型。但也无一不是把自己的旧社会体制变革过来达成的。旧社会因素清除愈未彻底，产业革命也愈不顺利，愈招致或造成更多的祸患。此中原因，下面我们进而分析就可明白。

二、法、德、日、俄、美等国是怎样完成产业革命的

继英国之后而首先走上产业革命的国家，是欧洲大陆的法国。她虽较英国落后约半个世纪，但却跑在其他国家之先，而居于产业革命时间进程上的第二名。

一提到近代的法国，很易使人立刻想起1789年7月巴黎成千成万的群众攻破监禁政治犯的巴士底（Bastille）那壮烈伟大的革命巨涛，和路易十六那位专制魔王死在断头台上那一桩极富有历史意义的悲剧。也许由于法国近代史上这种社会变革表现在政治斗争事态上特别显著的缘故吧，致使她的产业革命隐蔽而不大被史家作专门记叙；加之法国产业部门之发展变革，又是移植了英国的

技术条件，这就愈显得法国的产业革命好像没有自发地表现出来似的。也无怪只着眼于表象的史家，没有把产业革命当作法国社会必然自发的事件来理解。

然而我们从科学的历史观的视野去考察，法国由封建社会转入现代资本主义社会的发展过程诸具体史实，那你就会明白法国产业革命其所以落后于英国，是有其自身历史社会的缘由所在。

研究过中世纪欧洲史的人都会知道：法国不独是中世纪法兰克（Frank）王国封建版图中的直裔地盘和"神圣同盟"（Holy League）的出生地，而且是整个中世纪欧洲大陆各大规模战争厮杀的中枢，加之封建贵族腐化奢侈生活又为欧洲之冠，巴黎皇宫之绮丽豪华场面至今犹令人目眩，就是一种很鲜明的标志。在这样历史环境下的法国，它内在社会生产力之发展与原始蓄积进行，自然是受到了迟缓的影响，从而封建制度的解体也落后于英国。在 1789 年大革命前，法国的农奴制度虽已逐渐解体，资本家生产方法也有萌芽；但直到大革命前夜，农奴仍是构成法国农村人口的重要成分，封建的寄生阶层还是强烈地支配着居于生产手段中主要地位的土地，有 1/5 属于国王，2/5 以上属于教会与贵族，占着人口 80% 以上的广大农民所占有的土地是非常少的。封建统治阶层所占有的广大土地，并不像英国发生过圈地运动开辟大面积经营，都是划分得很细块的给农民耕作，地租之高那是不在话下。国王僧侣贵族为着不断扩大其奢侈的腐败生活，不仅把自己占有的土地作为直接剥削广大生产群众的工具，而且还用其封建特权，实行种种超经济的剥削，使广大的农民层经常陷入饥饿与死亡的边缘。

在这种生存的严重威胁下，成千成万的农民群众，也就经常起来反抗暴动，造成农民革命在法国历史上很大的篇页；而新兴的市民阶层所受到的苛捐杂税之剥削压抑，也不亚于农民，使其经济利益无由获得抬头的机会。虽然自17 世纪 70 年代以来，法国的新兴市民资产阶级与封建制度，在某些方面取得暂时的妥协（各商业资本侵入农村，封建地主的土地出卖或抵押于新兴资产阶级），但两种力量之间的矛盾是无法调和的。因为在旧制度胚壳中勃兴着的资本主义生产，到底是不能与包围在外的封建势力相容。封建的经济制度与政治制度，像铁钳似的扼压着，使资本主义的工商业无由发展，增大了新兴资产阶级的负担，于是新兴的富裕市民群，对旧制度便强烈地要求推翻，以新兴资产阶级作领导，而联合农工群众反封建统治争民主自由的革命洪流，终于 1789年澎湃地掀起了万丈浪涛，把法国的封建社会诸般因素，连根拔洗了。

大革命的巨浪虽然把法国旧社会制度清洗了，新兴资产阶级取得了政权，但法国的新兴产业并没有立刻发展起来。这原因固然很多，而主要的我们却不难指出：在大革命内战中所造成的破坏所消耗的原始蓄积是相当巨大的，革命胜利果实，全被资产阶级所吞食，他们把从封建国王贵族教会所没收得的土地财产占为己有，并且把土地很零碎地划分出卖于农民。这虽然增大了新兴资产阶级原始累积的资本条件，但却妨碍了大规模农业发展与市场购买力，和提供工业部门活劳动力的限制。在拿破仑崛起的期间，虽然也使法国获得了不少的掠夺侵占财产，但拿破仑的失败（1815 年），不独掠夺侵占财产都丧失了，而且还折了老本，赔了不少款；殖民地和市场，也被英国占去了；直到复古王朝（1815—1830 年），法国的产业才蓬勃地发展起来。

在复古王朝期间，法国产业迅速发展起来，一方面固然由于法国社会已趋安定，大陆封锁解禁（1825 年）；英国技术获得输入，给予助力；但大革命对旧社会因素的彻底清除，仍为最重要的基本原因。否则，短短三十年，且在战争不断消磨之下才告安定，也不可能立即使产业获得迅速发展的机会，这是值得认清的。

1830 年七月革命，在法国政治上虽无多大变革，但对于法国产业发展上，却获得了较大的推进。因为路易·斐利浦（Louis Philippe）是在金融工商业资产阶级的拥戴下而登基的（他自己也是个金融资本家），故他的统治等于金融工商业资本家的统治，也可以说是资产阶级在政治上进一步的胜利。在他统治的十八年间，法国产业更飞跃地发展了，至 19 世纪 80 年代，法国产业革命也就大功告成了。

其次，我们来看德国的产业革命吧。

当英国行将完成第二期产业革命，法国亦已踏上产业革命历史行程的 19 世纪初叶，德国还是完全处于封建旧壳里的一个四分五裂的国家。造成德国的落后与散漫是有许多的历史原因：汉撒同盟的崩溃，国内战争与宗教战争的频繁，封建诸侯的跋扈，以及政治经济的割裂，都是妨碍了德意志走向经济繁荣与政治统一的重要原因。维也纳会议（1803 年）以后德意志诸小邦虽然合并了形成三十六个较大的邦国之德意志联邦，但距形成中央集权的民族统一国家还是很远。联邦组织本身就非常脆弱，不能行使多大权力，干涉各邦内政。联邦的结合极为勉强而松懈。而在拿破仑铁骑占领的影响下，虽然也把德意志诸邦的封建体制大大震撼而动摇了，并由此而引起自上而下几次农奴解放的措施（从 1807 年到 1825 年共有四次有关于农奴解放的法令颁布），从而使资本主义经济幼芽在封建的罅隙里获得一些成长的机会。但是那些措施，极不彻底。农奴身份解放，在赎身金的压榨下，经济生活并未获得改善，农奴只是变为身份较自由的债农而已。所以德国已萌芽的资本主义经济，仍无法获得较良好的发展机会。加之拿破仑垮台之后，大陆封锁解禁了，英国的商品像潮水般地流涌进来，使德国新兴产业的幼芽，不独受内在封建因素的束缚，而且还遭外来力量的绞杀。这使德国新兴资产阶级陷入了极端困厄的苦境。有名经济学家李士特（List）内倡统一、外倡保护关税的大声疾呼，就是很鲜明的反映。

李士特的呼喊，总算没有白费气力。1834 年以普鲁士为首而组成的关税同盟，得以成立。这对于德国近代历史确是具有一种划时代的意义。它虽然还没有把德意志各邦形成一个强有力的中央集权的民族统一国家，但各邦间关税壁垒的撤除和对外所采取的保护政策，对于产业资本的发育滋长却是一种颇为有利的条件。所以从 19 世纪 40 年代起，德国的资本主义经济便以较大的成长速度向前发展起来。有的史家把 1834 年的关税同盟看作是德国近代史的里程碑，也不无理由和根据。

然而德国的产业资本在上述的条件下，虽获得一点发展机会，但并没有摆脱封建因素的束缚；因为前述各种变革措施，并未把德国的封建社会体制彻底摧毁。各邦的政权仍为封建贵族地主所把持，广大的农民仍在封建势力压抑下翻不过身来，新兴资产阶级自己仍未取得政权的支配地位而无法伸展其经济利益。这就造成了 1848 年革命的由来。

但是，这次革命，虽然是由新兴资产阶级所领导，而劳动大众在革命中的行动却非常有组织，英勇地到处袭击封建贵族地主阶级。也正因为劳动阶级在行动上表现了这种英勇的战斗精神，革命一开始就把领导的资产阶级吓软了。他们怕劳动阶级占取优势，将不利于资产阶级的地位，于是在革命行动上软化了而采取妥协政策。同时，封建贵族地主阶级，他们也深受法国大革命流血恐怖教训。所以当革命爆发之后，很快就采取了狡猾的让步。在资产阶级的妥协与封建统治者的让步下，便于五月间在法兰克福（Frankfort）召开全德国民大会。这大会不用说是自由资产阶级操纵的，它并没有宣布自己为代表人民意志的立法机关。国家的最高权力依然是操控于代表国王的联邦公会。后来国民大会编订了全德意志宪法，决定以普鲁士国王为德国世袭皇帝，但这宪法事实上没有发生什么效力。国民大会空忙了一阵就烟消云散了。所以这次革命被科学社会主义创立人称为"未完成的资产阶级革命"。反动势力并没有被击溃，封建的专制政权依然存在，贵族地主的特权，依然保留。广大农民并没有完全摆脱封建的束缚。全德意志在政治经济上尚未完成统一，只是部分地割除了封建义务和行会制度的势力。德国资本主义经过这次革命的涤荡，虽然获得了进一步的发展机会，但究由于封建残余因素遗留过多而无法正常顺利的发展，以致造成德国走上反动的军国主义途径。因为国内人民在残余封建势力压抑下而无法改善生活，商品生产所需要的市场购买力条件就非常狭隘，而国外市场又早为先进国所占据，这就迫使了德国产业资本家把资本投向军需工业的发展，借武力向外冲，来掠夺殖民地资源，以补充其先天不足的原始蓄积。这企图在 19

世纪 80 年代果然如愿以偿：1871 年普法之战德国胜利了，它不独由此而实现了全国统一，而且还得到了法国大量的割地（亚尔萨斯和洛林）和赔款。这对于德国产业革命在 19 世纪 90 年代完成，是一个很重要的促成因素。但在封建因素极浓厚的社会基础上靠战争起家，必然又会把战争当作主要手段来遂行其扩展。德国首先走上帝国主义而发动第一次世界大战，这与德国产业革命未能正常发展是有极密切的关系，也是值得我们认清的。

与德国产业革命那种不正常的发展极相近似的是日俄两国，也都是在封建因素未彻底扫除的社会基础上来进行资本主义化的产业革命。为着说明上的便利，我们先谈日本的产业革命。

近代日本史上在外表显现着很大的变革，是 1868 年的明治维新。有许多史家都把它看作是日本近代史上的出发点。其实明治维新只是藩阀分权割据的领主封建转变为中央集权的官僚封建，并不是新兴资产阶级的革命。因为这次"政变"在各主要的部分中都没有新兴资产阶级与农工群众参加，领导变革的主体是萨、长、土肥等强藩；在离藩"志士"的指导下，获得了豪商豪农的赞助，把政权归还于封建国王，实现了封建统一局面。所以明治维新政府中，新兴资产阶级并未获得任何政治权力。从而在明治维新时代所实现的各种改革中，资产阶级的改革并没有能占据支配地位；封建性的领有形式仍然保存，诸侯与农民间的"五公五民"以至于"八公二民"的贡租，都仍然原样地由新政府所继承。所以明治维新根本还不能与 1848 年德国革命同等看待。只是封建政治上的"维新"，而不是资产阶级的革命。

但这并不是说明治维新对于日本社会经济毫无影响。因为这种政变把各藩阀封建割据的场面结束了，实现了全国统一；这对于商品经济的活动发展，自然较以前藩阀割据时代为有利。加之列强外来商品势力的侵凌，使日本封建的官僚统治阶层不能不急谋自己国家产业的发展以资抵抗。于是明治政府便利用上述那些封建性的贡纳，一方面给养各级封建官僚，一方面则用以培植新式产业，作为补助国内原始蓄积之不足。为着打开一条产业发展的路，对于封建的农村土地占有关系，不能不加以人为的某种程度的改革，从而便有明治五年到八年，有关土地改革的几次措施。明治五年（1871 年）二月解除买卖土地的禁令，明治六年颁布"地租改正"，即将国赋以土地为对象而征收，并令以货币代实物缴纳；明治八年五月又解除限田法，准许土地自由分割、兼并、抵押、租佃。这些措施虽然没有把农村的封建剥削完全铲除，但农民的人格身份自由了，并由这种解放促成土地迅速集中，许多农民失去了土地耕作机会，而变为低廉的工资劳动者，提供了原始蓄积人的条件。而"地租改正"不独用人为的措施把大量的农产物变为商品（因为任何农民缴纳国赋都得把农产物出卖变为货币），有利于资本家生产方法的发展；而且政府国库收入大为增加，可用此种收入来兴办或奖励津贴新式企业。日本官营企业从此大量出现了。日本现代式的企业可说是从此开步向前走。

但究由于一切改革措施，没有把封建剥削完全撤除，人民生活无法获得改善。这就造成了日本一走上现代化，即遭遇着国内市场购买力极端低弱的矛盾。正由于在封建因素大量残留的社会基础上来进行产业化而缺乏了国内市场的扩展条件，国外各落后国市场又早被先进国所夺占，这就迫使日本产业像德国一样，不能不走向军需工业发展途径。军需品生产固然不像一般商品那样生产周转需要通过市场的商品买卖来扩大生产，但却需要通过战场来消费它，并且还要借战场的胜利，掠得国外市场和原料，在资本制的生产上才有实际意义。这就造成日本和德国一样，在产业革命展开后，没有经过自由竞争的资本主义商品经济的发展过程，而立即跳上帝国主义阶段：靠对内压低国民生活水准，对外发动侵略战争，掠夺殖民地原料和市场，来补充其先天不足的原始蓄积。甲午之战（1894—1895 年）与日俄之战（1904—1905 年），竟如愿以偿。这两次战争的胜利，使日本完成了产业革命，同时也就扩展了日本帝国主义的实力，日本成为远东法西斯侵略主义的温床。只有从日本在封建残余因素极浓厚的社会基础上进行产业革命这事实去考察，我们才能明白其必然的由来。

现在我们再看俄国产业革命吧。

一提到近代俄国的产业发展史，很容易使人联想起彼得大帝（Peter the Great）这位俄罗斯的欧化先导者。说来真是有趣，以一位身为封建君主的皇帝，为了国防与军备而谋求俄国产业的发展，他曾于 1691 年亲赴西欧先进国工厂里学习各种进步的制作技术，回国时还聘请一批熟练的技术人员和购置不少较进步的工厂设备弄回俄国来着手创办了好些制造工厂。但当时俄国还全是农奴制度所支配的社会，农民占全国人口最大比重，他们被土地所束缚而毫无自由，以致工厂里所需要的劳动力大感不够使用。为了克服这种困难，首先是将逃亡的农奴、流浪者以及乞丐等无业流民编成队伍，投入工厂；但仍不足应用，于是便有 1721 年有名的"彼得饬令"的颁布，把农奴用鞭子驱进工厂，并准许农奴可以自由买卖。这样，封建贵族地主也大量买入农奴兴办工厂制造业。同时，彼得大帝还想出一套吃人的新花样，那就是有名的"人头税"的课征。这一来，不独广大生产阶级的农奴男女老少要缴纳苛重的捐税，就是流氓乞丐、寺院的仆役和家内奴隶，也通通变为课税的主体。广大人民的生活，完全陷入了非人生活的黑暗地狱。致使俄国的农奴生活，并不比古代希腊罗马的奴隶生活优越。这样来促进工业发展，不独未能实现理想中的企愿，而且导致了层出不穷接二连三的农奴暴动。尽管每次农奴暴动都被用杀的政策戡平了，然而社会经济基础，却愈弄愈衰萎了。克里米亚战争（1854—1856 年）的惨败，便把俄国这种农奴制度的弊端暴露无遗。于是农奴解放便成为俄国社会经济能否向前推进的契机，1861 年所颁布的农奴解放令，便是在这种社会背景下促成的。

由上而下的农奴解放措施，在表面上看来，好像是相当合理；不独给予农奴以自由民的地位，并且还分与一部分土地。然而实际上只是把农民由农奴身份改变为债奴身份而已，因为农民获得的土地要支付赔偿金或土地收买金给地主。不然，土地仍不能成为自己所有物。在未支付收买金之前，仍需为地主服徭役、纳年贡，虽然在农民不能支付收买金时政府代为付与地主，由农民分作五十年按年分还国家，但付与政府代还的地价比市价为高。各农民户口被编成农村公社的"密尔"（mir），同"密尔"各社员，在支付地价上负有连带的责任，即由公社全体农民共同负债。这样，任何农民不得随意离开公社的组织，"密尔"成为农民缴纳租税与土地收买金的集体负责单位。所以这样的"解放"，完全是农奴制度的再版。广大农民仍然在封建残余的压抑下翻不过身来。

但这种"解放"措施，并不是说没有对俄国资本主义经济发展起着影响。谁也不能否认，自 1861 年以后俄国资本主义获得了较大的但却是不正常的发展。因为在解放后农民变为债农，这就给商业高利贷资本以有利的剥削机会。而不少农民在多重剥削下，无法在那块分与的地上生存，宁愿抛弃那片土地逃出"密尔"，以廉价出卖劳力，转为工资劳动者。另一方面，贵族地主由土地出卖所获得的大量地价资金，纷纷向企业投资，尤以交通机构的铁路建筑投资为多。19 世纪 80 年代，俄国交通建筑迅速展开了，它反转对于其他企业的发展，自然是一大刺激。加之俄国政府还大量地向外国借款用来转贷与各企业经营者，并且采取保护关税政策以扶植国内产业，所以到 19 世纪 90 年代，俄国的产业资本已大致确立。但由于是在半封建的社会基础上来进行产业革命，既无大量殖民地，又缺乏国内市场条件，因此必然要同德国日本一样偏重于军需工业发展，靠战争向外掠夺市场和原料。1905 年的日俄之战，便是俄国西向扩展不易，而转向远东扩展时碰上了同类型的日本；两只饿虎狭路相遇，必然要互相咬斗一场。可见在封建残余的社会基础上来进行产业革命，也就不可避免地要很快走向侵略主义的途径。

最后，我们还要把新大陆的美国产业革命加以介述。她的产业革命所具有的具体历史条件，与德、日、俄等国固然不同，而与英、法两国亦有差殊，可说是一个比较特殊的类型。

大家都知道自 15 世纪末叶哥伦布（Columbus）发现美洲这块新大陆之后，原来尚处于原始社会中期的土著民族，便逐渐为白种人殖民者所征服，而变成欧洲白种人逃亡客与宗教被压迫者的新天地。由于这块新的天地自然经济条件的富足，由欧洲跑去的开垦殖民者，很快就成为新富翁。这又大大地引诱了欧洲人士大量地移居过去，尤以英伦三岛在政治宗教上被压迫前往者最多。自17世纪英国在北美殖民政策获胜之后，到18世纪中叶，北美东岸一带地方便建成十三州的殖民地，成为英国海外殖民地中最肥沃的地盘。当英国产业革命展开之后，它已成为英国产业发展上原料供给的主要地域之一。在英国殖民政策统治下的美国人民，无论是豪农地主，抑或是工商业资本家，他们的利益都受到极大的压抑，从而争取独立解放，便成为他们的迫切要求，由是而激起了独立战争。1776年大陆会议发表了有名的《独立宣言》，宣称一切人类生来平等，人民有推翻暴虐政府重新组织代表民意的政府之权，随即宣告脱离英国而独立，组成北美十三州的"合众国"（The United States of America），独立战争亦随之爆发。

在极复杂的国际环境和美国争取独立解放的人民英勇斗争下，经过了数年的战斗，终于1783年获得了最后胜利，英国承认北美合众国完全独立。这胜利不单是美国脱离了殖民地的地位，而且在经济上展开了新的活跃姿态。"保护关税政策"的实施与"西渐运动"的扩拓，使美国的产业尤其是北部诸州的产业获得了长足的发展。但这一来，又引起了内在矛盾的日益尖锐。这种矛盾，虽然不像其他国家，基于传统封建因素所造成，但却是美洲式的奴隶制度与其新兴的工商业资本发生在地域上不能调和的矛盾所使然。

因为美国南部各地的豪农地主，其经济利益，是建筑在使用黑奴大量种植原料（尤其是棉花）的生产基础上。当时南部原料生产的劳动力，是靠从海外买进欧洲人在非洲逮捕的黑人，当作奴隶来使用。而生产出来的原料，反以贩卖给英国为主要贸易对象。从而南部的豪农地主在经济利益上不独要维持自由贸易，反对保护关税，而且要继续保留和扩大奴隶制度。但在北部工商业资本家的利益要求恰恰相反；他们为着较幼弱的新式工业顺利发展，不独需要采取保护关税政策，而且需要废除奴隶劳动制度。因为使用奴隶，于资本家工业生产上是不利的，它是需要自由的工资劳动者，美国在当时又是缺乏活劳动力的国家；自西渐运动扩展开后（即大量向西部太平洋沿岸各州移民垦殖），使东北部各州劳动力更感缺乏，外来的劳动力，又被南部奴隶制度束缚在土地上，由是而造成工资腾贵，大不利于北部工业的发展，因此而酿成了1861年至1865年的南北战争。

经过四年战争，北部胜利了，林肯的黑奴解放运动成了功，美国的资本主义得到确立和飞跃发展的机会。由于她的自然条件的丰厚和电力石油动力的首先应用，使美国的产业革命更能以惊人的速度和巨大规模迅速发展和完成。到

19 世纪末，便一跃而为世界第一位的工业国，使其他先进国瞠乎其后。

从上面各国产业革命经历过程的检讨，我们已可明白：任何一个国家没有一定的社会条件相配合，产业发展是不可能的。社会条件是靠把旧社会体制彻底变革才能提制出来的；没有哪一个国家在封建的旧社会基础上，顺利地完成了产业革命，使资本主义经济体制正常地发展起来。各国资本主义经济发展的不平衡，不独与各国走上产业革命的时间先后有关，而且与各国封建因素在产业革命过程中是否彻底清除有关。因此，我们要了解产业革命生长起来的资本主义经济带给了人类怎样的后果，不单要从资本主义制度本身结构去考察，而且还要从各国资本主义体制中所遗存的旧社会因素成分所引起的作用去剖析，才能明白近数十年来国际上诸般大事态的由来。

三、各先进国产业革命造成了怎样的后果

产业革命带来了怎样的后果？这使人首先最易察觉到的，便是一般人满口赞美的所谓"现代物质文明"。不错，现代高度的物质文明，确是产业革命最大的光辉成果，因为它把劳动工具和生产技术大大地改进了，使劳动生产飞跃地扩大，自然力代替了人力作为生产的原动力，解放了人类的劳动生产不致受到他的天然器官的限制；自然限制人类和束缚人类的桎梏，在机械使用下被摧毁了，大大地提高了人类控制自然和改变自然的权能。以前人类想飞上天空、潜入海底、呼风唤雨、千里眼、顺风耳，只是神话小说中的臆说假想，事实上是办不到的。现在有了飞机、轮船、火车、潜水艇、无线电、收音机、望远镜，以及各种自然科学的知识尽量应用，使以前的神话假说，现在都成为活生生的事实。钢骨水泥的摩天洋楼，风驰电掣的各种车辆，绮丽繁华、五花八门的装饰排场，真是美不胜收，使人目眩眼花。这一切的一切，谁也不能否认它是产业革命带给人类的丰富礼物，使人类从自然的奴役下解放出来，并反转来奴役自然，驾驭自然。这显然是人类对自然打了一个决定性的大胜仗，自然不再是人类的大敌人，而且变为人类的俘虏了。

这胜利也并不是什么上帝所赐予，而是人类自身劳动所达成的奇迹。如果没有直接生产劳动者创造出较多的剩余生产物（即直接生产者维持自己生活必需的生产物之外而有多余的那部分生产物），那不独各种科学文化上的技术发明成为不可能的事，就是偶尔发明了，也不可能应用来创造现代物质文明的奇迹。科学家是不可能不吃饭不穿衣在研究室从事发明工作的；发明了的原理方法或制成的模型，也不可能用魔术变化成各种生产实际应用的大规模工具。机器不是天上掉下来的呀，而是由发明家发明之后，仍需大量直接劳动者去劳动制造出来。这道理是谁也明白的。由机器的扩大应用，和各种生产手段大大的改进，使劳动生产能力比以前能提高数十百千倍。每一个劳动者所创造的剩余

生产物，也成比例地增大了。其他各种社会的事业才能在这种物质条件的基础上大规模地兴办和发展起来，科学文化才能获得长足进步的机会。科学文化大大地进步了，它反转来又促进了人类劳动生产能力更进一步的提高，剩余生产物更巨量的增加。现代的文明，便是在这种物质生产条件的基础上被创造起来的。

然而上面所说的"物质文明"，还只是就产业革命而成长的资本主义社会所表现的光明漂亮的一面，它另外还有着黑暗丑恶的一面；并且这难看的丑恶面，又是随着资本主义经济的发展而日益扩展起来的。更明白地说，劳动生产经过产业革命而创造的现代高度物质文明，只是少数人所享受；最大多数而尤其是这物质文明创造者的劳苦生产大众，不独没有得到应得的享受，反而成为这物质文明下的受罪人和牺牲者！他们创造了绮丽繁华的高度物质生活水准，而自己的物质生活水准反而愈低落了。他们创造了节省劳力的庞大机器，而自己反转来又变为机器下的奴隶。他们创造了装潢精致的洋楼大厦，而自己却是住着破烂龌龊的地窟，甚至在人家屋檐下，避风雨，度黑夜。他们创造了炫目耀眼精致美丽的绫罗绸缎，而自己所穿的，却是褴褛不堪的破烂衣服，甚至赤身露体听任风雨侵袭。他们创造了山珍海味、香气扑鼻、令人垂涎的丰美餐食，而自己却时常陷在饥饿境地，连残羹剩汤的渣滓也不易尝到。他们创造了空前无比的巨量财富，而自己却变成了赤贫如洗的穷光蛋。诚如亨利·乔治（H. George）所说，"财富日增，贫困日深"，确是物质文明所产生的畸形变态。

这种劳动创造与消费享受的极不合理的现象，当然不是命也运也，而是社会制度所使然。前面我们曾说到，在私有财产制度的社会，任何人占有了超过他自己劳力所能使用的生产手段；他不单是当作财富占有着，而且是当作剥削他人的劳动成果来增大自己财富的工具而占有着。从产业革命而成长起来的资本主义社会，生产手段是由资本家阶级所占有，没有或失去了生产手段的人们，只好出卖劳动力来维持自己和家人的生存。由于是为生存而出卖劳力给资本家生产劳作，资本家就有了剥削劳动者所生产的剩余生产物或剩余价值的机会。而且也只有靠这种剥削，他的财富或资本才能扩大地累积起来，他占有着大量的生产手段对他才有意义。如果生产手段占有者的资本家，雇佣大批工人来从事商品生产，工人在生产劳作上所创造的价值在工资形态上全部领了回去，那资本家就毫无所得，从而这种生产经营于他也毫无意义。世界上我们还没有发现过不要利润而经营商品生产的资本家。如果有的话，那他一定是患了神经病，否则，他是不会这样干的。资本家的生产经营是为利润，利润就是劳动者在生产劳作中所创造的剩余价值转化物，也就是从劳动者身上剥削而来的财富。资本主义社会劳资两大阶级的对立冲突，便是这样剥削与被剥削造成的。

一般为资本主义利益辩护的御用学者，硬说资本家不是剥削阶级。那么，资本家惊人巨额的财富从何而来呢？举个实例吧，美国第一号大资本家石油大王洛克菲勒（Rockfeller），据专家估计，如果把他的全部财产铸成中国的银圆，移至于大西洋海岸边，用一个人每秒钟丢一块进海中，从耶稣诞生那一天起到现在还丢不完，其数额之巨可想而知。比洛克菲勒财产略少一点的，在美国还有几十家。这些大资本家并没有三头六臂，也无点石成金的妖魔神通；不是剥削别人，如何能成为这样的大富翁呢？

在资本主义社会，财富日益集中于少数大资本家手里，正是大多数人民日益贫穷形成起来的。这是资本主义经济制度本身发展的必然趋向，也是资本主义社会劳资阶级对立冲突日益激化的必然由来。财富或资本日益集中于少数大资本家手中，是由商品生产经营自由竞争来达成的。商品经营竞争，是靠价廉物美才能发挥其竞争力量，排斥他人的商品，霸占市场，实现更大的利润。要商品价廉物美，必须扩大生产规模，采用更优良更能提高生产力的机器工具，这又只有资本愈雄厚的资本家才能办到。资本愈雄厚，愈能生产价廉物美的商品，愈能发挥强大的竞争力。小资本家既无法为敌，势必在竞争中被淘汰下来，宣告破产，出卖剩余的生产手段给大资本家，自己加入无产者行列。大资本家由此变为更大的资本家，小资本家由此变成更小的资本家，乃至失去资本家的身份地位。资本主义社会阶层的两极分化，劳动者无产阶级的行列日益扩大，就是这样造成的。

在资本主义社会，一切都商品化。资本家用以生产的诸条件都要从市场买入，而生产出来的商品，又要投到市场出卖。劳动者同样也要把自己的劳动力卖出，为别人生产商品；而自己所需要的各种生活物质条件，又要从市场买入。他出卖劳动力所得多少，决定了他能在市场买入多少；如果他在资本家方面所得的工资愈少，他在市场上购买资本家的商品能力也相应地愈小。这就形成了资本家生产方法上一种不可调和的矛盾。因为资本家要获得更多的利润，不仅要减低工资，剥削更多的剩余价值；而且要采用更优良更提高生产力的机器。减低工资是直接削弱劳动阶级在市场购买资本家商品的购买力，而愈是采用优良机器，愈是生产扩大，愈要相对地减少活劳动力，增加失业人数。由此愈促成工资水准下降，市场购买力缩小。这样，资本家愈改良生产条件，愈扩大生产，便愈难卖掉所生产出来的商品。于是形成生产过剩，物价猛跌。资本家生产出来的商品愈过剩，价格愈下跌，他不独无法实现利润，而且无法继续进行再生产，由是而解雇停业。资本主义经济体系中每一个经济活动部门或单位，都是高度有机性地联系着，某一个部门或单位解雇停业，必然要牵累到其他许多部门或单位解雇停业，失业群众就会像潮水般的从各方面涌流而出，泛滥整个社会秩序。资本主义无可避免的经济恐慌，就是这样爆发出来的。从产业革命以来，各资本主义国家，每隔八、九、十年，像恶性疟疾似的经济恐慌风浪，每每依周期性而袭来。一旦恐慌爆发，它使整个资本主义社会陷入僵化瘫痪的白色恐怖境地，而且愈来愈深刻而沉重，物质文明赖以推进的生产技术条件，便受到这种社会制度内在矛盾的阻抑而无法改进了。人类社会的进步，亦由此而陷入停滞。

但上面我们的说明，还只是就各资本主义国家内在矛盾发展，必然要产生贫富悬殊，商品过剩，随着就是恐慌危机、社会停滞等病症。如果仅是这些病症而不造成其他更大的悲剧，或者只限于几个资本主义国家本身，而不影响到全世界的人类，那倒不大要紧。但事实上并不止此，它的病害，不独还要造成每一个资本主义国家内部大冲突、大残杀，而且还要造成整个国际大冲突、大残杀的惨剧，使整个人类不独不能享物质文明之幸福，而且还要受物质文明残酷的屠杀。近半世纪以来，整个人类所遭受的苦难，是铁一般的事实摆在面前。整个资本主义经济体系必然要被它所奴役的广大人民群众所推翻，已成为无可逃避的定局。

商品生产过剩从而招来经济恐慌危机，这不独促成国内劳动阶级革命力量的日益膨胀；而且必然要促成自由资本主义经济转为独占资本主义经济，从而造成向外以武力侵略掠夺的帝国主义和国际侵略与反侵略的战争。因为由资本主义自由竞争内在矛盾而导致的经济恐慌，劳动生产大众的痛苦日益加重。为挣脱此种痛苦，必然要起来展开英勇的革命斗争，打碎资本主义经济体制的枷锁。资产阶级为缓和此种矛盾危机，在资本日益集中的条件下，势必加强其独占组织，在某种场合上限制竞争，实行市场独占控制价格，以求在独占的控制下来确保利润。各种形态的独占组织，以及通过资产阶级自己所掌握的政治权力来推进独占的统治经济，由此出现。但独占并不能消除竞争，并不能把资本主义商品生产的无政府状态和分配不合理而造成的国内市场狭隘性尖锐矛盾加以克服，只是把个别资本家的单独活动竞争，变为集团竞争，把竞争力集中，从事更猛烈更激剧的竞争而已。从而内在的矛盾及其所造成的诸病症危机，亦即商品过剩，失业日增，更深刻而广泛的恐慌诸危机，仍无法避免，反而愈趋恶化。这样，向外扩拓掠夺殖民地原料和市场，便成为各资本主义国家缓和内在危机以求避免加速崩溃的唯一途径。

这种向外侵略掠夺的帝国主义行为，表现得最积极最疯狂，而且在整个国际资本主义国家阵营中首先起来张牙舞爪的，是那些产业革命发展得不顺利不正常的国家。因为那些国家在产业革命过程中，没有彻底扫除其封建残余，各种封建性的剥削处处存在，使国内广大人民的生活无法获得改善的机会，从而它的国内市场条件也愈狭隘，愈容易使资本主义的矛盾趋于尖锐化，使国内劳动人民革命势力愈容易扩张，阶级斗争也愈易激化。封建因素没有彻底清除，最主要是在土地占有关系方面没有彻底地合理改革过来，使广大农民无法脱离封建残余的压抑。他们的生产条件以及生活条件无法改进，不独使资本家生产出来的商品在国内得不到较大的市场条件，而且使资本家生产所需要的原料在国内得不到充分供给。加之这些国家产业革命，在时程上又落了后。当它们进入资本主义历史阶段，国外的殖民地或半殖民地的原料和市场，又早被先进资本主义国家所攫占；要靠商品倾销去竞争时，不独受先攫占者关税壁垒所阻抑，而且还因为自己技术条件与生产力较为低落，而无法借商品倾销去压倒别人。可能采取的政策，只有从事军需工业的扩展，加强军备，用武力战争去掠夺分割。帝国主义的国际战争，便是这样酿成起来的。

在前面我们已说明到，资本主义几个先进国家中，德、日、俄等国的产业革命都是没有彻底清除封建残余而极不正常发展过来的。因此，这些国家产业革命一完成，甚至还没有全部完成，未经过自由资本主义阶段即进入独占资本主义的帝国主义阶段，首先向外发动侵略战争。这事实，我们如果把近半世纪来的国际情形加以回顾，就非常明白了。

英国是资本主义第一名先进国，它的产业革命虽然经历时程最长，但因为封建因素清除得较为彻底，故其产业革命的发展也极正常而顺利。加之它拥有着海外广大的殖民地，原料市场条件都较优越，所以它借这些优越条件，得以缓和资本主义经济制度内在矛盾的危机，从而它在资本主义发展过程中，只是维护既得利益，而还没有主动地来发动国际分割殖民地的战争。法国经大革命把封建社会残余因素扫除得非常彻底，同时也还有点殖民地，所以它在产业革命完成之后，也还没有迫切要求立即发动侵略战争重分世界殖民地。新大陆上的美国，完全建立在一块新天地上面，没有传统封建因素的制束，自然富源又极丰裕，所以它不独很顺利地完成产业革命，而且成长起来的资本主义体制，在上述优越的自然条件下，具有对内在矛盾发展较大的空隙。所以它经历自由资本主义时程也较长，直到第二次世界大战结束之后，它的帝国主义脸孔和行为，才明确地表现出来。

但德、日、俄等国情形就不同了。

德国自普法战争胜利后，全国统一，且由于吸食战争胜利果实而迅速完成产业革命；但由于1848年革命未彻底清除封建残余因素，致产业愈向前发展一步，内在矛盾也愈激化起来。为缓和此种日益激化之内在矛盾，向外扩张便成首要意图。威廉第二上台而踢开俾斯麦之后，立即疯狂地扩军备战，并喊出"未来的德国在海上"。这把霸占海外的老大英帝国吓慌了。第一次世界大战德国其所以成为发动的祸首，正是有此必然的缘由存在着。

俄国产业革命全是在封建妥协的解消下勉强促成起来的。而在产业革命还未全部完成时，内在的矛盾已促使它早熟地变成了帝国主义。罗曼诺夫政权也和威廉第二政权一样，原想以军事力量达成向外扩展，缓和国内反统治的革命势力之膨胀。向西扩拓的阻力较大，从而决定向东，这就恰碰到了同类型而正向外扩张势力的日本。两只饿虎狭路相碰，免不了要互咬一场。日俄战争就是这样造出来的，结果竟打了一个败仗。向外扩张不独未曾达到目的，反而亏了老本，以致内在矛盾愈益激化。斯托利平的农业改革措施（1907 年），原想在农业方面获得改进，以求国内市场对资本主义发展提供较有利的条件，但措施收效甚微，仍不能缓和内在激化的矛盾。

对内措施未收效果，又只好向外想办法；向东受了挫，只好调转头来向西南想主意。在英国的饵诱下，订结了英俄同盟，共同对付德国，由此成为第一次大战协约国东战场的担当者。不料自己先天太弱，大战进行还不到三年光景，由于统治力量迅速地消减，不独无法继续对德作战，而且无法镇压国内革命势力。终于 1917 年 2 月被劳动大众的革命雄壮力量一举而推翻，结束了沙皇的腐败统治，把俄国推上了人类最光明的崭新历史阶段。劳动阶级的革命在俄国首先成功，正是她那资本主义经济体制在半封建的社会基础上建立起来特别脆弱易被打碎所使然。也就是它的产业革命对旧社会因素未彻底清除，资本主义未正常发展，招致首先夭逝。

日本虽不是第一次世界大战的主动者，并且还发了一大笔战争财，但这并不能缓和日本基于产业革命未正常发展而激化的内在矛盾，以及由这种特别尖锐的矛盾促使它向外的侵略行为。"九一八"的事变，无疑是它内在矛盾的激化促使其向外侵略而酿成的。在中国的战场上，它虽然占领了中国广大的土地，"以战养战"而进行了较长期的战斗，但结果终于倒下了。日本的败倒，与其说是几颗原子弹制伏了，毋宁说是它那资本主义体制先天虚弱；即使掠夺获得大量资源，亦无法迅速消化，不能不败倒下来。而它的同盟者德国，在第一次大战败倒后，被美、英等国再度扶植起来，恢复了它的旧有社会体制，造成纳粹党徒再度发动第二次世界大战，但也终于先行倒下了。

从上面的检讨，我们已可明白：由产业革命而成长起来的资本主义国家，当其走上帝国主义的阶段，侵略屠杀的国际战争是必然要伴随而来。而产业革命对封建因素清除得愈不彻底，其发展也愈不正常的国家，又必然要成为这种战争的首先发动者，同时又必然会先行倒下。

　　但上面我们还只是就在 20 世纪以前完成了产业革命的几个先进资本主义国家本身，及其发展不平衡所造成的国际火并屠杀诸罪恶这一面而言，还没有说到它们对各弱小民族或落后国家剥削蹂躏所造成的影响和后果。这方面，在此篇幅有限，虽然不便从详说明，但有几点却值得特别指出。

　　第一，资本主义国家对落后国的剥削，是把落后国较低度的社会生产力作背景，因此凡足以限制被剥削国社会生产力发展的各种封建因素，剥削国必然要运用各种力量去维护其继续存留，以求适应它的剥削进行和达成目的。其受剥削者，又必然无法改进生产力。

　　第二，当资本主义发展到帝国主义的阶段，它对于控制下的落后国，必然要尽可能使其殖民地化。或者扶植一个落后性质的政权，作为其剥削的工具；这种落后性的政权，也只有依靠帝国主义的扶持，才能获得存在的机会。正因此故，它自然要替帝国主义尽忠服务，以残酷手段压榨本国人民，替帝国主义做输血工作，这便是半殖民地国家的一个鲜明特征。20 世纪以前没有完成产业革命的国家，都无法逃出殖民地或半殖民地化的厄运。

　　第三，正由于殖民地或半殖民地的国家受着内外两重枷锁的束缚，它要完成产业革命，就必须首先打碎这两重枷锁。同时也只有在这两重枷锁压抑下的人民，才能起来以革命力量打碎它。受这两重枷锁压抑的人民，很显然是广大的生产劳动群众以及民族工商业资本家，从而也只有这些阶层才具有反帝反封建的革命性格和革命行动。但民族工商业资本家，他们之所以不能完成资产阶级革命的历史使命，而变为被压迫者，正反映出他们革命的力量非常脆弱，不够负荷这种使命。这就决定了这种反帝反封建的革命，必然要以劳动大众为主干。这不单是由于他们在人口构成上占着最大的比重，而且还由于他们是两重枷锁压抑下最直接最沉重的最大牺牲者，从而也只有他们才会发挥坚强庞大的反帝反封建的革命力量。这事实便决定了殖民地或半殖民地国家产业革命不可能走先进资本主义国家产业革命的旧路。因为劳动生产大众作了革命的主干，革命胜利了，绝不会让自己阶层再沦入被压迫被剥削地位，这道理是非常明显的。第二次世界大战翻身过来的东南欧诸国，在其变革所建立的新社会体制形态，就是最好的证明。如果把这些国家的革命称为新民主主义革命，把其改变过来的社会经济形态称为新民主主义经济，那么，就其社会体制变革过程中新的生产方法扬弃了旧的生产方法这突变的事实来看，我们也可以称之为"新民主主义产业革命"。

　　关于这种新型的产业革命，与封建社会经济体制转变为资本主义经济体制那种旧型的产业革命，在内容实质上有何差异，下一篇叙述中国产业革命时，还有说明的机会。因为我们中国也是半殖民地半封建的国家，要完成产业革命，也只能走这条新途径，创立这种新型的产业革命。

第三章　中国产业革命怎样来完成

一、中国未能完成产业革命一般的看法怎样

中国一直到现在还是一个落后的农业国家，还没有完成产业革命这一历史的使命。这是人所共知的事实，谁也不能否认。

那么，中国何以到现在还不能完成产业革命？又如何才能完成呢？这问题曾有不少所谓"学者""专家"先生们发表过很多的意见。有的认为中国自然环境适宜于农业，不适宜于工业，并以此立论而主张"中国应以农立国"。有的认为中国传统的固有文化，重精神而不重物质，从而认为要完成产业革命，必须把中国人重精神而不重物质的观念思想变更过来，才有可能。有的认为中国以前创办工业，一开始就从军需重工业着手，而不先发展轻工业，违背了产业革命的程序，于是主张完成中国产业革命，必须先发展轻工业，遵循产业革命的程序。有的认为中国缺少机器和技术人才，不够资本，从而认定要完成产业革命，必须到外国去买大批机器，借巨额资本，造就和聘请大批技术人才，才有可能。有的比较略为科学的看法，是认为中国近百年来被先进资本主义国家商品倾销所蹂躏，使中国工业无法发展起来。因此，认定要完成产业革命，必须实行李士特保护关税政策。有的认为中国缺少富于企业心的实业经营人才，从而认为要完成产业革命，必须首先培植大批实业家。其他的意见主张还很多，这里篇幅有限，恕我不便全盘介绍。但从已列举的意见主张，已可反映出"学者""专家"先生们对于这个问题认识的一般了。

上述这种看法和想法，在我们看来，是未免太缺少社会科学的修养根基，从而也就经不起事实的证验。

说中国适宜于农业，从而当作不能工业化的缘由，并由此而主张不需要产业革命达成工业化，就率性以农立国。这种看法和主张，如果不是有意做帝国主义的应声虫，那就是太无常识了。新大陆的美国农业的自然环境比中国还要优越，何以美国能顺利完成产业革命，且成为高度工业化的国家呢？从历史上来看，产业革命已完成的国家，在其产业革命未发生之前，无一不是以农业为主。中国现在还是一个农业国家，那与其说是不能发展工业完成产业革命之原因，毋宁说是未能完成产业革命，工业不发展的结果。老实说，在资本主义经济体系制下的世界，以农业为主的国家，只有充当资本主义国家商品倾销市场和供给原料那种殖民地或半殖民地的资格，根本谈不到"立国"。日本帝国

主义，过去高唱"工业日本，农业中国"的调子，那正是它企图吞并中国的阴谋口号。所以这种看法和主张，不独是谬误的，而且是很危险的。

说中国传统的固有文化重精神而不重物质，从而认定它妨碍了中国产业革命的完成，这也是一种倒果为因的庸俗说法。现在重物质的欧洲人，在产业革命以前的中世纪，他们在基督教统治下，脑子里装满着"上帝""天国"那种玄想幻想的意识；中世纪那种"忍欲苦行"的基督教徒，比中国固有文化思想的主流之儒家学说创始人孔子那种"安贫乐道"的说教，还要重精神得多。老实说，孔子周游列国，与其说是为传布其"道"而讲学游说，毋宁干脆说是为了自己的"肚子"而到处卖嘴巴，否则在陈绝粮也不会着急了。所谓"安贫乐道"也者，不过是讲讲风凉话，与从前社会那些奢侈腐败的寄生虫统治者大倡"节欲"，同是一样的假面具。从科学的视野来看，一种落后的传统思想，固然也会妨碍社会物质的进步；但它的存在，却是把落后的社会物质基础作根底的。如果那种落后的社会物质基础没有改变，生长在它上面的落后文化思想，也不易改变过来。反转来说，要使落后的社会物质基础改变过来了，生长在它上面的落后文化思想，也自然会或急或缓地跟着变更，它束也束缚不住。欧洲中世纪那样重精神的基督教文化思想，到了十四五世纪欧洲封建经济开始溃解时即随之变革，便是很好的证明。如果说重精神轻物质的文化思想，有决定社会物质进步的支配作用的话，那欧洲近代的产业革命就不会发生了。所以这种说法是倒果为因的。老实说，如果中国社会落后的经济基础不予以彻底改变，要想先把生长在这落后社会经济基础上的落后文化思想变更过来，是不易为力的事。

说中国产业革命的受挫，是由于没有遵循"产业革命的程序"所使然，也是机械的呆板看法。产业革命的生产部门和技术改进，在英国固然体现着一种极自然的程序，但在其他继起产业革命的国家，并未都遵循这种程序，但却完成了产业革命。前篇中我们讲过了的德国和日本，就是好的实例。它们不独是轻重工业同时并进，而且还是先着重于重工业的发展。而苏联第一个五年计划，根本全以重工业为发展对象，第二个五年计划才大量发展轻工业，而其发展速度，更使先进国瞠乎其后。可见发展产业的程序，也并不是产业革命成败的决定因素。就中国来说，张之洞、李鸿章等官僚，倡办军需重工业（他们也同时创办不少轻工业），固然失败了，而甲午战争之后以民营轻工业为主的各种努力，也没有获得成功。足见成败关键并不在于是否遵循程序。英国产业革命表现出极自然的程序，那主要是由于它是首先发生产业革命的国家。它没有利用别的国家进步的机器技术之机会，一切靠自己在应用需要下来发明制造。

后进的国家，由于有利用先进国的技术机会，并不一定要遵循英国那种程序才能完成产业革命。事实也早已证明了的。

说中国产业革命的失败，是由于缺乏机器、技术人才与资本，从而认定完成中国产业革命，只有向外国买机器，派留学生去学技术，聘外国工程师或顾问，多多地借外资，才有可能。这种看法，同样是庸俗的，没有看到中国产业革命受挫的主要基本原因，在第一篇中我们已说过了。产业革命中机器固然是担任了重要角色，任何一个国家的产业革命，少不了机器；但是，社会条件如果没有具备，机器不独不易发明改进，即使从外国买进大批机器，也不能充分利用，俄国彼得大帝的欧化故事，就是很好的证明。清朝末年那批倡洋务的高级官僚，也买进不少机器，但结果都生了锈，变成废铁。技术人才，同样需要一定的社会条件才能容许他的技术能力发挥出来，否则是无用武之地。中国近几十年来聘请的洋顾问专家，统计起来，数目相当惊人，他们在外国固然是十足的"专家"；但到中国来，就变成不做事专领数千美金一月的高等"洋食客"。这也怪不得他们不做事，只怪得我们这个社会没有适当的事给他们做，使他们发挥专门技术能力。而中国自身出产的技术专门人才，无论是留学的或是在国内苦学而成的，为数亦不少，然而有几个得到发挥技术特长的机会？许许多多有用的技术人才或专家，消极地埋没了，固然是国家社会难以补偿的重大损失，令人惋惜伤感，而许许多多有一门专长的人，偏偏要干他不专长的事务。这些现象，与其说是"所学非所用"，毋宁说是"乱混乱搞"。其结果，自然免不了搞得一塌糊涂，这在人民心眼中当然会痛恨。我们从学术立场来考察这些事象，自然也要归根于落后的旧社会误尽了他们。从这里又可明白：一个国家有了促进产业革命的技术人才，如果缺乏社会条件，不独技术人才会埋没，甚至还会使那些具有一点某些技术专长能力的人，在旧势力的戏台上，演出危害产业革命的悲剧来。就资本来说，它当然是产业革命不可少的物质条件。一个旧社会体制改变过来了的国家，自己原始蓄积的资本不足，向外国去借，合理使用，自然也可以助长产业发展，完成产业革命；但自己社会旧体制未经变革，从外国借了钱来，不独不会补充产业的资本，而且还会吞食原有的产业资本。这事实在晚近我们这个国家更有力地证明了。近几十年来中国政府所借的外资，统计起来已够惊人。这些外资，不是耗费在内战屠杀人民上面，便是变成了压榨人民摧毁民族工商业的官僚资本，真正用于促进人民生活，改进社会建设事业上的，恐怕还不到千分之一。像这样的外资，哪怕再多借些，也无利于中国产业的发展，而只有加大绞杀。因此，我们认为丢开了社会条件来谈利用外资，无异向外人借刀来宰杀中国人民。

　　至于说关税权的丧失，或者缺少富于企业心的实业家，使中国产业革命不能完成。前一点还多少接近事实真理，后一点就庸俗得不成话。企业家或者说是产业资本家对于产业经营的兴趣，不是天生就有的，而是在一定的社会环境里培养起来的。在一个产业不能发展，常有破产停业威胁袭击的社会，任何人都不会对产业经营感兴趣。事业顺利，有发展，有前途，兴趣才能发生，才能发动经营企业，才能把他造就成"富于企业心"的实业家。如果经营企业利润无保障，甚至亏本破产，就是他有了实业家的地位，他也会立刻兴趣消沉，心灰意冷，很快地改行。假使洛克菲勒和福特之流生在中国的话，我敢断言他们不会高兴经营企业，更无法成为"石油大王""汽车大王"，充其量做个大地主或大官僚而已。所以，与其说有实业家才能完成产业革命，毋宁说能完成产业革命，才能培植实业家。

　　说到关税权的丧失，妨害了中国产业革命的完成，这点我们并不否认。关税权的丧失，的确给中国产业发展以严重的打击，但也并不是决定中国产业革命的主要基本原因。在产业革命早已完成的先进国，就有好些国家在其产业革命揭幕之前，就曾遭受外国商品残酷的蹂躏。比如拿破仑失败后之德国，它的幼弱工业就曾遭受过英国商品潮水般流入的猛烈打击。但未几德国自身社会体制实现了若干改革，内在的抵抗力日益加强，终使外来侵蚀的力量，逐渐消失一些为害的凶性。新大陆的美国在 1776 年前完全是英国的一块殖民地，根本谈不到关税自主；独立之后，自己才取得关税自主权。日本同中国一样，是在外国的炮舰威胁下（1853 年，美国海军提督彼理"Perry"率舰队至日本强迫开放港口通商），而开放国内市场，当时日本所处的地位，并不比鸦片战争（1841 年）时的中国为好，但日本究竟完成了产业革命。

　　在我们看来，五口通商之后，如果中国能很快把旧社会关系予以改革，中国产业革命早已完成了，哪里还会沦入半殖民地的泥坑！我们应明白，一个国家没有自主的关税权，正标志着这国家还没有获得独立的资格，失去了独立地位的国家，根本没有资格完成产业革命。

　　我们要了解中国产业革命迟迟未能完成的原因，必须从中国社会本身结构以及它受到怎样的外来因素影响这两方面去考察，才能明白其根由何在。因为任何一个国家要完成产业革命，必须它自身具有一定的社会条件才能达成。这些社会条件是什么？在前面第一篇中我们已具体地指陈了。中国产业革命所需要的社会条件，不单是由于中国社会本身结构若干特质妨害了它的产生和成长，而且还由于外来势力的压抑绞杀，阻抑了它的生长，这是下一节我们要进而分析说明的。

二、中国产业革命未能完成的原因何在

中国产业革命迟迟未能完成之原因，就我们的研究，是由于中国传统的封建社会体制没有彻底溃解，以及帝国主义残酷剥削压抑这两重枷锁的束缚所使然。这两重枷锁的存在，是相互依存维系的，而其危害于中国社会经济，又是相互帮凶的。但就其形成而言，后一重枷锁是把前一重枷锁作基础而套上起来的。也就是说，帝国主义残酷地剥削，压抑了中国产业的发展，是把中国传统的没有彻底溃解的封建社会体制作基础而发挥其危害的凶性。中国传统的封建社会体制，又是依赖着帝国主义侵入势力的支持而获得了继续残存的机会。因此，我们要明白中国产业革命未能完成之缘由，只得考察这两重枷锁是如何形成起来的，又是如何帮凶起着危害摧残的作用的。

中国传统的封建社会体制，是由传统的封建土地占有关系为基础与相应而建筑于其上的封建官僚政治体系，作为其构成的具体形态和内容实质。所以我们要理解中国传统的封建社会残余体制这重枷锁是如何地妨害了中国产业革命的完成，就得首先分析它所由构成的这两个部分。

传统的土地占有关系和中央集权的封建官僚政治体系，是中国封建社会体制对西欧封建社会体制所表现的不同特征。在西欧封建社会体制里作为剥削人民主要工具的土地，是不能自由买卖的，因此，由这种土地的生产手段所结成的封建生产关系，也具有较大的定着性，从而这种封建社会体制内在生产力的发展较易把它的外壳（即封建的生产关系）突破，新的生产方法和新的社会体制（即资本主义体制）也较易诞生出来。亦即产业革命所需要的社会条件较易形成，从而产业革命也较易发生和发展。

因为在西欧，中世纪的封建社会，其主要剥削工具的土地这一生产手段，是封赐的，是与被封赐而得来的土地所有者人格身份合而为一，土地不单是他的财富多少的标志，而且是他封建爵位高低的烙印。正因为土地是封赐得来的，与人格身份合而为一，所以土地才不能当作商品自由买卖。各大小土地封赐领有的领主，便是在上级领主分封赐地的安排下而结成一种叠罗汉样式的封建领主隶属系列的。各大小领主只有纵的隶属关系，而无横的互通联系。

各领主领有一定的土地，并占有一定的农奴。农奴是领主土地上的直接生产劳动者，不能自由离开领主的土地，而成为领主土地上的附属品，这样形成了封土而治依土而食的地方分权自给自足的封建庄园体制。直接生产劳动的农奴，与领主人格身份虽是不平等的，但由于他们全家人是领主土地上的附属品，是领主寄生生活所需要的物质条件的直接提供者；为保证这种生活物质条件能够经常由剥削取得而不致枯竭，非万不得已的场合，领主对农奴的剥削，

不能不适可而止，且加以保护。至少要让农奴能够生存和继续其再生产，领主的寄生所需物质条件才有来源。这正如同靠畜羊群剪羊毛来维持生活的人一样，要羊毛好好生长，有丰富的剪割，不能不顾及羊的生存和成长。

加之在各自给自足的领地区域内，可能由交换取得的享受物质条件，从而扩大消耗，不独受交换关系和自然条件所局限，而且还受领土的胃囊所限制；所以领主对农奴的剥削，其残酷程度，也还有个最低而不使超越的限度。同时，在这种领土封建社会，农奴不单是封建寄生阶级生活物质条件的直接提供者，而且还随时可以成为领主的武装护卫者，从而封建统治者可以不需要蓄养大批的常备军（在欧洲中世纪的骑士是一种小的领主，他们自己有主人封赐的土地和农奴，不需要主人，即他们的上级领主另外给养）。所以农奴的负担主要的只是贡纳，只是领主一方面的剥削。加之，农奴所耕作的土地是固定的，没有随时被领主撤销其耕作权而失去其生产手段使用的威胁。这样，农奴有能力改良土地生产，他也愿意去改良。因而生产力提高的可能性也较大，生活物质条件陷入绝境的场合也较少，生存问题总还有主人方面的最低保证。我们还没有发现欧洲中世纪的人民有吃树皮、吃观音土、吃野草、吃死蛇死老鼠的事实。

到了封建社会末期，商业高利贷资本随新兴市民阶级抬头而活跃的时候，它表现了溃解旧封建社会很强烈的革命性格，从而这种商业高利贷资本所有者的新兴市民阶层，发挥了很英勇的反封建争自由的民主革命战斗精神。因为他们没有机会把自己转为封建领主贵族，靠蓄养农奴来过着封建的寄生虫生活，只有把封建旧生产方法弄毁，并由此而获得活劳动力的工资劳动者，自己来从事商品生产经营，组成新的生产方法，才有发展的前途。因此，由原始蓄积累积起来的商业高利贷等资本，也易转变为产业资本，发展产业革命。

但在中国初期领主封建体制自秦代溃解而转为地主封建体制后，其结构与作用，和上述中世纪欧洲的领主封建体制，却有着不少的差殊。秦代商鞅"废井田，开阡陌，置郡县"，那固然是顺应秦以前的领主封建体制无法继续维系而采取的措施，但这些措施，却使地主封建体制得以正式确立。自此以后，作为封建剥削主要工具的土地生产手段，便可以自由买卖。土地既成为商品可以自由买卖，有钱人都可自由买进土地变为地主，而不靠封赐才能成为封建的剥削阶层。这样，主要剥削工具的土地，便与人格身份分离，耕作土地的直接生产劳动者，已不再是土地上附属品的农奴，而变为人格身份自由的农民。

但也正由于农民不是地主土地上固定的附属品，地主的土地就不患没有人耕作，地主没有像领主那样须得顾及农奴的生存，有保障农奴能维持全家人最低生活水准的义务，地主对他的佃农可以更残酷地剥削，用不着顾及佃农的死活。所以在地主封建制生产方法下的佃农，比领主封建制生产方法下的农奴，更悲惨，更痛苦。

加之土地不是封的，封建统治集团各人员不能成为"封地而治"的领主，而成为"给俸而食"的官僚，各地方征收自人民的国赋国税须输缴中央，再由中央以俸禄或薪俸形式转发给各级官僚。中央掌握着全国财政经济权力，各级地方官僚都得听命中央法令而行动，区域割据的领主分权政治不易形成（除非中央失去了支配权的王朝末年的场合）。中央集权的官僚政治体系就是在这种地主封建经济基础上形成起来的。每一个官僚所在的官位不是长久固定的，"五日京兆"是很平常的事情。这样，任何官僚抓得一个官位，都会利用其在位的时机和权力大量搜括。也正由于可以大量搜括，"发做官财"，所以大家都对做官特别有兴趣，特别喜欢捧官，用钱买官做。官也容易得到，并且也容易做。以前科举考试制度下，能写几篇歌功颂德的文章和诗词，固然可以由科举出身而做官。就是没有那种写作的实在本领，只要有钱，也可以买个捐班，官运就可亨通，就可以大发官财。到了民国以来，更容易了，有钱进大学弄张文凭，或者跑到外国去留一回学，弄个洋博士硕士，就可成为"权威"，做高级官僚。就是不进大学不出洋，有钱也可以买张假证书，或者进官办的训练班，受几个月训，也可以取得做官的身份，甚至还不要这一套条件，父亲做了官，伯伯叔叔、舅爷外甥、子女郎婿、干儿子，都可一起拥进衙门官厅，做主任、当副官、任科长科员。这种近亲的血缘裙带关系，捞钱也最方便。捞钱之外，只要办理一下"等因奉此"，不必做为人民服务的事，所以任何寄生者都有做官的"本领"。在这样的官僚集团里，不独不需要做事的能力，而且也不需要多做事的行为，以免办移交时落得麻烦。中国历朝官僚集团的统治者，贪污腐败无能，正是中国这种传统封建体制的必然产物。

从某一面来看，地主封建制好像比领主封建制更为进步，劳动力不受封建隶属关系所束缚，全国在一个中央政府的统辖下，商业资本比在领主封建制度下也易发展累积。事实上自秦汉以后，商业资本确是很活跃，高利贷资本也很猖獗，因为在全国统一的政权下，不独货币与关税的划一，有利于商业资本的扩展活动，而且全国赋税军需物资运上运下，交通四达，亦有助于商业资本的周转累积。加之在地主和官僚层层剥削敲诈压抑下的人民，自给自足很难办到，他们不独要依赖高利贷，一般是在收获后由于各种负担压抑下先卖掉自己的生产物，过后在生活压迫下又得从市场上买进生活品，这正是商业资本独立活动与高利贷资本趁火打劫的有利场面。

　　但这种商业资本与高利贷资本扩大累积之后，何以不易转为产业资本促进产业革命呢？这原因只有从中国传统的土地占有关系上去考察才能明白。中国封建制度下的土地可以自由买卖，比欧洲封建庄园制度溃解过程中那个时期土地可以自由买卖的情形颇有不同：后者是原始蓄积起来的商业高利贷资本，它们把封建庄园体制弄溃解了，同时也造出了自己转为产业资本的有利情势。因为庄园封建体制的溃解，农奴经常暴动和纷纷离开农村，已不易借土地为剥削工具了，要将商业高利贷资本去购买土地或转为土地资本，借地租来累积，更属不利；因为地租在上述情况下，已高不起来了，故转为土地资本不及转为产业资本较为有利。从而这种累积起来的商业高利贷资本，也易转为产业资本，促进产业革命。在中国地主封建制度下的土地可以自由买卖，那不是封建体制已趋溃解，土地已成为不利的剥削工具；相反的正是地主封建体制存在的常态，地租很高，把商业高利贷资本转为土地资本，同样有利于累积。从而当商业高利贷资本活动受到政治势力阻挠干涉或压抑的场合，它们就相续转为土地资本，商人高利贷者亦由此而变为地主，变为封建统治阶层集团里的成员。反转来说，地主的土地既不是被封赐得来的，而是用钱买来的，没有一定封赐人格身份的拘束，他从地租上累积得的资本，不独可以继续用于购买土地，而且可以用于经营商业和高利贷。因此，地主、商人和高利贷者就变成三位一体，累积起来的商业高利贷资本，既可转为土地资本且极有利，它们自然没有必须转为产业资本的必要。商业高利贷资本所有者，既可兼做封建的地主，也没有反抗封建地主统治的必要，因为彼此利益是共通而不相排斥的。中国市民阶层其所以缺乏反封建的强烈革命性格，不易成为产业资本家阶层来推动产业革命，缘由即在此。

　　在中国这种地主封建制度里，不独商业高利贷资本易转为土地资本，使它不易转为产业资本而妨害了产业革命的生长；而且它在中央集权的官僚政治体系下，造出王朝不断覆亡与不断再生长的史剧。因为中央集权的封建王朝，是靠榨取全国农民生产劳动所提供的剩余生产物作为其存在的基础。商业高利贷资本的活跃累积，是以侵蚀破坏农业小生产的生产条件来达成的，所以商业资本的活跃，不单要造成高利贷同时猖獗，而且必然要由此招致王朝重农抑商政策的干涉。自秦汉以来各王朝每当商业资本很活跃的时候，抑商政策便被采用。商业活动受到压抑，不独土地资本不向商业资本转化，而且驱使商业资本进入农村，转化为土地资本，由此而引起地价腾涨，地租上升。地租愈高，土地资本累积也愈速，购买土地也愈有利，有钱人便愈要抢购土地，由是而促成土地迅速集中，地租愈益高涨，农民生活愈陷困境，高利贷也伴着猖獗了。

在农村土地迅速集中于少数人手中，另一面便是大多数人失去了土地。在农村的人民失去了土地所有权的人愈多，他要生存就不得不依赖别人的土地去从事耕作，从而争他佃耕的人也愈多。这样便愈促成地租猛涨，农民生活愈加困窘，高利贷也愈加猖獗，农民也更难生存，于是离村逃荒，老幼死于沟壑，壮者散之四方，"匪盗"蜂起，天下由此而大乱。乱既发生，为保存王朝统治权力，自然要动员"戡乱"。抽壮丁，缴粮饷，就得雷厉风行。这样，残留在农村的人民便愈陷入绝境，死亡、逃难，铤而走险，愈戡愈乱了。一二绿林豪杰登高一呼，四方响应。大局演至这步田地，是无法收拾了，王朝的"神器"随之倒台。平日依赖这"神器"招牌，靠老百姓供奉而过着寄生腐败无耻生活的大小官僚群，只有慌忙凄惨地逃匿，各寻生路。王朝的丑剧宣告闭幕，商业高利贷和土地等资本，亦随王朝的覆亡而陪葬。

在王朝覆亡天下大乱的过程中，武装反抗旧统治的广大农民，由于缺乏革命的正确认识和领导，其结果不是失败，便是被豪劣地主官僚集团里的流氓地痞头子所利用，而互相残杀到最后，剩下来一二流氓地痞头目，把人民流血斗争所换来的胜利果实，当作自己个人的英雄业绩。于是自称帝王，在旧王朝的废墟上竖起新王朝的"神器"招牌，把残余的农民送回荒废破烂的农村，把跟随的人马安排一番，依照旧王朝的模型，重树起一套官僚统治剥削机构。残留隐匿的地主豪绅官僚吮血鬼，不独未加以清算，反而在"招贤纳士"的漂亮名义下，把这些封建渣滓重新收罗进来，歌功颂德，皇恩无疆，封官赐爵，忙得不休地摆场面，争官位。对于旧社会制度，不独不加以改革，反而力谋复原。量变而质不变的传统封建体制，就是在这种改朝换帝的"蛇脱壳"式之下变形过来。

新王朝开台之后，要国赋国税有丰裕的收入，就不能不休养生息，于是省刑罚，薄税敛，奖农重农安农等政策，都得采施。从而在建国之初的一二君主治理之下，一般人民所受到的压榨总是比较轻微些；"乱久必治"的平安局面由此呈现，社会生产亦借此而恢复。但以后由于地租赋税的收入增加，寄生阶层消费亦随之扩大，商业资本的活跃累积又获得了机会，前朝的重农抑商政策，便被再版。遭抑则转，由是而引起土地集中，地租高涨，高利贷猖獗，广大农民无法生存于农村。逃亡走险，暴动反抗，王朝统治大受震撼；于是动员戡乱，抽丁征粮，愈戡愈乱。在这种急剧演变下，封建统治官僚集团所唱演的丑剧，终必至于全部垮台，走入与前一个王朝相似的覆亡厄运。大乱之后，剩余下来的另一批人马，收拾残局，又在旧社会基础上重新树起新的王朝舞台，这个新王朝又必然要走着前一个王朝的旧步法。秦汉以来的中国封建社会，就是这样表现出改朝换帝量变而质不变的发展旋律，也就是这样的把中国长期地停滞在封建阶段。

但这也并不是说中国封建社会体制就患了不孕症，绝对不能孕育出产业革命的条件，只是这些条件尚未达到全部成熟时很易在母胎里被绞杀。到了近百年来，更被外来的帝国主义魔手伸进来帮凶绞杀。鸦片战争前夜，清王朝已发展到盛极转衰的下坡；鸦片战争的失败，清王朝的统治体系即开始溃解。这事实表现在广大农民群众武装起来的太平天国革命运动上，是极鲜明的。这革命比以前各王朝末年的农民革命进步多了；有较进步的社会改革政策纲领，组织亦较健全，故能迅速席卷大江南北，使清王朝几濒于覆灭。这革命如果胜利了，改革政策实行了，是可能把中国传统的封建社会体制变更过来的。不幸的是，国际资本主义眼看到中国社会体制行将转变，对于他们不利，于是派兵援助清，致使太平天国在军事上遭遇挫折。加之领导人物初得胜利之后，生活即流于腐化，内部团结亦趋分裂，终致革命失败。这一来，不独中国传统的社会体制未获改革，而原始蓄积已产生的条件，亦在长期的战争中损耗殆尽。以致太平天国战争结束之后，曾国藩、张之洞、李鸿章等在旧社会基础上创办的工业，其结果都变为虎头蛇尾，不独效果未收，反而把中国可能在这时期完成产业革命（假定太平天国革命成功的话）的时机耽误了过去。以致到了甲午之役，便注定了中国沦入半封建半殖民地的身份。因为到了 19 世纪 90 年代，各先进资本主义国家，都由自由资本主义走上了独占资本的帝国主义阶段。在帝国主义国际联系的锁链下，任何一个落后国家要完成资本主义经济体制诞生成长的产业革命，是不可能实现了。

这道理后面我们还有说明的机会。这里我们要指出的是，甲午之役失败后，各帝国主义都明了清王朝统治下的中国，是腐败已透、毫无一点对外抵抗力的国家，这正是各帝国主义瓜分蚕食的最好对象。大家都要分割一块，谁也不容谁独占中国，所以战胜国的日本无法独吞中国，结果大家根据美国所提出"门户开放，机会均等"的原则来共同分食中国这块肥肉。于是从马关条约开例，各帝国主义纷纷提出租地借港、关税优惠、开矿、建厂、筑铁路、内河航行……各种各色的不平等要求，腐败的清王朝都一一接受了，于是关税贸易权、工矿开建权、货币金融权、交通运输权、领土自主权……都相继落入国际帝国主义的魔爪中。中国也就是这样沦入半殖民地的火坑，在传统封建的枷锁上，又加上一条国际帝国主义的沉重锁链。

随着就爆发了辛亥革命，清王朝虽然被推翻了，但中山先生所揭示的三民主义，不独未能实现，几十年来中国人民反而在这种封建买办独裁恐怖统治下被蹂躏得死去活来,哪里还能发展产业!

然而人民的力量,在愈腐败的统治下,却会愈生长,在愈凶恶的屠杀压抑下,却会愈抬头、愈膨胀。当前排山倒海的人民革命力量,已够证明这种真理。也只有这种革命力量,才能把中国传统封建残余势力和支持这种封建势力继续残存的帝国主义束缚压抑这两重枷锁,彻底摧毁。亦唯有彻底摧毁这两重枷锁,中国产业革命才能加速完成,这是我们必须认清和把握的。

三、如何完成中国产业革命

依照历史发展一般法则来说,人类历史发展所经历的阶段,是不能跳跃的。因此,读者也许会这样认定:中国产业革命也只能走先进资本主义国家产业革命所经历过来的旧途径,亦即由封建社会体制转变为资本主义社会体制。这样的来完成产业革命,才符合历史发展的法则。

不错,人类历史的发展是有着自我的发展轨迹,其经历诸特定阶段,是不能跳跃的。中国当然也不能由封建社会一跳就跳到社会主义社会,但同时我们也得认清,历史法则只是显示人类社会发展上的一种必然性的趋向,这种趋向体现在各特定社会能贯彻到如何程度,还要看各特定社会的具体条件。中国已早成为半封建半殖民地的两重身份,如果在七八十年以前中国完成了产业革命,那中国自然是走上了资本主义的历史阶段,其产业革命也自然是与先进资本主义国家走一样的途径。然而不幸的是中国没有在当时完成那种历史变革使命,而沦入了半封建半殖民地的身份。这身份就决定了中国不可能走先进资本主义国家产业革命的旧途径。这道理我们从以下几方面加以考察,就可明白。

首先,从革命的阶层和资本家生产所需要的工资劳动者来看,在先进资本主义国家的产业革命,是以新兴资产阶级为主干进行反封建的民主革命。他们从革命胜利中建立起代表新兴资产阶级利益要求的政权,并利用此种政权作护育条件,把从商业高利贷累积起来的资本转为产业资本,由资本家生产方法的扩展来完成产业革命。正因为这种反封建的革命,目的在发展资本家的商品生产,他们对于封建土地占有关系之改革,就不会迁就农民利益的要求,使农民获得土地。相反,他们是为了自己阶层实现丰厚利润,扩大商品生产,需要大量工资劳动者,使农民失去土地,变为产业预备军,变为资本家利润源泉的提供者。但当前中国的革命情形就大不相同了。中国是一个半封建半殖民地的国家,要使中国社会生产力获得解放,首先就得打碎帝国主义和封建势力这两重压抑的枷锁。这革命的重大使命,中国民族工商业资产阶级是负荷不起来的,必然要落在劳动大众的肩上,这缘由前面我们已说明了。当前革命阵营中的战斗成员,劳动生产大众是占了最大的比重,更是铁的事实证明。也正因此故,这革命胜利之后，要排除劳动生产大众的利益，把他们再置于资本家生产方法的残酷剥削下，那是不可能办到的事。这就决定了资本家生产方法的扩展所需要活劳动力之人的条件是不能解决的，从而由资本家商品生产的扩展来完成产业革命，也是无法实现的。

其次，我们就资本家生产方法所需要物的条件的资本来看。在先进各资本主义国家产业革命，新兴市民阶级在原始蓄积中，不独提制了商品生产所需要的自由工资劳动者，作为资本家生产方法靠利润而扩大的前提条件；而且还由商业高利贷首先累积了大量的资本，可直接转为产业资本去使用。但中国当前情况就大不相同了。听任剥削的自由工资劳动者在上述的原因下固然不易解决，从而阻碍了资本家生产方法的发展；而需要原始蓄积物的条件的资本，更无法充分获得。因为中国由原始蓄积已累积起来的资本，除帝国主义宰割去的以外剩余下来的，大部分已转化为官僚资本。这种官僚资本是剥削全国人民大众最凶残的东西，它由残酷剥削全国人民而累积起来的。在全国人民解放革命胜利后，自然会把它没收充公，当作全国人民建设新社会的公积金，而绝不会让少数私人或资本家当作私的"胜利财"去占有。这种官僚资本不单是包括官僚集团以"国家"名义而占有的"国家银行"与"国营企业"（省市县级政府所占有的银行和企业亦包括在内）的全部资产，而且还有许多以私营的名义或参与私营机构而存在着。它一旦被人民收回当作公有，任何资本家也就不可能利用它来作为私人剥削的工具。这也就决定了由资本家商品生产的扩大来完成中国产业革命，是不可能的了。

再其次，我们就市场条件来看。资本家商品生产发展，是受市场条件所规限，在20世纪前完成产业革命的各资本主义国家，当时国际市场还没有被独占资本所统制；资本家商品生产内在矛盾所造成商品在国内市场过剩时，还可向国外倾销，实现利润，借以继续扩大商品再生产行程。但是现在的情形就不同了。国际各落后地区或殖民地半殖民地的市场资源，不独已为各帝国主义独占资本分别控制垄断，而且已激起那些控制垄断下的人民争取解放的革命巨浪。在这种场合下，莫说那些区域市场在帝国主义独占控制下或者人民革命势力抗拒下，使我们这个国家里资本家生产出来的过剩商品没有输去倾销的机会，不可能从那些地域市场攫取廉价的原料和劳力。即使帝国主义让我们的商品输出自由竞销，他们高度生产力所出产的巨量价廉物美的商品拥挤在那些市场上，我们生产技术条件均较落后所生产的价昂物劣商品，也不是自由竞争的敌手。那么我们要以商品生产制度来发展中国社会经济，国外市场也没有容许的条件。效德、日、法西斯主义的手段扩展军需品生产，实行军国主义，用武力去掠夺吗？德、日等国走这条路已被打得头破血流，悲惨的下场，我们踏着他们已走不通的旧路，难道还能走通么？这以常识来判断，也会知道是绝不可能的。

从上面的检讨分析，我们已可明白：从资本主义的商品生产来完成中国产业革命，国内外的条件已不容许。但这并不是说民族工商业资本应遏制其合理发展，谁也没有理由否定民族工商业资本在新中国经济建设上还负有促进社会生产力的协助使命。这使命它是能够负荷的。因为民族工商业资本在现阶段中国社会里，还是被封建势力与帝国主义所压抑，还没有发展到足以使社会生产力停滞的生产过剩爆发为经济恐慌的境地，所以封建势力与帝国主义束缚撤除之后，民族工商业资本，还有合理发展的机会。所谓合理发展，是指在劳资两利的原则下来提高生产力，扩大生产规模。因为民族工业本身资本的有机构成还很低，它可以借改进生产工具由提高生产力来保证它应得的利润，而不需要借压低工资来保证它应得的利润。它可能由此方式获得发展，就是由于中国社会生产力还很低，生产过剩的经济恐慌还不可能发生。以后走新民主主义建设的路，经济恐慌更不会发生，所以它还有合理发展的机会。现在有些经济学家很机械地推论，以为民族工商业在未来中国新民主主义经济建设发展中，很快就会被国有工商企业所吞并或走入没落穷途。我们认为这种看法是不正确的，是忽略了在新民主主义经济建设进程中，国有企业居于领导地位而推行的部分计划经济，必然会提高人民购买力，从而有利于民族工商业合理发展这一光明面。虽然民族工商业受国有企业所领导，不可能由民族工商业的发展把中国变成资本主义经济体系的社会，但它在国有企业领导下而逐渐变为计划经济全体系中的一个有机构成部分，并不能就看作是民族工商业被吞并而灭亡。这是经济理论上一个较深刻的问题，我们在此没有多余的篇幅来详细说明这些道理。这里我们只是提示出：民族工商业在新中国经济建设上，客观条件使它还有良好的合理发展机会，用不着对中国社会即将降临的新形势发生畏惧；认清了自己的光明前途，更应积极地来参与新经济的建树，与国有企业共同配合来加速促进社会生产力的发展，以求早日完成中国产业革命这新的历史使命。

上面我们还只是指出中国社会当前所具有的具体条件，已规限了它不可能由资本主义或资本家生产方法的扩展来完成产业革命，还没有指出中国完成产业革命应走也只能走的新途径，其内容、形态、性质究竟是怎样的。但就上面分析检讨，我们已不难把这种新途径加以较具体的指陈，因为这种新途径也是被前面所指陈的具体条件规定了的，并不要我们凭空玄思幻想地去塑拟。

半封建半殖民地的中国社会革命的性质，规定了它经济建设的途径。由于它生产的落后，它在新经济建设上的迫切要求，便是如何迅速地来提高社会生产力，产业革命即是以这种社会生产力迅速提高来达成的。发展社会生产力，必须首先以革命力量打碎封建势力与帝国主义束缚两重枷锁。而这种革命力量又是以生产劳动大众为主干，这又决定了革命胜利的新政权，必然要以代表劳动人民的利益为特性。由是也就规定了新经济建设诸般具体措施必然要以改善劳动人民生活为主标。社会生活的改善是把社会生产力的提高作前提，因此，提高社会生产力与改善劳动人民生活，便成为新中国经济建设上的最高指导原则。一切改革措施，必须符合这个最高原则。也只有实现这原则，中国产业革命才能完美地达成。中国产业革命新途、新内容和新形式，根据这个原则和具体条件，也就不难指陈了。

没收全部官僚资本，在理论上，在事实上，是没有问题了。这次革命的胜利，是必然要把全部官僚资本当作全国人民建设新经济的公积金，或者当作完成产业革命补充原始蓄积物的条件。这事实的实现，它规定了新中国社会经济结构中主导经济部门的内容形式和性质。因为官僚资本已发展到了独占形态，它控制了全国银行金融、交通运输、工矿企业，以及进出口贸易诸部门经济活动。一旦把全部官僚资本收归公有，改变它的属性，它不独不会再对国民经济起危害作用，而且必然会成为改善国民经济生活的有力推进器，成为走向社会主义计划经济的领导部门。因为它是由真正代表全国人民利益的新政府所经营管理，这种新政府，劳动大众居于中坚地位，这就保证了这种国有诸企业机构不会像封建买办性的官僚集团所掌握那样专用来压榨人民。因为掌握它的政权是以劳动生产大众为中坚，劳动生产大众掌握了它，它就不可能成为剥削工具，这道理是非常明显的。但它也还不是纯粹的社会主义经济形态，因为这些国有诸企业在全社会经济有机结构中，还有私人资本联系和参与活动；而它所隶属的政权也不是纯粹劳动阶级的政权，还有其他民主人士参与其中。所以这种国有诸企业，既非资本主义经济的性质，也不全是社会主义经济成分，正是新民主主义经济性质的特征。新民主主义产业革命便是由这种国有企业的发展作推动轴心和内容的主要构成部分。也正由于这种国有企业在新型产业革命中居于主要构成部分，它推动的产业革命就可能实施若干计划经济，而不是资本家商品生产发展所推动的那种产业革命，这正是新民主主义产业革命的显著特征。

但上面还只说明到没收封建买办性官僚集团直接从人民身上榨取去而累积成的官僚资本，作为补充新民主主义产业革命原始蓄积的资本。但仅有这方面的条件，还是不能实现新民主主义产业革命，还必须把传统的土地占有关系加以彻底合理的改革，才能使新民主主义产业革命顺利完成。这方面的措施尤为重要，因为传统的土地占有关系不加以改革，中国传统的社会体制根本就无法脱胎换骨地变更过来。仅把旧势力的上层建筑加以改换而不挖根，那旧势力在旧社会基础上是仍会再生长起来的，而改革措施不合理，新民主主义产业革命亦难顺利达成。这是万不容忽视的。

关于传统的土地占有关系应加以改革，在参与革命的各社会阶层，都已共同认定而没有反对的。我们在这里所要探究的是怎样改革才合理，才能配合新民主主义产业革命顺利地完成。因为在这方面，主张改革的还有许多不同的意见和主张，所以值得我们讨论一番。

土地问题是包括城市土地问题与农村土地问题两方面。近年来大家集中讨论的是偏重在农村土地占有关系的改革方面，而对于都市土地问题的解决讨论得较少，这显然是由于中国还是落后的农业国家，农村土地占有关系不合理表现得很突出，所以大家集中于这方面研讨。解决农村土地问题有两种具有代表性的主张：一种是主张把全国土地立即收归国有，取消土地私有权，实行土地国有政策。另一种是主张实践中山先生所提示"耕者有其田"的原则。在我们认为后一主张是较为合理而适合于现阶段中国实际情况的需要。前一主张表面看来是非常进步，实际上却并不适宜。因为现阶段的中国革命，并不是社会主义的革命，立即实行土地国有，在理论上说不过去，在现实上也还不需要。农民的意识是相当保守的，私有观念还很强固，他们积极地参与当前革命行动，是要求获得土地，并不是要求实行土地公有。在这场合，如果立即实行土地国有，不独不易刺激农民积极生产劳动，提高农业生产力，反而还会更松懈生产劳动，降低生产力。因为在农民的保守意识中，国有是公家所有，与他的私有是大不相同。公家所有的东西，他能否长久保留使用权，他是会怀疑的。使用权不能确保，他就不愿积极地去改良土地，从而土地生产收获也就不会好。俄国在十月革命宣布土地国有的最初几年，曾引起农业生产衰落，后来在实行新经济政策时期还让了步。何况俄国十月革命还是社会主义的革命，当前中国的革命，在性质上还没有俄国十月革命那样的高级，所以立即实行土地国有是不适合现实情势的需要。"欲速则不达"，这是经验话，也是值得重视的。因此，我们认为实行"耕者有其田"较适合于中国现阶段广大农民的革命要求。

但"耕者有其田"如何达成呢？用怎样的办法来达成"耕者有其田"？这又有两种不同的主张：一种是所谓"买去地主"，即由政府或农民自己出钱把地主富农的多余土地买来，使土地占有平均化，以达成"耕者有其田"。另一种是主张把地主富农多余的土地无偿付的没收，再分给缺少土地或没有土地的贫苦农民，由此而达成"耕者有其田"。这办法中国土地法大纲已明确规定，并已在解放区实行。在我们从科学理解的立场来看，前一种主张，与其说是革命的土地政策，毋宁说是反革命的土地政策。由政府出钱把地主富农多余的土地买来再分给农民，这在地主富农固然是欢迎，但政府收买土地的钱由何而来？据专家估计，中国政府要收买地主富农多余的全部土地，以战前地价来估计，就要千多亿银圆，任何政府也没有这样庞大的财力办到这点。所以这种办法是做不到，也少有人主张采用。另一种"买去地主"的办法，便是要农民自己出钱向地主富农买他们多余的土地，政府只站在引领人或中介人的地位。国民党政府所唱的"扶植自耕农政策"，发行"土地债券"，就是企图实行这种办法来达成"耕者有其田"。这是很反动的政策。莫说是推行不开，就是推行实现了，不独不能改善农民生活，提高农业生产力，促进工业化；而且必然要使农民生活更困苦，更无法改进农业生产，产业革命或工业化更受到阻碍，这是需要进而加以批判分析和指出的。

用土地债券一类的办法来扶植自耕农，农民不仅要借债来买土地，而且有许多赤贫农民还要借债来买耕作土地的农具种子诸生产条件。这样扶植起来的自耕农，是无力改良生产的。他的经济地位只是由佃农贫农变为债农而已，在长期的重重债务压抑下，就愈要陷入高利贷的残酷蹂躏之境，他无法改良生产，也就无法改进生活，这完全是替地主富农谋利益的办法。其结果，就是扶植起来的小生产自耕农，也会陷入像俄国农奴解放后束缚在"密尔"上的农民同样悲惨的命运，所支付的地价与俄国农奴解放后所支付的长期付偿"赎买身份金"毫无区别。这样，农民生活无法改善，生产无法改进，不独工业发展上所需要的原料和产品的销路市场条件无法获得，而且还要受活劳动力供给缺乏的限制。因为用机械生产的任何工业品，无论是当作"为利润的"商品生产，或是当作"非为利润的"生产，其生产品不能是自给自足，必然要在交换方式上供给别人消费，并由此而取得原料和劳动力，用作再生产的条件。农业部门的生产无法改进，农民没有多余的生产物用以换取工业生产品，工业部门就无法获得充足的原料。同时扶植起来的小生产自耕农，由于他费尽心血买进一块土地，他就不会轻易地放弃那块土地的生产，这样农村的劳动力就会被土地强韧地束缚而不易转移于工业部门。因为要合理地转移农业上的活劳动力于工业部门，必须农业生产劳动能节省出多余劳动力，要农业生产部门能节省出大量多余活劳动力，只有改进生产工具，采用机器农具。但机器不是在豆腐块占有的耕作土地生产上所能使用，必须是大农场。这种大经营的农场，用上述的办法扶植起来的小自耕农，固然是不会产生农业资本家来经营的大农场，同时也不易形成合作的大农场,国有化的集体农场更难实现。因为扶植起来的贫穷小自耕农,谁也没有大量的资本把自己变为农业资本家,购买机器租借土地去经营大农场。用合作方式来达成么?在上述办法扶植起来的自耕农,也很不易实现合作,因为合作必须合作者所支出的劳力与报酬能够平等才易合作起来。这在上述办法扶植起来的自耕农,彼此合作,就有许多妨碍合作平等的因素存在着。因为各自耕农户人口劳力是不齐一的,彼此所有的土地,面积大小、肥沃程度都不同,从而买入土地时所支付的地价也不同。这在实行合作时生产物分割标准,就很不易公平。因为要公平分割合作生产物,只能以各合作户所出的劳动大小作标准,这就不能顾及各户参加合作的土地肥沃程度的标准。这样,土地肥沃的农户就不愿意参加合作了,因为他买进那块土地是费了较多的本钱,他不能多分得生产物,他会感到参加合作是不合算,从而不愿去参加。那么,把土地成本也作为分割生产物的标准吗?这在出劳力多土地成本少的农户又不愿参加,因为土地成本多劳力少的农户等于在合作中投资,把自己变为隐蔽身份坐收地租的地主,从而也不易与人合作得起来。

合作农场既不易实现,国有化的集体农场更难办到,因为现在由支付地价而扶植起来的自耕农,政府日后倘要把他们的土地收归国有来经营集体农场,由政府补偿地价来收归国有吗?收购土地的巨额资金仍难筹措,不偿付地价吗?那就要对今日扶植起来的自耕农再来一次流血革命。他们的反抗力,比今日的地主的反抗力就要大多了,其造成的后果,是不难想象的。

因此,我们认为以有偿方式用土地债券一类的办法来扶植自由耕农,不独不能促进产业发展,而且无法改善农民生活,只是替地主富农谋利益而已。这在理论上说不过去,在现实情势亦不能容许。因为当前的革命,农民在其中发挥了庞大的力量,他们不能得到革命胜利的果实,革命武装行动就会长期地继续下去。所以我们认为只有以无偿的方式把地主富农多余的土地没收起来平均分配给农民,才是对现存土地占有关系彻底改革,彻底拔除封建残余势力的根基。也只有这样,才能满足农民革命要求,顺利达成农业合作经营与集体农场,实现农业生产机械化,加速新民主主义产业革命早日完成。

说明到此,读者也许会这样想:中国地主富农的土地,不是封赐得来的,而是花了钱买来的。不没收民族工商业资本家的资本,单单没收地主富农的土地,未免太不合理。这想法是没有认识到以下的事实:民族工商业资本,不独还未妨害中国社会经济的发展,而且还具有促进社会经济发展的机能。地主富农处于现在的土地占有关系,沉重地阻碍了中国社会经济的发展,这是前面我们已分析指明了的。为着中国最大多数人的生活改善,压抑少数人的不合理利得，铲除其剥削魔爪，有什么不合理呢？何况地主富农的大量多余土地，不是从地租高利贷累积起来的钱买来的，便是做官贪污剥削人民的脂膏买来的。取自人民，还与人民，有什么不合理呢？同时我们还应明白：地主富农购买土地所付的地价本钱，以中国地租率之高，"购买年"（即以地租率除地价额所得的值数）之短（中国土地购买年最长为十四年，最短为七年），很快已收回了，那么，取消其不合理的继续剥削特权，难道不应该吗？所以这种想法是不正确的。

至于具有独占性的自然富源，各大森林与矿山，应收归国有，更是理所当然。

最后，关于城市地产的处理，目前还很少看到有人提出合理且具体地处理的方案，但现在已面临需要与农村土地占有关系一同改造的时候了。我们认为改造城市土地占有关系，不能全依照有些人所提出"住者有其屋"那样的原则，因为住在城市里的人，不一定都是从事正常职业者，汉奸、战犯、腐败官僚以及农村都市两方面居住的地主，在中国城市里多得很。他们不独在城市里占有大量的地皮，而且住有宽广华丽的房屋，难道在新中国社会建设中，还能容许这些人享受"住者有其屋"的权利吗？而许多有助于新中国经济建设的正当工商业，现占有的厂舍铺店已不够其发展上的需要；所以硬性的"住者有其屋"，不独等于优待那些腐败无耻的寄生虫，而且还会限制正当工商业的合理发展。因此我们认为处理城市地产，以下几点原则不容忽略：（一）对于有助于新中国社会经济建设的正当工商业，确保其原有的厂舍铺店和所在的地皮所有权，并就社会需要其合理发展所适需而酌予补充。（二）对于汉奸卖国贼贪污官僚以及在农村业已分有应得地产的地主，他们在城市里的房屋地产应全部没收，分配于城市中政府机关专任的公职人员和家眷住宿，以及补充上述需要其合理发展而现有不足的工商业。（三）对于无助于新中国社会经济建设但亦不妨碍的工商业所占有过多的房屋地产，亦应将其多余部分没收分配给其他没有房屋地产而又需在城市里工作的人民，如各种无定着性的挑夫车夫苦力劳动者以及小商贩和游动性劳动工作的小手工业者。（四）对于居于城市中专靠收房租而生活的城市地主所有房屋地产，除保留其家人依靠必须生活的部分以外，多余的应行没收；其保留的房屋地产，地租或房租亦应合理规定，不能听任其自由提高。城市地产占有关系改革处理，在内容上虽较复杂，但能根据合理原则，同样可以合理解决。

新中国即将诞生，新中国的产业革命，亦无疑的将会迅速完成。历史现实的发展，固然会无可抗拒地贯彻它，但人们科学地认识了它的发展法则，获得实践上的正确指导，那对于历史现实的发展，是会起着加速促进作用的。我们对于中国新民主主义的产业革命，不单要科学地去认识它，而且要在实践上去加速完成它。这是我们的责任，同时也是我们应勇敢负荷的神圣使命！

后　记

这个小册子在写的过程中，却费了两番功夫：第一次的原稿约六万字，并且是以高中程度的青年朋友为阅读对象。原稿将写完时，接编辑负责人卢文迪先生函嘱：内容及文字应力求明畅通俗，以适合初中程度之青年朋友阅读为原则，字数亦不宜过多，最好不要超过四万字。因此不得不把原稿文字重行删改节缩，好些统计资料和引录注解，只好抽掉。在主观上，笔者虽力求通俗地来表达内容，但由于平日缺乏修养，这种技巧实在做得很不够。同时，社会科学有许多术语已成为一般习惯的语词，要以很通俗的词语来表达那些术语的内容，也实在相当难。好在有兴趣于社会科学研究的青年朋友，是会多多阅读其他社会科学理论的书本，在这小册子中有些语词不够通俗的地方，总不会无法理解。这小册的内容是就笔者近几年来所担任的"经济学"和"西洋经济史"两科讲义中有关的几章节抽出来写成的，虽然是很平凡的写作，但它在当前中国这个剧变的时候写成，在笔者个人倒是一件值得纪念的事。

（1949 年 1 月 27 日于中山大学）

《区域经济学》*

再创辉煌的新思路
——从湖南物价与中心示范农场和湖南珍稀特种动物养殖场的
山鸡发展引发我的新思路

湖南省物价涨幅何以特高?

根据 1995 年 8 月国家计委与国家统计局公布的 1995 年 1—7 月份各省(区、市)商品零售价格变动幅度表可知,湖南省物价涨幅偏高。

为何湖南零售物价近几年来涨幅特高,回落幅度又很低? 这个问题很有学术理论与实践的研究意义,下面是我们初步研究得到的答案。

就物价本身来说,商品价格是其价值在单位货币上反映的形态,货币在流通领域多了,价格就上涨了;反之,则反是。通货膨胀率高,就是单位货币数量超过商品价值适需量。货币流速快了一倍,等于货币数量增加一倍,这个基本原理,是测量物价的普遍公式:$P = M \times V$。10 000 小时商品劳动价值量,用 1 万元货币数量来交换这批商品总的价格 $P = M/Q$,即 10 000 元;如果货币流速增加一倍,这批商品价值总量(10 000 小时)未变,而价格总额变成 20 000 元了;如果流速未变,货币数量增加 1 倍,价格总额也增长 1 倍,即 20 000 元了。

湖南省本身不能印发货币,只能生产商品。商品交换中需要多少人民币来作交换工具,是由国家银行投放出来,所以在一定的社区(省、市、区)领域,银行投放的货币数量、货币流速、商品价值量这三个相关因素,其中任何一个因素的相关比例发生变化,都会反映在价格上引起涨、跌的变化。根据这个基本原理,我们对湖南物价的变化(涨、跌)进行分析探索,即可找到它的根源所在,从而可以制定市场抑制物价的政策和方案措施。

一、从全省商品生产总供给的价值总量(或全省国民生产总值 GNP)来分析

1. 湖南国民经济的发展速度与沿海诸省市相比,是慢些(因为乡镇企业

---

* 《区域经济学》,1995 年 8—9 月手稿。

起步迟些、发展慢，外资企业少些，人均产值低些）。在中部地带各省区也增长慢些（统计数据）。

2. 从产业结构来看，第一产业（大农业）、第二产业（工业）、第三产业在发展速度上都较沿海地区与中部各省区滞后（只粮食较多一些，经济作物与林、牧、渔并不强）。

3. 人口多些。从城乡居民收入来看，增长速度比沿海与中部各省都慢（低）些（见统计）。财政赤字大些。要中央补贴（货币）也多些——吃闲饭的剩余劳动力多些。

二、从货币数量来分析

一定的国民生产总值商品化的部分与在交换中需要相适应的货币数量是成正比例的，即商品价值总量（商品价值以全国统一标准）增长，适需货币总量也相应增加；反之，则反是。这方面，在 1993 年 7 月中共中央、国务院制定的"整顿金融秩序十七条"方针政策的宏观调控下，"三乱"（乱拆借、乱集资、乱提高利率）基本得以治理，湖南没有例外，不会成为湖南物价涨幅特高的主要因素。那么为何湖南物价仍高于其他各省、市、区呢？必有造成的特殊原因。

1. 湖南劳务输出（出省打工）有百多万人（乡镇企业滞后，农村剩余劳动力不能在省内消化）。按 100 万人出省打工，每年每人带回家工资平均 5 000 元计，流回货币 50 亿元，都在湖南境内购买商品，助长物价上涨。

2. 湖南近几年外贸出口增加到每年 10 亿美元以上，进口少，国企亏损面大，买不起进口好设备，高级产品出口至小企业，外汇用于买外国先进产品难。外贸顺差每年达数亿美元（见统计），吸收外商投资较少，这种顺差在湖南境内转换为人民币每年达数十亿元，增加货币流通量。

3. 生产的商品大部分销售不出去，积压在仓库里达数十亿元，即流通中供应运转的商品又减少了，使市场商品供少于求，助长物价上涨。初级农副产品输出广东返回货币多。

4. 城乡之间商品流通，二道贩子多。同一批商品在流通中转手次数增加，商品总量未增加，货币流速增加了。二道贩子哄抬物价，从中谋利，助长物价上涨；生产者得不到利润，难以改进生产增加供应。

5. "广货"北上，湖南输出广、港、澳产品质劣、销路差、积压多。由于劳动生产率低，竞争不过广货（衣服、食品等），乡镇工业更少竞争力。湖南在省际贸易中处于劣势，造成生产力发展慢，经济发展水平落后。

6. 有钱的人搞企业经营者少，搞房地产（到北海、海南、珠三角地区），到深圳买股票，搞泡沫经济，开发商一哄而上，建的房子又出卖不了，等于大量商品积压。档次高，外商不满意环境区位，内部居民买不起，空闲着多。

7. 市场配置资源机制难以发挥优化的功能：土地资源不能充分利用于三高农业发展；劳动力不能就地消化于乡企，各地自然资源不能有效利用；货币资金不易转化为生产资本增值；物价在湖南省域上涨增值并不能刺激湖南商品生产更快发展。与外汇不同，同一个国家内部同一货币，外省商品进来运费高，湖南商品输出去赚钱少些，竞争中价格价值平均化吃了亏（劳动生产率较低），因为原来劳动生产率低竞争力弱，国内市场商品价值与国际市场价值不同。

三、采用以色列高科技现代工厂化模式滴灌节水农业、圈养畜禽，从根本上全面解决大农业

1. 把北京市通县的"中以农场"示范式向全国各省、市、区迅速推广，进行现代化农业工厂示范。"十五"期间，大力推广果木滴灌、粮食经济作物喷灌。

2. 养殖场：总结过去在海南的山鸡饲养场经验，提高现代化设备管理，作为现代养殖业工厂化的示范场，向全国各省、市、区推广示范。

3. 用 3 年的时间全面推广种养现代工厂化、自动化示范场（厂），再用 3 年的时间，全面推广种养业中基本生活资料自足的现代化大农业工厂，实现稳固基础。

4. 根据恩格尔系数原理，结合我国实际，对种养业的基本生活资料（生存资料）实行计划生产与计划供给，保证全国人民生活安定。

5. 对享受资料仍采用市场调节，这个市场调节领域的商品货币交换就不会发生通货膨胀、供需混乱。

四、第二、三产业，要根据第一产业计划与市场两大块进行产业配置，首先保证计划产品（生存资料）这一块的要求，进行生产要素的计划配置

1. 做好第一产业中生存资料按人口需要（恩格尔系数）种养业产品产量生产基地现代工厂化的设备、材料、工具，加工制造的工厂集中人力物力赶制，及时提供规划。

2. 上述第二产业计划块工厂、服务机构所需各专门人才，有针对性地进行全面计划调配，组建、培训、上岗，定期在第二、三产业中建立完整的人才体制，服务行业体系，发挥计划机制功能。

3. 把计划体系外的三大产业部分通通纳入市场体系，由市场机制配置资源，政府宏观微调，主要用法制手段规范其有序、公平、自由竞争活动，遏制垄断，打击假冒伪劣犯罪行径。

4. 计划体系内的产品与服务报酬，按指令性计划价格由网络站点向居民机

关供应、付酬，由各级财政部门与政策性银行调拨资金。提高效率的超额部分效益，50%交财政部门，50%作奖金。所有制全部实行公有制（国有与集体所有），不吸收私有制经济成分参与。整个计划系统不对外开放，但可以国家为主体吸收外国生产要素。

5. 市场体系中的商品产销概由市场机制调节价格、商业银行供应资金，全块国内市场与国际市场接轨，计划块体系中剩余商品由国有专门经营机构收购，投入市场，参与商品外销，市场体系中的企业政府不干预，但可参股（国家股），不控股。

五、效益论证

计划经济体系块：生存资料有充分保证。

1. 所有土地都为公有制主体所有。现有 10 亿亩中低产田、5 亿亩荒地，这 15 亿亩，人平增加 1 亩多土地，用来种粮，亩产提高 1 吨粮，即可增加 15 亿吨。实际并不要这么多面积增加粮食，有 5 亿亩足够，即年增加 5 亿吨粮食，到 20 世纪末人口以 13 亿计，人平增 0.38 吨即 760 市斤，是吃不完的。另 10 亿亩，以 1 亿亩种粮、1 亿亩种油料作物、2 亿亩增种蔬菜、2 亿亩增种果木、4 亿亩作养殖工厂（养鸡 1 亿亩工厂，每平方米养一组 5 只，母鸡年产蛋、育小鸡成百倍增加），共有 100 000 000 亩×666.07 平方×5 = 6 660 700 万×5 = 3 330 亿只，人均一年 256 只，是吃不完的，大西北广阔沙漠改造还在外。

2. 农村一律根据种养工厂基地建造居住房屋（安居新村），均建三层以上楼房。现有房屋基地面积还有剩余，可作小城镇扩建基地与交通用，改进交通。现有道路改直加宽，就不会侵占土地。到 21 世纪 30 年代，人口增长到 16 亿，随生产力再提高，也不困扰。人口与耕地的尖锐矛盾，可以从根本上解决。

3. 从上面简单论证可以看出，推广高新技术建立现代化农业工厂，可以大大提高劳动生产率与社会生产力，有这样的社会物质基础，在这个领域建立计划经济体制和实行全民公有制，就可把马克思、恩格斯和列宁论述的社会主义经济模式（全社会劳动者共同占有生产资料，全社会成为一个大工厂）实现出来。

4. 但还不能把生存资料之外的全部生活资料与全社会劳动人们生产活动都实行公有制。消除地区之间、人与人之间经济生活与生产资源占有的差距，还需要利用市场机制激励人们经济行为的积极性与创造性，不能回到过去全部实行高度集中的计划经济体制，还需要实行市场经济体制。把二者混为一体，许多矛盾还不好处理解决，可以把二者分开，"一国两制"，搞两块不同性质的经济结构，有利于现代化建设加速推进。

（1）全国各族人民生存资料有了充足的保证，安定团结的大局就稳固了。

（2）全国人民生存资料实行稳定的计划价格，它就不会带动市场物价全面上涨。

（3）自由市场并存，享受资料可以满足不同收入的人民生活消费多样化的享受。

（4）计划经济这一块保证了全国人民生活需要，市场经济领域无通货膨胀来源，就不会发生物价大风浪。

（5）返关后，在上述格局中，计划经济保护了全国人民生存资料充足，外国商品涌入冲不垮计划经济阵地，因为国家法律与实力保护了。

（6）生活资料保证了，严格实行按劳取酬、多劳多得，更有利于生产力的提高、人民的积累增加；再用其投入商品生产领域，就有了强促进力，提高外向型企业在两个市场中的竞争实力。

（7）竞争实力强大了，在国际市场上不受制于人，就能主动多方面吸收生产要素来加快建设整个国民经济现代化进程，提早实现第三步战略目标。

（8）我国经济实力快速增强了，各族人民更加安定团结，国防更稳固了，建设社会主义现代化方向、道路和具体政策措施更明确了。集中物力、人力、智力有针对性地向高科技攻关，成果更巨大，跃进世界科技前列。发扬中华民族文化与创新精神，文明必将更加繁荣辉煌。

（9）今后半个世纪内，将是世界历史深刻巨变的时期。各种政治势力都想充当国际变化发展的领头雁，只有顺应人类发展规律的领航者才能把人类推进到"自由王国"，中国应争取成为这个领头雁。

（10）中国一直不仅是人口大国而且是经济大国、政治强国，对世界各后进国提供的建设改革新经验，必将推进世界新秩序加快建立，返回来又促进中国文明富强的理想社会加快实现，这就为中华民族在未来世界历史发展进程中成为"火车头"创造了条件。

六、几个质疑问题的解释

1. 当前正在由高度集中的计划经济体制转向市场经济体制的深化改革进程中，提出再建一块计划经济体制的经济结构，这不是开倒车、违背十一届三中全会与十四大决议和十四届三中全会的决定精神吗？这样的搞法，与小平同志主张的"一国两制"有何异同？我的答复如下。

（1）上节我已说明，过去我们实行马恩列斯构想的"计划经济"弊端太多，政府失误很多，那是由于我国那一历史时期，科学技术还不能创造高度发达的社会生产力，农村、农业基本上还是小生产的自然、半自然的物质基础。在那样的社会历史条件下，实行高度集中的计划经济，与俄国十月革命后内战时期实行的"战时共产主义"是一个模式，行不通的。

（2）现在我们在农业农村一些领域已能创造高度社会生产力，建设现代化农业工厂。这个创造是近一年中才实现的，这是新事物、新的社会生产力的伟大创造。它为实行"高度计划经济体制"的生产方式的建立创造了条件，有具体模式实例。客观事物发展变化，不能倒退、违背党在一定历史条件下作出的决议，是前进的新政策、新措施。

（3）小平同志所讲"一国两制"是具体对港、澳、台地区可以保留与大陆社会主义制度不同的资本主义制度来说的。我们上述"两块"的构想是就我国还处于社会主义初级阶段，由初始的社会主义计划经济体制转为初始的社会主义市场经济体制来说的。在这转变过渡时期，由于采用新的科技创造了新的生产力，在这领域有条件在某些项目产品系列内建立高度集中的新计划经济体制。这不是旧的或传统的计划经济体制模式的保留，也不是把社会主义市场经济转变为私有化的资本主义市场经济，而是转为公有制占主导地位的社会主义市场经济。由于创造了新的生产力，能够在一部分生产领域建立高级的计划经济生产方式，可以在社会主义市场经济领域建立一块高级的计划经济体制，这不是"一国两制"本质不同的生产方式，而是在一种生产方式领域建立一部分更高级的社会主义经济形态。所以不属于"一国两制"的范围，而是"一国一制"中的高与低两种经济组织形式。

（4）就我领会，人类社会各国各地区发展水平不平衡，政治力量不相同、人民需求不一样，社会主义生产方式可以在少数国家先实现（列宁），在一个国家也可以在不同地区分别建两种不同生产方式（邓小平）。以前的国家都有几种生产方式并存，某一种占主导地位，居于主要矛盾的主要方面，因而决定这个国家的社会性质。而我主张的是在同一个社会主义国家里建立两种高低级的社会主义生产方式，不是两种不同本质的所有制。我认为这是符合社会主义发展规律的。中国版图如此之大，人口如此之多，都要同期实现同一社会主义经济生产方式的同一形式是不可能的，由低到高、由部分到全面相继实现等级层次是符合社会经济发展规律的。

（5）我所主张建立"两块"不同机制的经济运行体制，是战略的选择，是有利于这"两块"相互促进加速发展的。它也不同于过去推行过的"双轨制"，因为过去的"双轨制"是把一个企业的产品分为两条运行轨道：一条是计划价格，即按国家行政制定的指令价格销售产品，一条是投入市场，由市场机制决定其价格，利润较高。因而计划价格的产品千方百计转入市场商品价格，往往使国家计划价格收购的农副产品完成不了高额任务，不能保证计划产品供应。

（6）按照古典学派的观点，商品交换覆盖领域愈广愈有利于社会经济发展（分工合作）。我们国家学术界认为计划经济转入市场经济，市场领域愈广愈好。为什么我却认为缩小市场领域是更好的经济发展战略选择呢？在理论上是否站得住足呢？如理论上讲不通，实践也不会有好前景，会走弯路，我的答复是肯定的。

新老古典学派都把市场看作有利于社会经济发展，市场没有什么大的缺陷，我不同意这种看法，我认为马列主义理论科学性更强。马、恩、列认为市场经济是人类社会一定历史阶段的产物，它本身不是完美无缺的，其发展必然会引起社会阶层两极分化，必然会形成垄断与经济周期危机，要追求没有商品货币的社会主义社会（高级社会主义社会——共产主义化）。列宁说，货币是剥削的残余，是有充分理论依据的。但商品货币经济形态尽管有缺陷（两极分化、垄断、经济周期危机），却是人类历史发展不可逾越的阶段。但具备了能消灭商品货币形态的生产方式，何乐而不为？这是符合人类社会历史发展的需求。

我是根据（一）事物的发展、社会的发展不平衡这一客观规律；（二）商品货币市场经济是有缺陷的；（三）有条件建立高级社会主义生产方式的社会经济领域，就应及时建立；（四）高级社会主义生产方式更有利于社会全面发展；（五）选择生存资料大农业先创建，计划经济是因为国民经济三大产业结构是有层次生长发展的，先有农业，次有加工业，最后才有服务业，这个生长发展规律性应遵循；（六）"两块"之间能否共存互促协调发展、结合点何在？这是我国学术界有争议的，需要在新情况下作出论证。上述六个方面问题，（一）（二）（三）（四）在理论上都有了共识，只有（五）（六）还需要探索论证。

要指明的是，第一，前一时期关于计划经济和商品经济能否共存互相促进协调发展问题，内容与我们现在主张的"两块"是有区别的，当时讨论的"计划经济"是传统的初级的计划经济，不是我现在主张建立的高级的社会主义的计划经济，那时农业还是自然半自然经济，可以保留那种计划经济不会阻碍社会主义商品经济的发展。现在情况不同了，大农业已创造出新的科技生产力，以此新生产力作基础建立高级形态的市场经济是进一步改造生产关系、解放生产力。这是可以具体试验证明的。第二，高级社会主义计划经济与（中级）社会商品经济不是互相排斥的"先进带后进"，先基础（第一产业）后第二、三产业，在理论上是符合客观生长发展规律的。第三，生产者能提供充足的产品（生存资料）直接方便供应消费者，无需通过商品交换方式，这是生产者与消费者共同乐意接受的。第四，生产者与消费者共同乐意接受又能按劳计酬就有积极性、创造性，无须市场机制激励，在计划生育（不能放弃）贯彻下，每户人口均衡不存在"资产阶级法权"的影响，发展水平能普遍共同提高，有利于安定团结。第五，生存资料直接供应能满足消费需求，这就不会去自由市场购买商品，因而市场在这领域自然消失，这就不是互相排斥、产生对立矛盾斗争。第六，全社会生存资料非商品化了，带动物价上涨的因素消灭了，商品市场物价更安定而不会造成市场大动荡，这有利于市场商品顺畅运行，有利于商品生产发展形成良性循环。第七，政府更能主动有效地进行宏观调控，因为商品生产的量减少了，行业减少了，宏观调控的对象与领域小了，市场调配资源相应减少了，更便于调控操作。

2. 高级社会主义"计划经济"这一块的组建，对现有三大产业如何改革？调配生产要素、重组三大产业高级计划经济体制；调配体力与脑力的各种专业人员，实行按劳取酬、实现合理分配而不造成各户之间各地区之间社会分配收入悬殊。我的构想如下。

（1）把产品供应链与生产基地（农场、工厂、服务系统）一体化，组成产、供一条龙。

①第一步，把农村集体所有与城镇国家所有的土地资源，有偿征收，组织示范农场与加工厂（组织示范菜场与海南式的养殖场），作好规划，采用股份合作制，组配生产要素，把需要建设的场、厂、科研单位由有关国有与集体所有的工厂等按股份合作公司重组起来，公开招聘与指令抽调人员相结合进行培训，满足示范场、厂、服务机构和全面推广的必备条件。

②第二步，按地区、按户口调配生产要素，使每一个家庭都有成员加入计划体系三大产业部门服务，分配生存资料与劳动力挂钩（没有合适劳动力参加可投资折股加入）或以平价向供应站购买（主营供应），这样就可实现户户得到每一个人口所需的生存资料供给数额。

③为了保证生存资料生产高效率、良性循环运转，必须把水利、能源、交通运输、信息工程建设好。在这方面可以用按劳集股解决资金入股困难户生存资料成果的分配问题，要按马克思在《哥达纲领批判》所列的分配原则，先扣除公有各部分，剩下部分进行按劳分配。各户发配给制卡，由就近供给站直接提供生存资料。

④生存资料供给站的剩余产品由供给站以商品批发方式按市价投入市场，这就不会发生过去"双轨制"把计划价格产品高价投入市场的毛病，因为是剩余商品，投入市场以免积压，既有利于丰富市场商品，又有利于计划生产体系从市场购入改进生产的资源，丰富完善资源配置。

⑤计划经济纳入的消费生产项目，由生存资料逐步扩大到享受资料、学习

资料是有一个历史过程，不能激进，以免重蹈过去低级计划经济的覆辙。

（2）这种高级计划经济，要能顺利发展，必须在科学技术上下功夫，不断提高劳动生产率、扩大新品种，不断提高产品质量与产量。具体措施要求如下。

①种养业的新品种，要建立科研机构与试验场的示范基地，调配科研人员有针对性、有计划地进行分工合作、联合攻关，并把计划培育、训练人才结合于一体，定期举行科学技术国际交流，吸收国际人才与先进设备。

②把高等教育与中等专科学校纳入计划体系与科研机构结合，把新的发明创造成果通过试验投入生产领域，把总结的科学理论技术丰富教材教学内容，重奖专家学者创造发明。

③国家要有立法保证和监督、检查、考核计划体系各项工作人员的工作任务和活动顺利进行。

3. 自由市场这一块如何在当前深化改革进程、加快体制改革建设，充分发挥市场机制调配计划体系外的资源？我的构想如下。

（1）充分发挥市场机制调配资源的功能。

①把计划体制外的所有三大产业资源要素用法律明确规定其产权均属市场机制主体。由市场机制调节，自由公平竞争，国家行政不予干预。

②所有市场体系领域的行业，无论其主体属个体、集体或国有的产业，在改革中按现代企业制度（公司）股份制、股份合作制经营形式进行重组，建立企业群、产业带、社会生产线，以提高劳动生产率。

③撤除区际之间的一切关卡，以利统一市场的形成。培育多种市场体系（商品市场、劳务市场、金融市场、期货市场、信息市场），资金调节概由商业银行承担，由国家人民银行制定利率政策，以贴现、再贴现调节货币流通。

④鼓励组建多种企业集团参与国际市场竞争，实行自由浮动汇率制度与自由兑换。外商银行可以在开放区设立分支机构，在特区自由交换，但禁止外币在我国非特区内流通使用，返关后按国际惯例办事。

⑤我国实行自由市场经济与计划经济并不违反关贸协定原则。因为列入计划经济的生存资料产品，并不在自由市场上排斥外国这类商品输入竞争，我们只保证全国人民供应这类产品，剩余的也投入自由市场。各国政府有权保护某些产业实行计划价格，过去我国实行的价格双轨制，不能说是排斥外国商品竞争。例如，任何国家都有权规定自己的国防产品不受侵犯，谁能干预美国对爱国者导弹的定价？

⑥在劳动就业方面，纳入计划经济系统的劳动力实行自愿原则，国家招聘也是自由选择，各户出于生活安定需求才应聘应招，供应计划调配的产品的分

配卡，各户可按人口自由购买。国家只根据购物卡总量定产。

（2）自由市场效应的估量。

①生存资料各户都有稳定的计划价格充分供应，它不会自由涨价带动物价上涨，通货膨胀引起市场全面大波动不会产生，恶性通货膨胀循环上涨不会发生。

②各户都有充足的生存资料充分供应，因而生活无后顾之忧，剩余的积蓄资金都可投入长期定期存款或大项目建设投股。生产企业股价低，就有利于社会生产稳定发展。

③股市、房地产投机者不会大炒，生活都有保证，冒险增殖资本没有意义，两极分化不存在，资本剥削无对象（受生存压迫者不存在竞争出卖劳力），个人股份利润采取递增税率所得税，这就可以调节财富分配不合理的少数个人的集中财富。

④个人的荣誉列入对社会的奉献，树立这样的价值观、人生观，也能产生激励机制，不引起两极分化、大量失业，就不会发生社会经济运行周期危机，因为政府可以有效进行宏观调控。

⑤我们有强大的外向型企业集团（包括跨国银行），在国际市场上能够主动地吸取（不受经济大国支配）需要的所缺的资源（包括先进科技和设备），这就更有利于现代化建设进程加速推进。

⑥十多亿人口的中国强盛起来了。我国实行社会主义制度，国内市场容量扩大，又不发生周期经济危机，人人户户都能致富，没有必要对外进行侵略压迫别国人民，可以平等互惠、和睦相处。这在国际上，我们的经验对发展中国家既有巨大吸引力，又有巨大维护和平正义的庇护力和社会发展导向力，有利于建设国际新秩序。

⑦我国计划经济项目是会强化高科技的应用，社会生产力不断提高而扩大项目，实行资本主义制度的国家地区人民也将在发挥民主政治力量增强中要求推行。

4. 为何主张分"两块"，一块不行吗？我认为分析比较就可明白。

（1）我们主张先在生存资料领域实行高级计划经济体制，是因为它有以下特点。

①生存资料的种养业，现已有条件提高种源的产量与质量。生物工程科技，如卫星搭载的种子能使植物在地面不可能发生某些变异，因为太空具有强宇宙射线辐射、高真空、微重力等特点，这些条件对植物种子产生诱变作用，使植物产生在地球上不可能产生的变异（高产、优质、抗病性强的优越性），这已在实践证明了（一般增产 25%~30%）。

②生存资料（粮、油、肉、棉）人的消费需要是硬性的，很少弹性，这就便于制定供求指标计划，项目不多，质量规格易制定，便于管理供应网点和掌握监督检查系统。

③动物的繁殖力在地球上已能改良品种，无需去太空辐射已能实现工厂化高增殖率。一只母鸡产蛋率年产 100 个已轻而易举，饲料科学配方与生长适宜温度均能调控，有条件实现高产优质（太空变化也在实验中）。

④由于以上条件的成熟，进行高级计划体制不需要货币媒介已能直接方便提供给消费者，可以减少流动环节产生的诸多弊端（如价格波动、产供销脱节等等），避免分配中两极分化、剥削失业、经济周期危机等问题。

⑤我国人多地少的矛盾特别突出，又是实行社会主义制度，这与经济发达国家具有不同的国情，适应这种国情，建立具有中国特色的社会主义社会，在国际上是无可非议的，在国内更不会引起各族人民的反对，是乐于推行的。

（2）为何我不主张全面推行高级计划经济体制？只同时主张还留"一块"市场经济体制？这道理我在上面已有论述，再作如下补充。

①全面推行高级计划经济体制条件还不具备，勉强推行计划经济体制搞低级的，那是走老路，不能促进社会生产力的发展。这方面的教训和付出的代价是沉重的，所以十一届三中全会才选择改革开放的新路子，实践证明改革是成功的。

②党的十四大与十四届三中全会决定选择社会主义市场经济体制，并已取得巨大成效，创造了国民经济高速腾飞的奇迹。但前进中有几个大问题不易解决，能否保持今后长时期高速发展，还难断定。

③上述一系列问题的解决，还要取决于通货膨胀能否抑制；安定团结能否稳固；深化改革能否继续顺利推进；农业能否全面跃上新台阶；国有企业能否全面提高效益，在国民经济中保持主导地位；能否缩小区域之间不平衡发展的差距，先富带后富，下世纪中叶前达到基本实现共同富裕战略目标。

（3）只搞"一块"社会主义市场经济，上述一系列问题解决难度较大，至少到一定时期要停止高速腾飞，因为抑制通货膨胀、稳定物价，很不易办到。搞"两块"较易解决前进中的阻力。

①我们不是搞资本主义市场经济，是推行社会主义市场经济，在某些区域搞两种制度，那是基础不同。从全国来说，"一国两制"还是社会主义制度占矛盾的主导方面，不会由于建立社会主义市场经济体制而全国转变成资本主义社会，只是把商品经济作手段，促进生产力发展。

②前面我已分析指明了，社会主义制度下的市场经济仍然有它的缺陷，它本身不易克服以下的矛盾。

——通货膨胀。我们党和政府费了很大的力，迄今还难稳定物价、抑制通货膨胀。尽管采取银行融资紧缩政策，限制固定资产投资份额，牺牲一些速度放慢步伐，但国有企业还是不易全盘搞活、全面提高效益，产品库存积压比较大，相互拖欠三角债还不易解除。再进一步紧缩，企业是承受不了的，可能导致滞胀后果，所以通货膨胀问题解决难度之大还难准确估计。

——农业、农村、农民问题面广，情况十分复杂。全面发展商品市场经济，两极分化是难以克服的，农民之间、农民与城市居民之间、区际之间的收入差距是不可能由发展商品经济来解决的。国家宏观调控也不是万能的，不到社会主义高级阶段实行计划经济是难以解决收入差距的。现在有些专家学者预断，东部沿海地区与中西部地区经济发展水平差距，今后两个五年计划期间不仅难以缩小，而且将越拉越大。

——全面实行高级计划经济还要经历一个漫长的历史过渡时期。在这过渡历史时期，全国全面推行市场经济体制，政府制定宏观政策措施调控市场，市场引导企业。我国版图如此辽阔，生产经营主体不可能一体化，两极分化是难以遏制的。政府的宏观决策措施很难做到完全正确，以往的历史都已证明，迂回曲折总是难免的，造成物力、财力、人力和时间的浪费是难以避免的，到一定时期放慢经济发展速度，进行大整顿调节是不能跳跃的。而且在工农业领域，城乡之间的经济结构还不易实现优化，15年来的经验已可证明。

（4）搞"两块"前进的矛盾阻力是较易克服，易于保持经济发展高速度。前面我已作了些分析，下面从理论上再作些补充论证。

①生存资料都是大农业提供的，离不开土地这一生产要素（财富之母），一旦实行高级计划经济保证计划供应，地租就不存在于分配差别中。计划生产领域的土地属于一个主体（国家），土地为生产劳动者公有了，绝对地租与级差地租也就为劳动者公有了，这就消除了引起不同占有土地者之间不同收益的差别。但在商品市场经济中，土地占有主体不可能一体化，因而不可能消除不同主体收益的差别，它始终是土地改良的阻力（因为它是阻碍平均利润造成超额利润的根基）。

②高新技术的采用。即使土地上劳动经营的种养业主多元化，在商品经济体制中间，地租是不可能消灭的，因为商品是有市场的，市场是有一定区位的，每一块土地不可能没有区位差别，因而其产品运力成本差别是不可能消除的。所以高新技术在土地占有主体多元化的使用上，地租也不能消灭，这种地租即使上交给国家，也不能在商品经济中实现真正的按劳取酬，因为土地生产的劳动者提供给国家的地租份额是有多少不均的区别的。所有说土地不公是不能彻底贯彻按劳取酬、多劳多得的原则。

③全社会（大陆地区）人们的生存资料非商品、非货币化了，市场领域的商品流通所需要的货币媒介数量就大大减少了。在这场合，不仅消除了人们必需生活品在市场价格机制中波动价格的"带头祸首"，而且消除了经济周期危机的"根源"（因为人们不存在失业生存所迫的压力，"自由劳动者联合体"内成员不需要到自由市场去购买生存资料的商品，自由市场不会由于社会存在大量失业者丧失购买力而造成商品过剩、商品运行四大环节脱节带来的危机），社会安定团结大大加强，这就极为有利于促进商品生产领域和计划经济领域生产力加快持续腾飞。

④生存资料实行高度计划经济体制的地区，区际之间的计划经济大农业产品由于消除了区位差异而消除了地租，消除了经济周期危机与两极分化的根源，区间发展不平衡引起的收益差别不再成为商品成本要素。这一优势对各地区商品输出不仅竞争力大大增强，可以摆脱国际市场上经济强国的支配束缚，而且大大增强对发展中国家和地区给予优惠的实力。在这格局中，我们对国际生产要素互补的吸引力就可达到最高度，由此将使我国本币的汇率浮动克服巨大的风险影响，国际贸易收支平衡完全可以自主调控，并将成为促进世界政治经济新秩序建立的巨大力量。

⑤地租消除了，工业原料来源于农业的产品成本可以大大降低，农业比较利益低的劣势便可以转化为高的优势，因为农作物生长大部分时间是自然生态力的增长，高科技的使用更能发挥其威力。农产品成本愈低，工业品成本相应降低，由实行高级计划经济体制的系列产品提供给市场经济体制的工业品更能在价值规律作用中居于优势地位，这不仅使它在外贸输出商品中竞争力更强，而且将对扩大计划经济产品项目发挥强大促进力。

⑥我已在前面章节中初步论证，社会主义计划经济产品项目是由计划经济农业逐步向工业领域扩展的，国家可以根据原料充足与已具备高新技术使用的项目进行定向定点供应计划经济体制中的农产品原料，使其飞跃发展，达到充分满足全国人民消费需求，就可将这项工业纳入计划经济体制，这样一项一项扩展，最终实现全盘高度计划经济是能顺利推进的。

⑦走上述这条路线，条件成熟一项就扩展一项，既符合高科技发展规律（高科技不可能在所有领域齐头并进），符合区域经济生产结构与生产力布局需求（各类生产不可能同时都具备实现高产量、高质量、高效益的条件），符合人们生活消费水平逐步提高、消费项目逐步满足的规律要求（人们生活消费对三大类的生存资料、享受资料、学习资料并不要求同时实现充分供应目标），也是有利于先进后进的要求（先进带后进是事物发展不平衡的客观矛盾发展规律，抓住主要矛盾、矛盾主要方面，才能推动事物快速发展）。任何政策措施，

唯有符合历史发展规律需求，才能发挥其效率威力。

⑧从实践方面来看，近年来人们已相继在各地区建立了生存资料（粮、油、肉、棉、能源）基地，这种基地是以规模效益为目标要求、以较高科技水平为发展动力的，已经中央有关部门评定的粮、油、肉、棉一百强县（市）已奠定了较好供应的基础。在此基础上，采用高科技实现工厂化生产经营，必将进一步提高产量、质量和效益，达到一定地区人口消费充分供应的要求，从而建立"高级计划经济"体制是可能的。可作其他地区示范样板，发挥其先进带后进的强大效应。

⑨"国有制产生官僚主义"已成为广大群众普遍的看法和厌恶，那么再建立公有制的计划经济体制能否克服此种弊病？我认为官僚主义是在一定条件下产生的，也将在新的条件下消除腐败、堕落作风（或现象）。它有认识根源（认识不清），也和整治规章条例、立法与检查监督机构系统不健全、不完善有关。一旦建立了"高级计划经济"体制，生产与管理工业化、自动化、电子化、岗位责任制，职责分明，信息灵，情况明，工作劳动质量、数量记录精确。系统中任何部位、环节出了问题，由谁负责，如何及时解决处理，监督检查核实系统灵敏不会失误，官僚主义无容身之地，不易产生腐败生活作风。监督系统灵敏，法制规章严明，精神文明易于建设，大气候、小环境都不容许腐败滋长，也难以存在、传染、蔓延。科学的世界观、新的人生观、高尚的社会价值观等上层建筑会成为维护物质基础的巨大力量，这样的新社会是难以崩溃的。

5. 当前面临的几个重大问题（国有企业效率差，东西部差距还在拉大，物价、金融形势还未根本好转）是否会阻碍建立"高级计划经济"体制？我的看法如下。

（1）当前物价涨幅虽然有一定程度的回落，但基础还不稳固。有些专家学者预估今后一段时期内还会反弹。我认为在推进建立生存资料"高级计划经济"体制进程中，这项建设工作本身不会引起物价上涨，建成后有利于全国物价稳定。因为：①建设这样的现代化工厂型示范农场周期短（一年），效益高，固定资产投入回收快，用发行专项短期（一年、二年）国库债券就可解决；②示范农场投产后效益高，农民自己集资（股份合作制）就可一部分用作建设资金，不会引起政府财政赤字扩大而增发货币与信用膨胀；③投产后，生存资料（粮、油、肉、棉、能源）相继增加供应，助长物价的"祸首"相继消失。所以不会引起物价上涨，而且有助于物价稳定。相继推广这项示范型农场效果类似。

（2）国有企业的改革不会因生存资料建立"高级计划经济"体制而受到

阻力。国有企业资本重组，推行现代化公司企业制度转换机制，不会受到不利因素的干扰而降低企业运营效益。因为：①一部分提供示范的工厂化农场生产资料转入"高级计划经济"体制领域的国有企业，产销对路，不会造成产品积压，沉淀目标资金，可以减少当前相互拖欠的三角债链，有助于盘活国企资产，提高效益，转换机制。②生存资料（粮、油、肉、棉）粗加工即可供应。一般乡镇企业都可承担，无需国有工厂这把"大牛刀"来加工。至于制造副食品的精品深加工，可以提供原料给国有高级的工厂承担加工，投入市场营销，有钱的消费者可以到市场自由购买，这不会引起物价大波动。因为原料是平价购入，不会由成本增加而价格上涨，有了计划供应的基本生活资料，不会在市场经济领域引起供不应求的矛盾而促成涨价风浪。③居民计划供应基本生活资料集股吸收的消费支出比例不大，不会引起城乡居民储蓄存款大幅度下降。商业银行信贷资金来源不会由于上述集股分流而锐减，且可由于生活安定而增加积蓄存款。④高级计划经济体制系统中的工作人员都是利用现成的操作技术，一般具有初中文化水平的城乡待业人员经过岗位短期培训就可胜任，无须抽调国有企业技术骨干，因而不会影响国企技术力量下降削弱。由于以上诸方面的因素，在计划经济体系中重组并不干扰国企经营机制改革转换，所以国企改革能够继续推进。

（3）在大农业领域，生存资料纳入计划经济体系稳定发展。农业这个国民经济基础更加强了而不是弱化了。因为：①生存资料生产引入高新科技，"三高"效益更能提高增长幅度，从而大大强化农业基础；②高科技工厂化农场可以大大减少，这就可以使农村农民富余的劳动有计划、有组织地向生存资料计划经济领域外的资源开发项目投入更多的劳动力，全面开发大农业与加工业，创造更大的财富；③由示范场来直接优良种植，可以杜绝坑农的假冒伪劣品种，有利于促进农村经济的发展，农民更富裕了，文化教育事业必将更发达，农民的科学文化水平进一步提高，大大有利于农村农业现代化的加快实现；④大农业、矿业开发项目相继引入高科技而大大提高产量与质量，这就为全面建立"高级计划经济"体制创造了条件。由此可见，推行生存资料"高级计划经济"体制，有利于大大加强农业基础和加速现代化进程。

（4）东、中、西部三大地带经济发展的不平衡，唯有在粮、油、肉、棉生产中引入高科技，才能缩小区域之间经济水平的差距。因为：①各地区资源潜在的优势是不平衡的，中西部尤其是西部资源优势大于东部是明显的。在实行"低级计划经济"体制时期，三大地带经济发展水平差距很小。自十一届三中全会确定改革开放以来，差距逐年拉大了，就是商品经济发展引起地区之间两极分化的具体反映。②商品经济继续发展下去，这种差距是很难实现人民共富的战略目的的，因为它形成差距的根源，不仅是政府十多年来对东部地区实施优惠政策的倾斜，更主要是由于东部地区经济基础、文化教育、人的素质，特别是区位有利于商品经济的发展，这种区位上的优势是商品经济本身难以改变的。③商品生产经营、成本利润是决定其竞争胜负的主要因素，区位优越，运输成本较低。同样的人、财、物条件不可能改变，区位优势赋予成本较低的利益，因为空间上的区位是迁移不动的，人们不可能把珠江、长江三角洲搬到西北、西南地区去，因而商品价值中所含级差地租比重差距是消除不了的。④在商品经济中，高新科技不可能消除商品中的地租成本，只有全社会消除了土地占有差别，实行土地公有，消除土地劳动生产的商品货币形态，才能消除地租。前面我已论证指明，生存资料实行"高级计划经济"体制、土地公有了，地租也就消失了，由空间区位地租差别引起的商品利益差别才能消除。三大地带差别这个基因在社会成员收入中消除了，才可能使中西部地区凭借资源优势，引入高科技，加快发展，赶上东部地区水平。在以前实行"低级计划经济"体制地区之间差别甚小，不是由于"平均主义""大锅饭"，而是同劳同酬形成的。⑤在土地这里生产资料公有了，才能真正实现按劳取酬的平等原则；地区内的优势资源采用高科技创造的财富较多，才不被商品运价较高的劣势束缚生产力而实现加速增长。

6."两块"体制在国际经济中的优越性，我在前面已作了阐述论证，这里还要作进一步阐述。

我们实施"两块"经济体制，返关后能更好地与多国进行平等互利互补，发展友好合作经济关系。

（1）我国输出到国际市场的商品，在国内市场与国际市场，其商品价格都是由世界市场价值变化来决定。我们国内市场已成为世界市场组成部分，因而凡投入世界市场的商品价值已不是由各国劳动量各自决定，而是由投入世界市场同类商品价值含量平均化来决定，这对于我国出口商品在世界市场竞争中非常有利，因为构成劳动力价值中消除了地租的粮、油、肉、棉部分比重小而含量较少，无论是密集型劳动的产品或科技含量较大的产品，都会在平均化的世界市场价值规律作用中处于优势地位。还值得指出，我国农业生产级差地租消失，在对外国际经济关系中输出农产品时绝对地租与级差地租却又表现出来，国家占有土地对内公有了，对外并未公有，这使国家在国际关系中得到一笔"贡赋"。

（2）在生存资料（粮、油、肉、棉）全民有了计划自给供应，每个人都不需要去市场购买。外国输入我国市场的粮、油、肉、棉商品就不可能对我国农业构成压力和威胁，阻碍我国农业生产发展，农业这个国民经济基础非常稳定，它有力地维护市场物价的稳定，本币（人民币）价值的稳定就有了保障，从而本币与外币的汇率不会发生被迫剧烈浮动。这就会使我国人民币在国际金融界成为争购的主要对象，成为世界各国人民储蓄的保值增息的好工具，人民币在国际上取得巨大的储存容量，等于中国用纸币向世界人民和各国企业换取巨额的进口物资，为中国在国际开拓巨大市场，极有利于中国建设事业大发展。

（3）我国本币（人民币）汇率的稳定，一旦成为世界各国人民储蓄的好货币，我们国家的进出口贸易大量增加，交换得到的物资用于加快现代化进程，劳动生产率提高了，出口商品增加了。无须用巨额外汇储备就能进口巨额资源，优化国内资源配置，实现中国由人口大国进入经济强国，提高中国在国际中的地位。对其他任何国家都无威胁力，这是实行社会主义制度的本质决定了的，从而更有利于支援发展中国家人民脱贫致富，更有力量促进世界各地区共同繁荣昌盛。我国的和平外交政策就能成为建立世界新秩序的强大力量。

（4）具有中国特色的社会主义强国兀立于世界，大批国家走没有经济周期危机的中国模式的建设道路，世界经济结构就能消除经济危机的根源。暴力革命不会发生，全世界和平转为社会主义国家就能实现，马克思主义的光辉闪耀全世界，实现全人类的伟大理想就会成为现实，列宁所说的没有商品货币的剥削残余的世界在未来的 21 世纪中完全能够实现。

上面我的分析论证，可能遇到流行于当今世界学术论坛的各学派的批驳，所以我想在下面预作答复的准备。

【附1】若干经济学说的分析评价。

对马克思学说可能引起争议的几个问题。

一、马克思在他的经典文献《哥达纲领批判》中描绘未来共产主义社会没有商品货币，如何理解才正确？

1. 原文是这样写的："在一个集体的、以共同占有生产资料为基础的社会里，生产者并不交换自己的产品；耗费在产品生产上的劳动，在这里不表现为这些产品的价值，不表现为它们所具有的某种物的属性，因为和资本主义社会相反，这时个人的劳动不再经过迂回曲折的道路，而是直接地作为总劳动的构成部分存在着。于是'劳动所得'这个由于含义模糊就是现在也不能接受的用语便失去了任何意义。""我们这里所说的是这样的共产主义社会，它不是在它自身的基础上已经发展了的，恰好相反，是刚刚从资本主义社会中产生出来的，因此它在各方面，在经济、道德和精神方面都还带着它脱胎出来的那个旧社会的痕迹。所以，每一个生产者，在做了各项扣除之后，从社会方面正好领回他所给予社会的一切。他所给予社会的，就是他个人的劳动量。例如，社会劳动日是由所有的个人劳动小时构成的；每一个生产者的个人劳动时间就是社会劳动日中他所提供的部分；就是他在社会劳动日里的一份。他从社会方面领得一张证书，证明他提供了多少劳动（扣除他为社会基金而进行的劳动），而他凭这张证书从社会储存中领得和他所提供的劳动量相当的一份消费资料。他以一种形式给予社会的劳动量，又以另一种形式全部领回来。""显然，这里通行的就是调节商品交换（就它是等价的交换而言）的同一系列。内容和形式都改变了，因为在改变了的环境下，除了自己的劳动，谁都不能提供其他任何东西；另一面，除了个人的消费资料，没有任何东西可以成为个人的财产。至于消费资料在各个生产者中间的分配，那么这里通行的是商品等价物的交换中也通行的同一原则，即一种形式的一定量的劳动可以和另一种形式的同量劳动相交换。"①

　　2. 马克思上面这段关于低级共产主义社会（即社会主义社会）的论述已把这样的共产主义社会经济结构形式和内容表述得很清楚，归纳起来要点如下。①这样的共产主义社会是刚刚从资本主义社会中产生出来的，它在各方面都还带着资本主义社会的痕迹（如分配中的"资产阶级法权"……）。②新旧两个社会的本质已不同了，这是这两种社会各自的生产方式不同决定了的。具体表现在资本主义社会，生产资料是由资产阶级与地主阶级作为财产所占有了。劳动者除自身的劳动之外，个人没有占有任何财产，所以是无产阶级，劳动者为了生存被迫出卖劳动为资产阶级使用；在共产主义社会，生产资料是劳动者共同占有与使用，雇佣关系消灭了。这两种生产方式本质是完全不同了。③共产主义社会的劳动者人身是独立自由的，是自愿联合起来进行共同劳动，每个劳动者所需要的消费资料直接从社会总劳动成果的储存中分配取得，取得多少份额决定于每一个劳动者提供给社会的劳动成果（扣除社会各种公共事业的基金）多少来决定，即贯彻按劳取酬原则。这其中每个劳动者之间也存在劳动量的交换，但已不是通过迂回曲折的渠道以商品的形式进行交换，不用货币作媒介，劳动量表现的商品价值、货币形态消失了。而是凭提供给社会的劳动量的证书领回与自己提供的劳动量（扣除社会基金）相等的份额，即劳动量的证书取替了货币。各个劳动在通过社会总储存进行的劳动量的交换，交换的尺度已不是货币，而是以劳动小时为尺度。④在这样低级共产主义社会里劳动者分配消费资料，平等又不完全平等，用的衡量劳动量的尺度是同样，这方面是平等，但分到各个劳动者的消费资料不是平均的（按人口平均分配），因为每

---

① 马克思、恩格斯：《马克思恩格斯全集》第3卷，北京：人民出版社，1950年版，第10-11页。

个劳动者的劳动有熟练差别和抚养家庭人口的差别，所以每个人口分得的消费资料并不等量。所以就分配权力来说，平等中还有不平等，马克思把这种事实称之为"资产阶级法权"的遗留。

3. 我在前面的论证中主张建立的"高级计划经济"体制在本质上已与马克思上述的低级共产主义社会相同的，所不同的只有：①马克思是把各种生产资料公有共用了，各种劳动产品在劳动生产者间进行按劳分配。我主张建立的低级共产主义社会只限于生存资料（粮、油、肉、棉）生产的生产资料作为公有共用，分配原则与马克思的共产主义社会生产方式中的分配原则是相同的，分配消费种类项目只限于粮、油、肉、棉四大类，这是不同的。②存在资产阶级法权也是相同的；但参与共产主义社会的劳动者，马克思是主张全体劳动者都加入，我主张各家庭的劳动者根据需要合乎要求，可以全体参加，也可一部分人参加。所以，这比马克思说的共产主义社会在它基础上、发展程度上还低些，而现代大农业生产可引入的高科技却比马克思所处时代高多了，所以这些差别并不和马克思主义的原理、社会本质和实践遵循的原则相悖。

二、关于地租在什么条件下存在与消失问题

1. 什么地租？是怎样的？对社会经济发展有何影响？怎样才能消灭？马克思在《资本论》中有科学的分析和回答。

（1）"地租就是土地所有权在经济上实现自己、增值自己的形态。"① "土地所有权有各种不同的历史形态。"② "我们考察的土地所有权形态，是土地所有权一个特殊的历史形态（是指资本主义的历史形态）。"③ "土地所有权的前提是某一些私人独占着地体的一定部分，把它当作他们的私人意志的专有领域，排斥一切其他的人去支配它。"④"地租是由地主把地球一片段租与别人而由此每年获得的一个定额货币来表现的。"⑤ "一切地租都是剩余价值，是剩余劳动的生产物。"⑥ 资本主义地租，是无产者的剩余价值的货币形态。

（2）"土地不是劳动的生产物，是没有价值的。"⑦"土地的购买价格，总是依照多少年购买（years purchase）来计算。这不过是地租资本化的别一种表现，其实，那并不是土地的购买价格，而是土地所提供的地租的购买价格，依照普通的利息率来计算。"⑧

---

① 马克思：《资本论》第3卷，北京：人民出版社，1965年版，第807页。
② 马克思：《资本论》第3卷，北京：人民出版社，1965年版，第802页。
③ 马克思：《资本论》第3卷，北京：人民出版社，1965年版，第802页。
④ 马克思：《资本论》第3卷，北京：人民出版社，1965年版，第803页。
⑤ 马克思：《资本论》第3卷，北京：人民出版社，1965年版，第813页。
⑥ 马克思：《资本论》第3卷，北京：人民出版社，1965年版，第828页。
⑦ 马克思：《资本论》第3卷，北京：人民出版社，1965年版，第813页。
⑧ 马克思：《资本论》第3卷，北京：人民出版社，1965年版，第813页。

（3）租地农业资本家为改良土地投入的资本，这种投入的"资本能够固定于土地内，和它相合并。那部分地是比较暂时性质的，如化学性质的改良、施肥等等，部分地是比较持久性性质的，如排水、灌溉设备、填平及农业建筑物等等。我把这样合并在土地内的资本称为土地资本，这是属于国家资本的范畴。""那种合并在土地内，要经过比较长的时间才可以消耗殆尽的比较耐久性质的固定资本，也大部分是。而在某些生产部门还是完全由租地农业家去做，不过契约所定的租期一经告满，合并在土地内的各种改良，就要当作与实体（土地）不可分离的……财产，归属于地主。地主跟资本主义生产的发展，会企图尽可能缩短租期。……在重新订立租约时，地主就会把合并在土地内的资本的利息，加到狭义的地租中去……他的地租就因此膨大了。……这就是随经济发展的进步。地主们会愈益变为富有。他们的地租会不断膨胀……他们把自己没有一点功劳的社会发展的成果，收进私人的腰包里去。他们是单为消费而存在的，但这同时就是合理农业最大障碍之一。"① "土地所有权和其他各种所有权，会由以下的事实来区别：到一定的发展阶段，甚至从资本主义生产方式的立场看，土地所有权也会显得是无用而且有害的。"②

2. 我国所处的社会主义社会，当前是否还存在地租？马克思当时没有为我们作答，但从他以下的论述可以得到启示和解答。

（1）马克思还就当时爱尔兰不是农业资本家而是小生产者租地指出："小农民，他当作租金支付给地主的，往往不仅限于它的利润——那就是他自己的剩余劳动。对于它，他有一种权利，因为他就是他自己的劳动工具的所有者——的一部分，并且也会吸去他的通常工资（他在别的情形下能够为同量劳动得到的工资）的一部分……恰好和高利贷者在类似情形下所做的一样。"③

（2）我们新中国的建立就消灭了地主阶级，建立了社会主义土地集体所有制，是否还有地租？马克思以往的论述很有启示，他在"剩余利润转化为地租"的"绪论"中，开头就指出"土地所有权有各种不同的历史形态"④。"地租不管属于何种特殊的形态，它的一切类型总有这个共通点：地租的占有是土地所有权由此实现的经济形态，并且地租又总是以土地所有权，以某些挑剔人对于地球某些部分有所有权这一事实作为假定。土地所有者，可以是代表共同体的个人，在亚洲、埃及等地就是如此；这种土地所有权，也可以只是某些人对直接生产者人力的所有权的附属品，例如奴隶制度或农奴制度下就是如

---

① 马克思：《资本论》第3卷，北京：人民出版社，1965年版，第808-809页。
② 马克思：《资本论》第3卷，北京：人民出版社，1965年版，第812-813页。
③ 马克思：《资本论》第3卷，北京：人民出版社，1965年版，第816-817页。
④ 马克思：《资本论》第3卷，北京：人民出版社，1965年版，第801页。

此。"① 这里的"共同体"指原始社会村落共同体是明显的。我们当前农村土地是归村的行政单位所占有，农户承包耕地就是承租村集体占有的土地。可见在当前我国社会制度下的农村，土地是存在的。

3. 级差地租："使用两个等量资本和劳动"在同量土地面积上"所得的生产物商品差额。"（李嘉图）

（1）由农业在国内各地区的发展程度不同而引起的不平衡……资本在租地农业家间的分配的不平衡……这种不等的结果有两个和资本独立无关的原因：①品种丰度（可以人工改良），耕作方法改进土壤结构；②土地的位置，这在殖民地方面是决定性的因素。一般地说，那决定着各种土地依法加入耕作的顺序……一国土地的开发……由更优的土地进到更劣等的土地，也可循相反的方向前进……社会生产一般的进步，因为会创造地方市场，会由交通运输工具的建立来创造位置，所以，对于当作级差地租原因的位置，会发生水准化的作用；另一方面，由于农业与制造业分离，一面形成生产的大中心，一面形成农村相对孤立状态，土地的地理位置的差别会越发加大。"② ［以上土地丰度、位置（距市场）都可产生级差地租，在我国当前都运用此原理。］

（2）生产率不同的各个资本量连续投在同一个土地上的情形，和相并投在不同各个土地上的情形，结果引起一个差别。马克思称为级差地租第Ⅱ形态。（这里马克思是把科技水平不变作前提的。如果科技水平相继提高了，劳动生产力相继提高了，情况又不一样。）级差地租Ⅱ是以级差地租Ⅰ作前提。

（3）绝对地租。

（4）"小土地所有制。在这里农民同时是他的土地的自由所有者，土地则表现为他的主要生产工具，表现为他的劳动和他的资本所不可缺少的使用场所。在这个形态上，是不要支付什么租金的，所以地租不表现为剩余价值的一个特殊形态。虽然资本主义生产方式已经在其他各方面发展的国家，会由与其他各生产部门的比较而表现为剩余利润。不过这种剩余利润是归于农民，和他的劳动的全部收益一样。"③

（5）土地所有权的这个形态，和以前各种古代的土地所有权形态一样，仍是在其内，农村人口比城市人口占有极大的数字上的优势。所以，尽管资本主义生产方式已经在其他各方面取得统治地位，但发展还是比较有限，并且在其他各生产部门内，资本的集中也只在狭小的界限内运动着，资本的分散仍占优势……在这里，农村生产物一个极大的部分，也必须当作直接的生活资料而为

---

① 马克思：《资本论》第3卷，北京：人民出版社，1965年版，第828页。
② 马克思：《资本论》第3卷，北京：人民出版社，1965年版，第849-851页。
③ 马克思：《资本论》第3卷，北京：人民出版社，1965年版，第1050页。

它的生产者（农民）自己所消费，并且只有这以上的余额，才当作商品，加进来和城市通商，……在这里……"级差地租是明显存在的。"①

【附2】马克思的地租理论对于我国当前农村经济和农业现代化的指导意义。

马克思级差地租理论对于我国当前农村商品经济发展有何指导意义？

1. 利用最大的自然力（天然瀑布水力灌溉、发电）生产较低成本的商品。

——商品的成本价格+平均利润=商品生产价格。商品是按社会生产价格出售的。

——我们老少边陲地区大多商品经济欠发达，乡镇没有发展起来，既缺电力又缺技术，要赶上沿海经济发达地区很难。但老少边陲地区有许多优势胜过沿海地区。沿海地区办工厂所用的动力一般都是烧煤或烧汽油，由火力发电，所以生产成本高。这种产业已占全国乡镇企业统治地位，在商品自由竞争中形成平均利润，它们的商品生产价格=成本价格+平均利润。

——西南地区江河落差大，水力发电优势大，所以商品的成本价格较低，投入市场竞争力强。投入市场按商品生产价格出售，可以确保超额利润，这个超额利润来自水力发电，这个超额利润转化为级差地租为水力（瀑布、河流水力）所有的级差地租投入。如果这种发电的水力资源为这个地区人民共有，级差地租也为其共有（罗子山水电站为4个少数民族公有，他们发电生产的商品就有超额利润）。三峡移民地区就地用三峡电力是会比华东地区用三峡电便宜些，也可获得超额利润。

2. 利用新的科学技术生产农作物比用落后科技好，可以获得超额利润。

——把北京郊区通县中以示范农场技术、品种管理经验优先向后进地区推广。后进地区人民用此示范农场品种、技术、管理的经验，其产品可获超额利润转化的级差地租收益。并为积累资金，为加快水利、交通、品种、农肥、农药与农产品深加工创造条件。

——上述条件具备了，高科技现代工厂化大农业全面推广了，加工业（乡镇企业）发展起来了，产、供、销高度计划经济体制在生存资料领域建立起来了，还只是国民经济基础的农业实现了保证人民生活安定，还要在此基础上大力发展商品市场经济，使后进地区人民走上富裕道路。这就要进一步：

（1）把大农业领域超过生存资料部分作为原料进行深加工增值作为积累资金的来源之一的自力更生的力量，并运用农村合作银行组织融通资金发展农村工业。

---

① 马克思：《资本论》第3卷，北京：人民出版社，1965年版，第1050页。

（2）借鉴美国开发落后地区的经验，即实行三优先的基本战略。一是使落后地区的经济发展保持较高的增长率，一方面通过政策优惠使落后地区的经济得以扶持和发展；另一方面通过大量拨款，发展落后地区工业。二是加强援助，减轻贫困的痛苦。美国政府通过转移支付手段，均衡发达地区和落后地区的收入，使落后地区人民得到帮助；三是经济开发，通过发展落后地区的基础设施、教育等事业，从根本上改变落后的局面。

美国政府调控三重点。第一个重点是企业，为企业在落后地区的发展提供许多优惠条件，并给企业进入落后地区创造良好的投资环境，依靠发挥企业的活力和企业的壮大，加速发展落后地区经济。第二个重点是战略产业优先，美国政府在对落后地区开发时，不是对各产业部门一视同仁，而是重点发展具有战略意义产业，如交通运输、兴办水利、兴办科学公园等。第三个重点是教育，提高劳动者的素质。

美国政府实现宏观调控的关键是上下配合，重视各级政府的积极性，重视它们的配合及彼此协调一致，否则难生效。它们能够协调的原因：①目标一致，无论是政府、企业家还是个人，都企图摆脱危机和痛苦，把经济搞上去。②企业较弱，经过危机的震荡使企业的实力削弱，往往容易接受政府的指挥。③决策正确，无论是开发形式的选择还是产业的选择，都顺乎民意，方法上没有失误，故达到预期效果。

【附3】我认为，中国落后地区一个突出的问题是农村剩余劳动力大量向较发达地区和城市涌流；另一个突出问题是城乡就业的压力；第三个问题是教育体制改革问题。下面分述。

我在前面阐述了建立高科技新型大农业工厂化计划经济体制，首先解决生存资料（粮、油、肉、棉、电）的计划供应，在"九五"期内实现这个战略意义甚大的目标。在这个领域现代化进程中，能否有效地解决上述三大问题？（区域通货膨胀问题我已就湖南物价问题回答了。）

1. 关于落后地区农村大量剩余劳动力流向富裕地区（比较富裕但还未达到现代化社会富裕水平），这是劳动力市场化的价值规律具体反映。俗话说"人往高处走，水往低处流"，就是这个道理。例如一个普通劳动力在后进地区工作八小时只实现劳动力价格（工资）8元，而到较富裕地区能实现16元。在这种劳动力实现（价格）不平衡（区域间相差一倍）的情况下，低工资地区劳动者很自然要向高工资地区流去打工。一旦低工资地区的自己家乡经济上来了，也能实现日工资16元，就不会有人外出到经济较发达地区去打工，这样劳动力自发外流问题与车船运输拥挤超载问题都可一同解决，学习提高劳动力素质也可就地得到实现。（至于地区之间计划调整劳动力那好办。）

2. 关于城乡就业压力问题。我国国情中一个突出矛盾是人多地少的矛盾，一旦大农业实现，高科技工厂化、高科技机械化，是节省活劳动力的，是否引起劳动力更多的过剩而增加就业更大压力？我认为这个突出矛盾可以解决。一是体力劳动由于农业机械化相应减少了，但智力劳动的需要却相应增加了，这就需要劳动者相应增加学习时间提高智力；在岗位工作中因机械化减少的劳动时间可用来增加学习时间。二是当工作时间减少了，学习时间就增多了，只要能满足学习，提高劳动素质要求，更多的劳动时间转为学习时间，劳动力就不会过剩而增加就业压力，因为劳动力就业压力，从根本上是由于劳动力素质低了，不适应高科技需要出现的差距造成的。只要随着高科技现代要求的低素质的劳动力及时转为高素质劳动力，做好配套比例培训计划，劳动就业问题即可解决。这个关键是教育培训体制改革问题。

3. 关于教育体制改革问题。我认为这是党中央、国务院制定"科技兴国"的重大战略决策，也是解决1、2两大问题的必需的根本举措。它是把自然力充分转化为社会生产力的关键。第五次科技浪潮能否在我国快速掀起，归根结底取决于这一战略决策能否实现。所以在这方面，我们要展开更广泛深入的分析探索。

（1）中国人口多，都是独生子女，受完初中九年义务教育，是现代文化基础最低的要求，这个基础还难达到现代化必须具备的基础知识和技能，如电脑操作、数（高等数学）、理、化、生，人人必须掌握基础知识。初中毕业能否学好，我很怀疑。但数亿初中学生，用现在的上课方式训练，课室、设备、教师很难承受，看来必须全面开展电化教育才行，但电化教学实验就难保证质量。

（2）现在独生子女的家长愈来愈感到使自己子女受高等教育是家长应尽的义务，目的是使子女就业得到较优的待遇。为此，家长们不同于过去为子女积累财富，而是积累资金为子女升学作学费。现在银行为子女升学的学费存款几乎占家庭储蓄额比例30%以上（1995年这项储蓄将达3万亿元以上），达不到这个要求是会责怪政府对教育事业不尽力而产生埋怨情绪。目前自费太贵，且难以进到较好学校而出现了忧虑与怨气，多无有效解决办法，今后会更加高涨。子女没有受到高等教育埋怨父母，家长埋怨政府，学生、家长、政府三方面受到的压力必将冲垮现行教育体制。

（3）就现在中央对教育改革的指导规划思想来说，是多办中等职业学校与高等专科学校，有重点地建设200所本科高等学校，培养高层次科研人才。这个构想付诸实施，我敢断言，势必受到科学潮的猛烈冲击，如不及时抑制兴建豪华办公楼、酒楼、休闲楼，把这方面物力、财力改用于兴办教育设施，不久将来这"三楼"会成为升学潮冲击的主要对象。

（4）把市场机制引入大专毕业生分配领域。这本来是劳务市场向高等教育事业的扩展，但这一改革既有它的合理性，又带来大专毕业生的就业巨大压力，不仅学生本人怕"毕业即失业"的沉重压力，而且使其家长们深感彷徨。原以为子女接受了高等教育可以"青云直上""仕途畅通"，万想不到要到市场人才交易所去卖智力，极感失望。这也许是传统的计划经济体制计划分配人才的旧观念，跟不上改革大潮的涌动，但又确实使学生和家长对高等教育失去一大部分信心。在国家机关和企业改革精减人员的激流中，大专毕业学生卷入这一旋涡，置身其中的学生本人忙得四处奔跑，求聘于人而倍增自卑感，而依靠家长到处送礼拉关系，更感到是一种耻辱。把培养人才与生产商品都利用市场激励机制，我不知其未来流变是好是坏，心为此实不安宁。

（5）在高等学校教职工采取离退休制，到了年龄必须下岗。根据需要可以返聘，离退休后工资仍可发给一定比例。助教、讲师、正副教授是根据需要而晋升的职务名称，虽然也要有一定的学术水平，但"需要"是决定性的条件，"需要"是有编制名额限制的，不能超过。这一体制上的改革，从人事管理上看，简便灵活，党政领导者在人事管理方面容易操作，也能发挥其权力的运用，但在师资队伍的建设、学术的积累发展上与团结的关系上带来了一系列的负效应：①对领导者来说，大开方便之门，可以根据"需要"自己有权优先晋升职称，未达学术水平者也可越级提升，上一层领导人官僚主义严重，只管编制名额比例就行了。评审委员会是以投票表决来决定，送礼拉关系的歪风吹遍高等学府。领导与被领导者之间、同事之间对立的裂痕日益加深。师资队伍很难形成优化梯级结构，教研组的精诚团结日益涣散了。学术上的互助互帮被互不服气的内心疙瘩分化了。尽管"教授"成群，而学术上却日益贫血。②时间到了一律下岗，年龄成了师资队伍的铸造模型。白发苍苍的学者已绝迹于讲坛，百家争鸣的学术风气再也吹不起来了。离退休的教师日益增加，而超过在职人数比比皆是。学校成了养老院，校舍年年扩建也解决不了人员的安置。学生听课越听越不懂。所谓春风桃李溘然无声，校园成为年轻人谈情说爱、拥抱吻颈的场所，校风靡烂，很难整顿。③下岗的教师闲得无聊，形成两极分化，尚有精力继续执教鞭者，基于热爱教育事业心切，邀集同仁另起炉灶，各种民办的大专院校雨后春笋般产生了。基于志同道合，内部没有职称晋升与比例名额分配的矛盾，有的教学质量超过夜办院校是不足为奇的。但精神烦躁又无所追求，闲来无事，只好把时间消磨在麻将桌上。④闭户笔耕著书立说者也有，但出专著呕心沥血，不单很少稿酬还需拿出数万元购买出版书号，又要自任推销员，实在为难。所有这些现象反映出我国知识分子智力上的惊人浪费。

以上是我个人的观感，究竟是好是坏，让历史评说。

（6）当前的农村教育，特别是边贫山区，儿童青少年很难得到良好的培育，缺乏科技人才造成经济落后；经济不发达又无力发展教育培育人才，这一方面形成了恶性循环。目前还有 8 000 万人口地区被这种恶性循环所困扰。教师的缺乏是普遍现象，而大中城市离退休教师大批大批闲着无事可做，这种矛盾现象在当前教育体制中是无法解决的，应看到我国农村教育质量偏低，难以适应形势发展要求是普遍现象，就是经济较发达地区的农村也还未解决这个大问题，所以贯彻"科教兴国"这一战略方针，在全国农村均为紧迫任务。

4. 我对于当前教育改革的若干构想。

（1）从已掌握的高新尖科技应用于生产入手，集中有关第一流的人才（专家学者）于若干院所，根据生产投入的科技含量需要组成应用操作的实践队伍班子，有针对性地、成套地培训高级人才，作出生产工程扩展的需要的人才数量与质量的全面规划。这样，把理论与实践结合在一起，把教和学集聚于一堂。例一：通县中以示范工厂化现代农场。根据其科技结构与应用分组：品种组、土粮肥料组、植保组、水分滴灌喷灌操作与设备制造安装操作组、自动化电子技术管理操作组、厂房建设与温度调控组、保鲜储存运输供应组、专题文献资料编写组，等等。把该示范农场实践的经验全面系统总结起来，编成手册。一方面用作现场、院所培训人员的教材；一方面对品种质量如何进一步提高分工协作进行研究试验。这样把理论与实际应用，由点到面地推广教学与研究、集体与个人优化组合于一体的种植产业新高等院校。例二：海南山鸡现代工厂化饲养加工示范场。根据山鸡特性，生长加工流程各阶段研究任务，调配有关专家学者组成以下专业小组：①研究种鸡品种如何选优，雌雄比例优化组合，产蛋受精、孵化成活率高，生长发育迅速；②研究按鸡龄生长各阶段科学配饲料，实现速生长、低成本、高效益；③研究场地如何实现现代化，生长各阶段对气温调控的要求；④研究山鸡综合加工利用（包括宰杀工艺、血浆、羽毛、屎便、肉食加工增值）；⑤山鸡产品储藏、运输、供应网络站如何建立。按人口流动供应与自由买卖双轨销货制。这类山鸡发展实现三高，有 5 个重点值得研究改进：一是产蛋率、孵化率、成活率如何稳定提高达到 100%。二是在饲料方面如何以高蛋白牧羊（如稻香草）代替粮食降成本与价格。三是如何加工配方成为世界高效名牌保健肉食品。四是如何加工包装方便运输携带。五是场地面积缩小，实现 1 组 1 平方米，屋顶能作饲养场，可大大减少占耕地面积，果园、玉米地也能做饲养场就更好了，并将山鸡屎与水产饲料也利用起来。这个方面改进了，使之成为禽中之冠，淘汰一般鸡禽和生猪，经济效益就更大了。每县50万人口×100只（＝5 000万只）÷3 330只/亩＝15 015亩（湖南7 000万人口，年供鸡70亿只需场地面积1 051÷2＝525.5万亩）。其他养殖业按山鸡饲养加工流程安排研究专业组。

观点说明：①小动物饲养工厂化，比蔬菜之外的种植业更易实现。水稻、小麦、棉花、油菜等还难把生产基地微缩为工厂（受光合作用的局限），但稻田可作泥鳅、鳝鱼、香花鱼、牛蛙、青蛙多层次立体大模块场地养殖，池塘、水库亦可作猪、水禽、水产多层次养殖场。②种植业实现"三高"，品种适应性难以做到全国通用一个品种，要在自然气候不同地区建场、建校。③大西北沙漠地带的开发是巨大历史性的工程，要有专门院校和培训适应的特殊人才，智能机器人的利用代替人的体力劳动是个研究与发展方向。④我国版图辽阔，磁悬浮高速铁路的建设是紧迫任务。⑤山鸡等禽类用果园、竹林、玉米地做饲养场，套种松香草放牧，训练一种吹号信号，一吹而涌来啄食，才好管理，可省大量场地用以耕作。这对村民联户饲养方便。

（2）建立上述生产与教研一体、教与学用结合、示范与推广饲养并举的基地，逐项普及到全国，规划方便、指标易完。检查执行计划方案易行，它可革除现行教育体制许多弊端。①项目招生来源：由于学习方向与学习内容目标明确，能迎合报考者爱好兴趣，定向招生易行。可以克服学生报考专业的盲目性，毕业达标具体，在教与学中方便测定。培养的人才能达到全面合格，毕业生分配工作岗位都能落实，从而可以克服学生家长后顾之忧与学用不一致的智力浪费。②教与学的方法和内容体系清晰，可以克服教学计划、课程内容的重复与脱节，能有效利用教与学指导学生作业的时间，提高其效率，克服学生无效学习的时间浪费。③统编教材易办，科研攻关重点目标明确，便于集中力量易出成果，转化为生产力迅速，补充进教材方便，可以克服智力闲置积压。④师资队伍易于调整梯级优化结构，便于充实现代化教学科研设备，教师之间的团结增强，克服人际关系的种种矛盾。"假冒伪劣"无法寄生，等级职称易定。按劳取酬标准待遇公正好转，有利于全面调动教研积极性。⑤离休退休不凭年龄只凭精力，可以实现人尽其才、才尽其用，克服巨大智力的浪费。

（3）关于高等院校社会科学专业改革的几点构想：这方面目前还少典型案例进行经验总结。但根据我国国情，总结历史经验教训，阐明前进方向道路，弘扬中华民族五千年文化在人类历史中的重要地位，激发爱国热情与奋进精神，使之成为促进两个文明建设、实现宏伟战略目标与光辉未来的强大动力。

①用马列主义、毛泽东思想观点、立场和方法与基本原理阐明中华民族在社会主义前各历史阶段创造的光辉业绩与兴衰过程的历史发展规律，总结出中

国共产党自觉运用历史发展规律开创新中国建立新社会的历史功绩，以及实现社会主义现代化的宏伟任务与光辉前景，编写出一册《中华通史》的教材，作为大专学校必修基础课程之一。

②运用马克思主义政治经济学基本原理和方法，阐明中华民族经历前资本主义各发展阶段社会形态与发展的经济规律，从半封建半殖民地进入新民主主义革命与社会主义革命和建设的毛泽东经济思想与邓小平"建设有中国特色社会主义理论"的改革开放基本国策全面高速发展，体现的经济规律以及实现社会主义现代化建设党制定的方针路线和战略目标所依据的经济规律，和前进中要解决的重大经济问题，与走向世界推进国际新秩序的光荣任务。要出一本广义的《政治经济学教程》，作为高等教育必修课程之二。在此基础上编写一本融汇各派学说科学性质的《当代世界经济学》作为文科必修课程。

③根据法学原理，结合我国国情制定的法律、法规以及国际通行的法规，写出一本普及法学知识的读本，作为高等学校必选基础课程，使人人懂法、守法、护法，促进社会良好秩序的建立、人际关系健康美好发展。这方面应成为高等教育公共基础课程支柱之三。

④要把我国优秀文化（传统的与当代的）中的艺术精品和社会高尚的伦理道德与勤劳纯洁的风尚民情汇编成册，图文并茂，内容生动活泼，富有强烈感染力，使全国干群精神生活丰富多彩、健康发展。激励爱国热情，培育德才兼备的优良风尚，促进国际平等、公正、和睦、互助，消除强权霸道行为，形成优良上层建筑，护育经济基础良性循环发展，应定为高等院校公共文化基础必修课四大支柱之一。

⑤文科高等教育院校200强，要在专业设置上体现各有所专的特色，不应办成一个模型的培育园地。各系专业要根据我国国情和多元化企事业发展战略目标实现的需要而设立专业，使招收进来的学生填写专业志愿时择其所好，培育其特长，在学习进程中明确认识自己所学专业毕业目标的具体要求，完成学习阶段后到什么岗位、担任什么工作、肩负什么具体任务、责任如何，洞彻明晰前进中的时代大趋势与自己应作出贡献的血肉相连的关系，形成奋进追求的人生高目标，使之产生学习的强大动力，使为灵魂工程师的教师深切感到育人成才的光荣使命与肩负的重大责任，使学校教育充满生机活力。

⑥关于文理分开从高二作起跑点较为合理。一部分中学可从高三分专业培训，基础才扎实，因为高二以前各门基础学科知识技能都掌握了，用高三一年时间有针对性地专项培训，减少岗位培训时间，对学生本人与就业单位都能较好适应。大学阶段再分二年三年制专科与四年制本科。三年制专科生与四年制本科生都考硕士研究生。但博士生应招收硕士研究生为适宜。进入就业岗位的

硕士研究生搞函授博士生，紧张工作与攻读博士学位时间精力上的矛盾不易克服，难以达到国际水平。

⑦关于培育高尚品格与优良习性。从幼儿园、小学阶段起就应抓住，因为这关系到一个民族素质的高低、国家安危的精神力量的强弱，这是教师工作的重要任务组成部分，也是家长的双重责任（生理与心理的良好发育），互相配合才能提高培育效率。要用立法规定下来，双方保证达标，无论社会制度如何选择，不可低估市场商品经济产生的副作用影响。我不赞成把这方面的责任丢给社会来负担，社会风尚是由社会成员来建树，学校与家庭是社会构成的基本育人园地，也是社会赖以健康发展的支柱，有责任负这方面的责任。当然公共娱乐场更有直接责任杜绝糜烂颓腐行为。

⑧现代传播媒介的报纸、书籍、电视、广播，愈来愈成为科技知识与精神文明传播的庞大主体。如何用好这些媒介主体，影响深广。其中电视内容安排得好与不好尤为重要。一部名片在黄金时段的放映，至少对数亿观众产生强烈的感受。任何学校名流教师讲授都无法取代其万一。就我作为一个观众，对于某些商业广告穿插其中，不仅收到轰动效应，而且引起观众厌恶反感的副作用，因为它扰乱了观众的思路心绪，这方面很值得认真下功夫改进。报刊上科技推广应用、考察调查专家专题报道极为重要，值得大力扩展内容版面，配以现场照相图片，更能引起读者重视，又是推广经验、扩大成果效应的好办法。

⑨我国版图辽阔，历史悠久，自然景观与历史文物的现场展览可以增加旅游资源，吸引游客，投资少，创收大，是扩大服务行业、安置大学就业人员的好场地、好岗位。特别是推广生态种养业与景观种养业融合一体，对生态环境的改善意义更为重大。把历史文物欣赏与学术研究并举，远远胜过书斋研究、课堂讲授的效应。通过外来游客扩大世界了解中国，对中国走向世界具有重大作用。这方面需要设立专门学校，培训大量专门人才来担任导游工作。

⑩我国水电工程狂想曲并非幻想，具有一定浪漫色彩，但非毫无根据的冥思虚构。环保问题中的治沙与开发沙产业、扬黄引水工程以及全国生态系统的修复和水利建设，已成为我国重大而紧迫的跨世纪巨大工程任务。专家指出，中国拥有占世界1/6以上的人口，资源人均水平较低。到21世纪中叶，我国人口将达16亿高峰，接近我国资源养活人口（18亿大国）的极限，而干旱沙化之严重已成为威胁到广大地区人民生产和生活能否持续发展的大问题。从现场考察发出信息：大西北腾格里沙漠已经直逼黄河，乌兰布大沙漠也有几十里直扑黄河岸边，这两大沙漠流沙东袭年输沙量1亿吨，它将使人们以往一切减少黄河中流沙含量的努力化为乌有，使现有的良田耕地与居民村落成为荒凉的沙丘，使一切水利设施被破坏废弃。青铜峡、大柳树镇的巨大水利枢纽工程，

筑坝蓄水库容，年复一年都将被流沙填平，失去水利建筑设施的功用。仅宁夏水库年淤积沙量达 1 600 万~2 000 万吨，已报废水库库容量达 1.46 亿立方米，其余水库由原设计库容 9 亿立方米减至 5 亿立方米。这就是说，新中国成立后，这个自治区修建的水库已有一半丧失蓄水功能。目前全区沙地面积已达 1.5 万平方公里，占全区总面积 6.6 万多平方公里的 22.7%，黄河下游大断流今年春夏达 4 个月 20 天，断流时间之长、影响范围之广，超过了有史以来的任何一年。这种大断流带来了一系列严重的环境与生态问题，它将使中下游引黄灌区的缺水情况更加严重，地下水位进一步下降，许多耗费巨资修建的水利工程废弃无用，并将进一步恶化中下游气候与环境，加速华北地区干旱化的发展。问题更大的是山东，黄河是该省唯一的最大的容水水源，该省耗费巨资修建引黄（河）济青（岛）工程，黄河断流，无水可引，许多沿黄地区干旱加剧，引黄设施废弃无用，黄河入海处的滨州、东营和我国第二大油田——胜利油田，正面临严重的缺水危机。今年因缺水停产，钻机停开，该省沿黄河的用水量大的企业亦被迫停产，损失巨大。今年断流最长时 622 公里河流无水，豫、鲁两省 650 万亩农田灌溉受到严重影响。济南、聊城、濮阳、开封、商丘等大中城市人民的生活与工业用水发生了极大的困难。黄河是中华民族的母亲河，是中华民族 5 000 年灿烂文化的孕育发祥地，且为鸟类的天堂（黄河入海三角洲）。这里有 105 种候鸟被列入《中日候鸟保护协定》，洲内新老河道纵横交错，浅水沼泽密布，芦苇丛生，人烟稀少，野生动植物资源十分丰富，为鸟类安家提供了优越的生态条件，是东北及内陆和环西太平洋鸟类迁徙的重要停留和越冬栖息地，一旦河水断流引起生态变化，天赐的丰富资源将随之损失。如何保护中华民族这条母亲河，经验已有了，只要作好全面规划，组织人力物力，30 年内就可实现恢复这条母亲河再现中华民族的辉煌慈祥。

第一，首先运用"坡头经验"，利用扬黄源营造人工植被，防沙、固沙，开造绿洲、草原、农田，不让黄沙流入宁夏、内蒙古河段。把中卫扬黄水利工程继续提高，使三北灌区农牧业大发展，作为建设工程队伍的家园。南部从大柳树村扬黄引水入腾格里沙漠，北部从内蒙古孪井滩引黄入腾格里沙漠，南北两路同时进军。把贺兰山西北麓沙地优先绿化开发，使其拦住西北面流沙东袭，一道一道向西北沙地推进。用 10 万治沙护黄大军、20~30 年时间征服腾格里沙漠，使黄沙变绿洲。建立葡萄酒原料基地与开发陕、晋、内蒙古、宁夏之间的煤海、油气资源，为职工大举提供丰富的蔬菜副食品基地，并使河套大农业大发展构成现代化工厂化基地。

第二，有人提出把黄河中段建成人工"大湖泊"，我的构想是建成第二个三峡水利工程。把三门峡水库堤坝加高作为第一级，在龙门建高坝作为第二级，把黄河咆哮怒涛集中到龙门百丈高坝巨涛倾泻上来，下游让从水库放出的泥沙填平，改作耕地。以三门峡大坝为枢纽，南北两岸另造人工河流。北河沿晋、豫边缘经济阳、焦作到新乡，再分北上、东进两渠道，浇灌冀南、豫北平原耕地，河渠宽深度要能航行 10 吨船舶，缓解沿途铁路、公路运力紧张。南河要大于北河，从陇海铁路北面（或南面）向东经义乌、洛阳、荥阳、郑州、开封，改入山东菏泽。济南再分南北两渠。北渠从济南淄博进滨州、东营入邺州湾，解决胜利油田水源，连通渤海湾。在淄博开分渠东经潍坊到达青岛入海。南渠从济南经泰安、新汶直达第二大陆桥东纬"桥头堡"的日照，连通黄海。这条南河深广度要能航行 30 吨的船舶，增强豫、鲁两省水运交通。用 30 年的时间建成全部南河。至于南水北调，从十堰市、豫南、平顶市到洛阳即可，这是为解决豫西南水源与补充调节三门峡库水不足仍需建造的人工河流。

第三，在龙门建筑第二级水库高坝，把黄河水位大大提高了，便于山西、陕西左右两边引水建人工河。现在山西已在偏关引黄入晋，分南北两渠（规划我不清楚，下面是我的构想）：南渠由偏关经三岔、五寨到东寨，联通汾河南下太原，再分东进、南下两渠。东进渠经榆次沿石太铁路进入太行山区，解决太行南部水源匮缺困难；南下渠循汾河南下临汾，解决晋南平原耕地水利喷灌问题。北渠沿偏关河穿过老营下水头、鲁平到朔县，连通桑干河，加大官河水库容量，为北京、天津两市与河北省北部、中部耕地提供水源。

引黄入秦（陕西）可分两路：

从青铜峡大坝开渠连通苦水河经甘肃省属甜水堡、环县、庆阳、宁县进入陕西彬县，连通泾河直达西安市，为周、秦、汉、唐四个朝代建都的长安恢复入水领域昔日景观提供充足的水源。从甜水堡东北向开渠连通洛阳，增加洛河稳定流水量，直达华阴注入黄河二级水库，为八百里秦川黄土高原提供充足水源。

从石嘴山市沿都思图河穿过毛乌素沙地乌审旗连通无定河，为改造陕北沙化地区、开发地下丰富资源与培育国土植被供应充足用水。

以上各路水量如何分配？应确切测量黄河中上游年度来水量，合理分配，力求增大青海省刘家峡水库储水容量，保证黄河中下游各条人造河渠经过地区需要的水源，并据以确定河渠深广度与航行船只的大小。

建设上述庞大的水利系统工程所需要的人力、物力、财力如何筹措？我认为全面测量与工程全面规划，必须调一流专家学者担任各项目主要负责人，成套配备专家学者担任专项工作，调集 100 万普通劳动大军，按工作量配置劳动力比例人数，分工地、工作进程序列进入工地，构成流水线模式的强大生产力，定期完成工程任务。财力资金采取：工程受惠，域内调来的劳动力，50%

发给现工资，50%作为合作股份入股金；专家学者报酬从优，认购股份自由，社会投资者（包括外商、国内各方面投资主体）一律按股本金额构股，尽量以设备材料工具折合本币（包括股金），减少通货膨胀压力。工期时间，除征服沙漠与大坝施工期工程项目外，总工期10年、施工高潮期5年，争取完成全部工程（21世纪2010年前）。在封建王朝时期低科技初级劳动力，中华民族建造了长城、运河等伟大工程。在当前科技社会条件下，有何难以为力？事关中国国力与数亿子孙万代幸福，必将胜利完成。

至于甘肃、青海两省与新疆维吾尔自治区水利建设，以及内蒙古东北地区建造长渠，我在另一手稿中（已复印成讲稿）已将构想表述，此不重复。

⑪长江流域与西江、云南水电工程建设的构想：关于长江三峡水电建设巨大工程已有全面规划并已进入施工。高潮前夕，我没有其他构想。四川、湖北亦各有水利建设规划，安徽淮水流域的综合治理与太湖整修都有了计划和具体规划。皖北、苏北干旱地区亦可从替代黄河下游的南大渠（南河）建小渠分流灌溉，提供工业和城市居民生活用水，在此不多叙。下面几点构想我认为值得提出，作为抛砖引玉，希望关心人士共同研讨。

第一条构想，从长江源头进行南水北调，增加黄河水源。我认为黄河水源大大小于长江，而青海、甘肃沙漠地带，尤其是腾格里大沙漠的改造，仅靠昆仑山、阿尔金山冰雪融化的水源是很不够的，有必要从西藏东部察雅地区将澜沧江、金沙江上游建坝截流凿大隧道水渠到青海达日，与黄河源头上游连通。这样第一级南水北调，可以大大增加黄河水源，工程是巨大的。如果察雅海拔低于达日，还需要在察雅地区筑坝、蓄水发电。用电扬两江（澜沧江、金沙江）之水送入黄河上游。铁道部对祁连山、天山大隧道与南昆铁路大隧道都在1~2年工期打通了，这条南水北调连通长江、黄河源头的隧道工程有何不能克服的困难？我认为从现有技术力量看是可能的，从长远利益着想是必须的。

第二条构想，在云南三江（元江——又称红河，出国境经越南入太平洋）、澜沧江（出国境后称湄公河，经老挝、泰国流入太平洋）、怒江（出国境后称萨尔温江，经缅甸入印度洋）蕴藏着巨大水力发电能量，可建立多级水电站，不仅可为我国华南大经济区输送巨大电力，而且可为中下游诸国农田灌溉、河流航行发挥重大作用。由于工程巨大，在本世纪内是不可能进行开发了。但从大西南与华南地区实现第三步战略目标，进入现代化高水平的历史阶段，云、贵、黔为我国少数民族最多的地区，经济社会文化全面发展，以及华南大经济区经济进一步大发展，仅靠两江水力发电是难满足供应要求的，尽管南昆铁路通车，黔煤南运方便，南海石油开采可以就近供应原油，但烧煤烧油提供能源是不合要求的。

　　——煤炭石油均为一次性能源，烧了不能再生，而且对环境污染、破坏生态影响是严重的。

　　——水力是再生能源，永续利用不会枯竭。三江水力不用又不能作为资源储存，白白浪费，且易造成下游洪水灾害。

　　——更可贵的是水力用以发电是最清洁的能源，不污染环境，且可在灌溉上大大改善生态。

　　——节省的煤炭石油，等于相应增加大量贵重原料供应化工产业，在经济上增值的财富是巨大的。

　　由此可见，用水力发电替代煤油，能够产生一系列良性循环效应，带来一系列巨大社会效益，它体现为如下的发展规律。

　　水能发电使水力转化为电力——水电替代煤、油，消除污染，改善生态，人与自然协调发展——自然力充分转化为巨大社会生产力，两个文明高速发展，社会财富巨量递增——人类历史发展飞跃前进。

　　上述的发展规律是不能自发地全面实现，需要上层建筑做出一系列正确的符合客观规律要求的决策与措施才能充分实现。在我国如果把前面构想的三大水利系统工程（即黄河、长江、三江三大水利系统工程）建设任务完成，上述一系列发展规律产生的系列效应和效益是能实现的。下面我们列举一个省区的水利建设就可明白。

　　湖南省水利建设规划方案的思路。湖南长期以来受春夏洪涝与秋冬干旱气候恶性循环的困扰，使 21 万平方公里的省域（拥有三湘四水、洞庭盆地，16.8 万平方公里的山丘与 4.2 万平方公里的平原）的山地、良田巨大生产潜力与 6 000 万劳动人民的智慧发挥不出来。迄今仍有数百万人口未跳出贫困的陷阱。造成此种现象的因素是复杂的，但水利失调、生态破坏未全面修复仍为制约的根本要素。科技兴湘必须从此入手，才能事半功倍、加速湖南实现社会主义现代化进程。

　　现在已创造的条件日益有利于湖南全省的振兴，就水土劳力这根本要素来看，比 15 年前大为改进了，但仍难抗衡大自然灾害的降临。今年（1995 年夏）洪涝危害带来的严重损失就是实证。因为三峡工程刚刚开展，荆江涌洪使洞庭湖区生产难以安稳，16 万平方公里的山丘垦复面虽大，但水利建设还未能从根本上使生产实现三高（高产量、高质量、高效益）得到保证。为创造未来全省辉煌，在跨入 21 世纪前夕的关键时刻，放眼全省现状，有必要进一步全面规划，使巨大资源潜力转为现实经济财力，使湖南由人口大省、农业大省转变为经济与文化的强省。下面我的构想就是为此而激荡起来的。

　　以水发电，以电扬水。围山建渠，喷灌、滴灌全省各区 500 米以下所有田、地、山土、水域，保证"三高"大农业实现工厂现代化，这个任务如何具体规划、施工建造，我的构思是：

——治河先治坡。遍造植被固土耕作，种养结合，形成生态大农业良性循环，使自然生长力转化为社会生产力。这就是说，用水力发电，以电扬水，对稻田实行科学用水浅灌，对旱地山土一律改造为梯级耕地，便于渠道自流喷灌、滴灌，或驶水车喷灌，使旱土作物不致干旱，四季保收。所有梯级间陡坡边种植高蛋白牧草植被，为畜禽提供丰富饲料，做到遍地绿化、寸土生财。通过畜禽过腹还田的有机厩肥，使粮、油、果、木、牧、禽提高"三率"（产蛋产子率、成活率、发育率），实现高速繁殖。立体结构，实现"三高"丰收。所有水库、池塘、湖泊、河流的水域，实行立体饲养（水面以上建栏养畜和鸡禽，水面养鹅、鸭、水鸟，水内养鱼类、蛙、鳖、鳅、鳝），使其各有生长环境，又相互结成食物链条共同繁衍，提供丰富多样的美食肉类。500 米以上的山坡峰峦，一律植树绿化，截留雨水深浸土层，构成林茂美观的生态核心，稳固深厚植被，使湖南 6 000 万人民心旷神怡，陶醉于大自然怀抱，精力充沛建设伟业，益寿延年多作贡献。

——要使湖南这个人口与农业大省变为经济强省，在能源水利建设方面，要综合治理江湖。三峡工程与荆江南堤工程完成后，洞庭湖粮、油、棉、畜、禽、鱼类现代工厂化生产即可消除长江分洪的水患而实现"三高"大农业的稳定高速发展，为湖南实现强农大省建立力量雄厚的巨大基地。但从全省经济大发展、实现第三步战略目标、走向社会主义现代化新的历史台阶目标来看，还需要在 75% 的辽阔山地丘陵区进行全面大开发，才能实现伟大战略目标。所以水电能源优先开发仍属重大战略任务。因为洞庭湖平原要从根本上消除洪涝灾害，稳保这巨大基地全面丰收，四水山地丘陵不综合治理好是难以达到的。

——湖南全省地貌像个斜置的簸箕，西南高，东北低。这样的地势决定了四大河流都是从西南发源汇注于洞庭湖盆地。四水中沅江最长，水的流量最大，为武陵、雪峰两大山脉构成的槽谷，山土又最广，但旱灾最多。据此，我认为从开发沅江水电入手基础较好，易收效益。五祥溪水电站即将竣工，可为柳林汊再建一级电站以供发电，扬水灌渠。桃源、常德、安化、汉寿等县广阔丘陵地区都可广泛建立现代工厂化种养基地。在铜湾建立大坝，既可以引水进入乾城怀化，又可穿山建隧道水渠与资水上游连通，使洞口、武冈、隆回、邵阳等县的山丘地带全面开发，还可从绥宁县境内选址建大坝，左通靖县，右入新宁、东安，串通沅、资、湘三江源头，调节流量，扬水上南岭北面山区，解除干旱困扰，工程虽然巨大，但可开发 3 000 万亩新耕地，亩产种养业年创 3 000 元产值以上。仅此一项，一年可增产值近万亿元（还不包括加工业与 500

米以上的林业）。北京通县中以示范农场月创种植业产值 2 500 元，年创 3 000
元是轻而易举的。这比穿山凿隧道建铁路经济社会效益大得多，它可作水渠又
可作航道，何乐而不为？澧水流域不长，上流筑坝造水库，扬水上山改善武陵
山峰西北面山土较易实现。

　　——水利电力枢纽工程完成了，各支流筑小坝建小水库（小是比较上述大
工程而言），做好规划、设计，施工期短，2~3 年都可投产，东江水电站水库
容量较大，流域地区较小，可凿渠西调一部分水源入郴州市工业区，还可从莽
山北麓筑坝截流，经临武、桂阳引入郴州工业开发区，在蓝山、汝城筑坝蓄
水，供应宁远、嘉禾、新田地区；扩大岑天河水库容量，为零陵地区山土田地
提供充分水源；从上游建坝修渠，引水入邵（邵阳）、衡（衡阳）、祁（祁东）
三县之间的干旱地区，这样，整个湘南缺水问题即可解决，也能加大柘溪水
库、湘中诸县水利改进。至于湘东洣水流域，扬水工程任务不大。湘江两岸把
韶山灌区扩展，增加造林种草植被，疏浚航道河床，从上游调节流量，即使遇
到大旱大涝也不会造成大灾。从 6 000 万人口中调集百万劳动大军奋战 10 年，
改进水电与生态工程，事关全省人民切身利益，这项重大历史任务是能如期完
成的。四大流域综合治理好了，洞庭湖盆地大农业基地稳定发展了，湖南全省
域生态进入良性大循环了，第二、三产业必将进一步大发展，经济强省战略目
标加快实现是大有希望的。人杰地灵，再创辉煌是可以预断的。

　　当然，水利电力只是一项基础设施，从商品经济行业结构来说，也只是基
础产业之一，是现代化社会建设的物质基础结构中的支柱，这需要统一的详细
设计和全面规划，包括大水库移民易地开发与分期、分区域进行施工，才能合
理利用人力、物力、财力提高功效。现代化设施必须有现代化统一管理，才能
充分发挥这一基础设施的利用功能，这就需要在教育系统建立这项专门人才的
培训中心来承担这项任务。优先创造这些条件是整个工程展开实施的前提，要
抓住机遇，及时上马扬鞭奋进。

　　我们还必须阐明，有了良好的大生态基础设施，只是为有效转化自然力为
社会生产力创造财富提供良好基地。如何在这个基地上进行区域产业结构合理
布局，是全面规划工作中的重要任务，下面我将就这项规划的思路作些陈述。

湖南产业结构调整与发展规划的构想

一、湖南大农业产业结构的现状与合理调整、加快发展的若干意见

　　农、林、牧、副、渔是大农业的主要构成内容。粮、油、肉、棉、糖和蔬

菜又是"菜篮子工程",为人们提供生存资料的基本项目。如何根据需要与实际可能,对现有结构进行调整,加快发展,是一项值得深入探索研究的大课题。

调整产业结构要根据社会主义现代化建设战略目标和科学技术已达到的水平来进行规划和行动措施。前面我已陈述了把自然力转化为社会生产力时"中以示范农场"和"海南特种珍稀动物养殖场"提供的经验,在改进水电基础设施的基础上是能广泛推行的,其他品种改良的科研成果等应及时通过试种试养大力推广,转化为社会生产力,创造财富满足人们日益增长的需求。下面只就湖南大农业结构调整发展陈述构想意见。

1. 自然力充分转化为社会生产力,修复完善大生态系统是个关键。湖南大农业结构调整与发展,只有在水电基础设施搞好了的基础上进行布局,优化结构,才能实现三高效益。

(1)根据500米坡度这个界线来布置山土大开发,实现生态系统良性循环的要求,我的构想如下。

①500米以上的山坡应根据大自然环境、土壤与气候条件配植乔木树种,在这个坡度中还应分几个梯级配植树种。

——1 000米以上的山峰应一律营造松林,因为这类山峰大多遭风化侵蚀,土瘠、水少、旱多,除少数地方可植云雾茶之外,只有松林才适宜生长。松树生长年龄长,能傲斗冰雪,抵制强大风力,落叶覆盖层深,改良地表土壤力强,又是优良木材(如铁松、红松)。它产生的松脂又能为化工提供重要试剂原料。雄伟壮丽的景观,少不了它的挺立坚拔呈现的风采。所有的山峰都应松林化为好。

——700米到1 000米的坡层,北面一般以营造杉竹林为主,它是重要用材林的基地,国家建设与住房修造装饰,都少不了这类建材,尤其是杉竹共处有利于护育竹子直立生长。而以竹代木(木材)代钢(钢材)和室内地板、窗帘装饰、竹帘竹器的制作,已日益成为一大新兴企业,竹笋年年破土生出,为消费者年年冬春提供美味的食品,三年成材的竹树是生长周期长短配置、以短养长的最佳结合的林木。至于庭院种竹带来的清风雅韵是诗人画家的赞誉。在日光强烈的坡南地面,以多置松林为宜。寒菌是它带给人们的美食珍品。如果人工培养菌苗成功,它会创造巨额外汇。有一点还值得一提,单纯的针叶杉林会影响鸟类栖息,必将招来害虫肆虐、生态失衡的恶果,因而混合林木是最佳配置。

——500米到700米坡层以种植板栗和银杏为主体,利用坡土营造经济价值最大的林地。湖南应把这种果林"财神"大力培植起来,千万亩年可创造产值数百亿元，且为粮农（板栗）与药材提供巨额经营产值，我主张把现存的油茶山绝大部分改植板栗、银杏，5 年挂果后且能逐年递增，意义重大，不可失误。

（2）500 米以下山地值得大做文章，它在湖南全耕地面积中比重居第一位，是我们水利建设要灌溉的重点地带，也是营造立体农业的主要基地，是解决湖南人口增加耕地逐年减少这一突出矛盾的关键。我认为，柑橘、果木、小麦、油菜、茶叶、烤烟、玉米、红薯、豆类等不耐旱作物与高蛋白牧草，都应布置在这一地带精耕细作，实现"三高"目标。农村居民点与畜禽饲养场和交通线路不占稻田，必要的直线道路也可以高架桥跨越稻田，都应建在这一地带，使它成为生态中种养业物质良性循环的耦合枢纽。例如栽培的果园饲养家禽、绿化的庭院圈养家畜，通过沼气池发酵使一部分肥水注入池塘、水库饲养水产，一部分通过微管渗透浸入耕地作物根底，肥与水融合供应，不仅可以减少作物叶面喷施的水利措施，而且可以净化环境，促进动植物相互协调发展，构成生态系统中物质运动的自然生态力转化为社会生产力效率递增的良性循环，由此才能使大农业全面实现"三高"的目的要求。我们构想的全省水利建设就是实现整个生态系统与社会生产流程递性高增值效率目的。

（3）大农业实现上述山地丘陵的"三高"目标，洞庭湖区平原产业结构如何调整使其大发展，这与山丘地带有若干不同特点，需要研究探索掌握它的资源潜在优势，使其充分转化为现实经济优势。我的构想如下。

——洞庭湖区水域一旦稳定储量，各种畜禽、水产可以进行大开发、大饲养。四水综合治理完成，三峡水库调控，荆江流量平稳，从此洞庭湖区不再被洪水侵扰，湖渠网络可以四通八达顺利灌溉、航运。围湖所造田畴，都可建成现代工厂化大种养农场。储水湖面可以界网分箱，大力繁殖中华鳖、扬子鳄、河、蟹、鱼、虾、珠蚌等各种珍贵水栖生物，蓝狐、银狐、美国绿头野鸡、莱茵大鹅、古巴牛蛙与美国青蛙等都可大量繁殖，还可招来各种候鸟安宁产蛋，聚集起来进行人工孵化饲养，年产数十倍递增，尤其是大力饲养鸵鸟，效益更大，湖区水域将会"银海金山"般增积财富。

——洞庭湖平原属冲流来泥沙淤积而成的陆地，土壤肥沃，水分充沛，适宜水稻、棉花、油菜、豆类、麻类、玉米、高粱等各种作物生长丰产，湖区有千多万勤劳人民，有丰富的创造经验，修复湖区生态系统使巨大的自然力充分转化为社会生产力。将农作物的秸秆加以科学方法处理使之成为优质饲料，通过猪、牛、鸡、鸭畜禽过腹还田，使种养结成生态农业物质循环链，就能使耕地肥力永不衰竭，从而使这巨大粮仓、棉库、油海年年满储，可为两亿多人口提供高质量的生活资料，还有巨量的芦苇和杨树、水杉，是造纸的优质原料，所有这些作物用现代科技制作，必将成为人民的巨额财富。

2. 现代工业交通是发展的前提，在市场经济体制中，没有四通八达的交通网络和强大的运输力量，任何内陆封闭环境都难以发展，商品经济难以突破。湖南属内陆性地区，现交通条件已大大改善，它为工业大发展创造了区位优势。

——湘、资、沅、澧汇注于洞庭湖，通江达海，直接流经洞庭湖区，湖南人民在它沿岸修建一连串的新港口码头，这将为湖南内贸外贸增加巨大水路运力，开拓辽阔市场领域。从商品经济区位来说，东有粤汉、西有枝柳贯通南北；湘桂、湘黔等几条铁路连通华东与西南。四水汇流于洞庭，注入长江，连通东南海域，粤汉、枝柳北连陇海第二欧亚大陆桥，这将使湖南的交通区位优势大大提高，必将带来发展商品经济的强大动力和效应，改变湖南内陆性的封闭环境，促进三大产业全面发展。

——雄厚的农业基础又是工业大发展的支柱。上面我已将湖南大农业全面大发展的结构内容进行了描绘，一旦大农业朝着"三高"目标发展前进，湖南的工业必将蓬勃兴起。但工业与农业在布局上是各有不同要求的，农业是以水土为生长基地的，哪里有水土，哪里就能发展大农业，它可在湖南全省21万多平方公里的地面上遍地建厂，进行工厂化经营；工业就不能如此布局，它要凭交通区位的优势才能建立庞大的企业群、隆起的产业带，构成强大的社会生产线。湖南的工业基地必须依据湖南交通网络中的优势区位进行布局，重大的矿产工厂还必须就近选择区位参加开发区。我是根据这不同的特点来考虑湖南工业布局的基地。

——湖南四水流域并不利于重工业选择厂址。秋冬季节水落滩浅，难以运重货物航行，依靠公路运输重货物增加运费成本，只有靠近铁路与洞庭湖港口，才有利于产品和原料的运输，所以岳阳、长沙、益阳、常德、津市等环湖地带，以及铁路沿线交叉地区的株洲、湘潭、娄底、溆浦、辰溪、怀化、大庸、衡阳、冷水滩、郴州、东安及其沿铁路线才宜于重工业、骨干企业建厂发展。违背建厂区位选择，都难实现规模效益，充其量也只能小打小闹，为大厂进行矿产原料粗加工和制造小型配件。

——以农产品为原料的轻工业，在今后水利大建设任务完成后，都可在沿河、沿公路、沿水渠的小城镇选厂址建设，作为家庭副业的小手工业，是附属于村落家庭的主体上，今后农村居民点的改造建设，要以大农业基地为依靠，旧习俗的"风水宝地"都不合要求，所有农产品加工业都不宜建在村落里，而应集中于小城镇。所以我把工业归入城镇系统，不列入农村领域，这种城乡界限从产业结构上进行划分是合理的，也有利于小城镇今后发挥城乡融合功能的作用，因为小城镇是农业和工商业的联结耦合点。

3. 第三产业包括行业很广，我这里只就商业、金融业、旅游业、饮食业、邮电通信业如何布局结构、如何进行建设陈述意见。因为这是第三产业经济领域现代化的五大支柱。这五大支柱布局结构优化，整个商品经济运行才能进入良性循环轨道，促进社会主义现代化稳定、协调、高速腾飞。

——工农业产品进入市场，通过货币媒介转化为消费资料，才能实现再生产。而产品要转为商品，它的所有者必须具有独立自主的卖者资格，产品的具体劳动才能转为社会抽象劳动，形成市场价格规律与利润规律，激励其所有者展开竞争。在竞争中提高劳动生产率，处于竞争优势地位实现更多的盈利以扩大再生产，由此而促进社会生产力的发展。如果产品所有者不具有独立自主的法律地位，它就不可能在决策中积极选择优越区位，提高营销效率，降低成本，增值盈利。由此可见，产权界定清晰是产品转为商品的重要前提。商品生产经营者具有了进入市场的独立自主的法人资格，还有流通这个环节——商业经营者，发挥促进运行的功能。商品生产经营者可以自作商人，把自己的产品直接投入市场，与消费者进行交换；亦可售给商人去与消费者进行交换。这一交换中介地位的商品主体，都必须拥有独立自主的经营权力，才能发挥积极性，促进商品流通运行，加快再生产过程。由此可见，商业居于产品转为商品这个流通环节的关键地位，它有三个条件决定其功能的发挥：①商品生产经营者的独立自主法人资格；②商品交换场所的优越区位；③供应的商品质量与数量是否能适应市场需求。这三个条件都需要通过商品市场经济体制改革来创立。湖南这方面改革必须完成这一任务。

——经营货币的金融机构是商品流通环节的重要组成部分，没有货币作媒介的物物交换是无法衡量商品价值量的，难以满足买卖双方要求而顺利进行交换。所以货币在流通交换环节处于商品顺畅运行的关键地位，它是价格体系赖以建立的核心，又是商品价值在价格形态上反映市场价值大小的标志，同时也是市场商品供求关系变化的显示器。流行中的纸币已与含有价值的金银货币脱了钩，成为测度商品价值的符号，价格体系这一变化使纸做的货币在流通中不能增加商品任何价值、分量，这种纸币为商品价值运转服务的功能能否正常有效发挥完全由纸币投入流通领域的数量和运转速度来决定。这就使经营货币的金融机构在调整商品价格体系中的地位大大提高，所负的任务极为繁重：①为效益可靠产品供求适应的工农业开发项目提供充足资金及时到位，消除时间的损失；②充分有效利用巨额储蓄存款，使其达到预期的保值增值目标，防止储蓄滑坡与存贷损失；③使流通领域商品货币流速快、流量适需、稳定物价，促进扩大再生产，国民经济持续腾飞；④促进外贸扩大发展，进出口平衡、外汇储备适量、汇率稳定，有利于开拓国际市场，促进世界经济繁荣昌盛。这四大任务极为巨大而繁重，完成这四大任务的首要前提是确切统计国内生产总值投入流通交换所适需的货币流量。否则，很难掌握货币发行适度数额。由此可见，金融业在进行宏观有效调控与微观活力发挥上，对国民经济发展所负任务何等重大！作用和地位何等重要！

——社会保险业与饮食服务业在我国当前与今后主要为国有产业与党政机关精简人员再就业、保障老年人生活无后顾之忧、安度晚年提供保障，同时也为各类企事业遭受意外风险和自然灾害陷入困境而提供物资支援，并使这种少数人的困难转为由社会全体成员共同负担，从而增强人际关系，互助互惠，凝聚力量。把保险业归属于金融企业，是由于它经营的庞大基金属于国民生产总值储蓄部分，理应为生产要素，通过保险与其基金使用，优化配置，实现保值增值，减少政府福利性财政负担，国民生产总值中扣除出来的成为银行储蓄。部分社会保险基金是社会劳动者创造的价值，一部分做参与保险所缴的保险费，它不在按劳分配形式上归还劳动者个人，而是作参保者共同福利性的保险基金存入银行，这就取得了在金融机构中优化生产要素配置的机遇和发挥促进生产的功能。所以社会保险公司是将社会劳动者创造的财富，通过社会劳动者参与社会保险缴纳的保险费形式拿来作为保险基金，再将这基金在市场机制与政府政策的导向下用于社会生产要素优化配置的执行机构，它作为一种产业，与饮食服务业联姻，既扩大社会劳动者就业岗位，又便利了劳动者一日三餐生命延续必要的生存生活消费，节省劳动时间，这就是发挥生产要素优化配置的作用。饮食业所需资金周转从保险公司加强借贷关系，应予明文规定为宜。当然，保险基金除应付支出保险准备金的剩余额，有效投入其他各行业，是在社会经济运行中更广泛地优化配置生产要素，这也是作为金融机构之一的保险公司经营业务的主要组成部分。

——作为第三产业支柱之一的旅游业，就其实质来说，是内外贸系统的重要产业，因为它是"出卖"景观的胜地；就其服务对象要求来说，它又是饮食服务的良好场所，因为旅游是离开家庭外出游览，不会自带烹调餐具，而需要饮食业为其消费服务。这是城乡随着旅游业的兴旺而日益火热起来的第三产业，是吸纳大量城乡富余劳力的重要阵地。但由于宏观调控的强化而紧缩银根和有关金融信贷的法律法规尚欠健全，不少基层信贷单位人员以及农村富余资金拥有者，巧妙钻营金融体制转轨中的漏洞，采取多种形式和方法不断挖掘资金的资本食利功能，从中牟取高额利息，有的甚至专靠食利为生，一个日益膨胀的食利层便在当前农村中悄然兴起。这个食利层在旅游业兴旺地带与后进农村地区更加猖獗。他们利用各种人际关系，以为旅游者"服务"之名兼游客人生地疏之机，运用其高利贷关系，促使旅游场地各种营业人员高抬物价，坑压游客，将旅游资源独占性产生的地租（应为集体与国家占有的利益）大肆蚕食，使自己成为高利贷兼地主的寄生层，大挖社会主义墙脚。要铲除这一食利食租寄生层，扩大社会保险系统在农村的覆盖面，借以强化参与保险的群众监督网络力量。我们认为这是农村金融体制深化改革可行的操作，也是整顿第三产业必要的举措。

——邮电信息属基础设施产业，它虽不直接创造物质财富，但却又是现代化社会尤其是商品经济社会赖以灵活运行的基础，具有缩小空间、节省时间的强大功能，所以把它归属于第三产业支柱之一。在我国，大量小额汇寄与信息传递都是靠邮电部门承担，所以这个部门成为政治、经济、文化繁荣发展的强大工具。可以预断，用现代通信科学技术装备起来的邮电企业，它将发挥社会有机体的神经系统的更强大功能，没有它，社会有机结构就会僵化而失去动力。汽车、火车、飞机是现代社会的强大交通工具，但不能构成社会传递信息的灵敏网络，谁也不能用这些工具迅速直接交流语言思想感情，更不可能把现代电视荧幕上反映的图像声音用飞机、车、船装运迅速传递给全社会观众。从社会发展需求来说，邮电部门改革的任务有4条：①把储蓄、汇款、寄物分开，汇款一律改由金融机构承担，凭发给储蓄账户的信用卡密码（和身份证号码一致），在其网络点上自由取款，自由转账，储户国外需要用款，凭临时发给的信用卡密码在其网络点上自由取款转账；②社会成员互通信息，一律由电信机构设置的程控图像电话电报承担；③生产资料与消费资料寄递，一律由交通部门设置的机构网络点办理；④报章杂志、书画等纸张印刷的文化消费品均由邮差传递。这样改革调整，功效可以提高，管理可以强化，运物不必陪人，损害责任分明，提高时空效率。第二、三产业免于混乱系统。

4. 要使湖南人民到21世纪30年代达到中等发达国家水平，可能实现的估量。

确定什么样的致富具体目标。上述全省产业结构能实现吗？在回答这个问题时，不能空洞泛泛描绘，要有具体内容，可以在此我们先设想三大产业产值的比例结构，然后分析实现的路子和措施办法。以人均国内生产总值1万美元（合人民币8万元），第一产业占35%，第二产业占40%，第三产业占25%，并设定全省总人口为7 500万人，大中城市人口为2 500万人，农村（含小城镇人口）为5 000万人，并为便于分析，设想城乡人民达到共富，即城乡人均国内产值达到1万美元。按上述三大产业结构，国有企业占30%，集体和个人企业占70%，即国有企业国内总产值绝对数为2 500亿美元，农村集体与个体产业总值为5 000亿美元，达到这个目标的可能性作如下模式进行分析。

（1）难度最大是农村人口（含小城镇）致富的速度，人均国内产值1万美元，即8万元人民币，以1995年农民人均纯收入1 200元计，人均产值2 000元计（均假定），要在今后35年中，共七个五年计划期，由人均2 000至80 000元，每个五年计划期内要人均增长产值达到（80 000-2 000=）78 000元÷7=11 143元，年度人均增长值达到2 229元。新中国成立以来45年才达到2 000元，年均增长仅44.5元，今后35年年均增长要大于以往的50倍（即2 229÷44.5=50）。更具体说，以1995年农民人均产值2 000元要提高到人均2 229元，单从这个数据看，年均仅增加229元，似乎轻而易举。如果今后农村实现前述的水利化、大农业现代工厂化，需要大大增加投入，以人均增加1 000元这方面的投入，5 000万农村人口年均增加投入共500亿元。每年农村人口人均纯消费要提高到城市人口消费水平（仅需2 000元），年均增长（2 000-1 200=）800元，可见增长幅度增率是很大的（800÷1 200=66.66%）（1994年仅为6%左右①）。

（2）就湖南农村来看，人均粮食、油、肉、棉、蔬菜、糖等生存资料是较易实现的。要实现富裕目标，就必须开发立体两高一优种养业，才有可能。

——农民人均粮食水稻田0.8亩，用新品863号两系杂交水稻，亩产可达1 140.8公斤（云南永胜县试种1.5亩"培矮64 SX 特青"产量，袁隆平院士1995年8月下旬在怀化召开的全国两系法杂交水稻现场会上宣布的②），0.8亩可产918.4公斤，实际上是用0.5亩稻田就够了（可产粮570公斤），自食400公斤，还可出售给国家170公斤，以5 000万农业人口计，共可提供商品粮达85亿公斤，剩下0.3亩可种蔬菜等经济作物。

——湖南全省在水利条件改进后实现农民人平2亩山土旱涝保收，这可作大农业基地。油、粮、肉、棉、糖都可达到消费者需求水平。就产值来计算，粮食以200元100公斤，912公斤共1 824元，加上蔬菜共可达2 000元以上，还有人均（80 000-2 000=）78 000元，要在2亩山土和加工业、第三产业上创造，难度显然太大了。所以在产业结构上，第一产业产值要达到30%比重（80 000×30%）即24 000元，第二产业40%（即80 000×40%=）32 000元，第三产业30%（即80 000×30%=）24 000元，要予以调整。我在前两年曾主张农村要发展特种珍稀种养业就是这个原因。

——农村人平2亩山土，如果用1亩养殖七彩山鸡，那产值是可观的。1亩场地666平方米，每平方米承载5只山鸡，产值50元每只，共可达到250元

① 1994年全国农村居民人均纯收入为1221元，比1985年增加823元，城镇居民生活费人均收入为3179元，与1990年相比增加1.3倍。

② 1995年8月22日《湖南日报》有报道。

每平方米，一亩可养 3 330 只，每只以 30 元计，总产值可达 99 900 元。如果用以养殖鸵鸟，每只利润达 665 美元（合人民币 5 320 元），1 亩地养殖 20 只鸵鸟仅利润即可达 10 万元以上。用以饲养蓝狐产值也可观。用以养猪，以 1 年养肥猪 100 头计算，现猪肉价每只肥猪 400 元，年产值也可达 40 000 元。这些例子可以表明，我国农村发展集体养殖业是致富的最可靠的途径。

（3）在"两高一优"立体种养业发展的基础上，加工增值翻一番是轻而易举可以实现的。这无须作广泛的论证，我仅就上述种养业举几个例子就可证明。

——1 公斤上等烤烟叶在湖南长沙卷烟厂，可以制作 4 条白沙烟，产值可达 180 元，原料烟叶最多售价每公斤不会超过 10 元，加工增值可以达到比原料高 18 倍。1 亩良种油菜至少可达 150 公斤，可榨出精油 35 公斤，产值 315 元，枯饼 70 公斤，提取蛋白质后可作兽禽优质饲料，售价 100 元是供不应求的。这样，油菜籽原料 150 公斤产值最多不过 300 元，而加工后可增产值（315＋100＝）415 元（还有蛋白质产值未计入），为原料的（415÷300＝）1.183 倍。1 亩糯谷以 600 公斤计，售价最高不过 720 元，加工成糯米 400 公斤，水磨成粉，每公斤糯米粉售价 6 元，共产值 2 400 元，为糯谷原料价 720 元的（2 400÷720＝）3.133 倍（糠值还未计入），由此可见，普通农产品的原料加工增值一般都可达到 1—2 倍，至于药材、果品作原料加工增值更多。

——养殖业兽禽综合利用加工增值更显著。一头肥猪 75 公斤售价不过 400 元，宰肉 50 公斤，售价 450 元，还有猪生皮至少售价 50 元，猪鬃、猪肠衣、猪蹄筋、猪血（提血红素）至少可值 200 元，合计可达 700 元以上，比活猪价增值 75%。如果把生皮制成皮革用以做皮鞋，可制 4 双真皮鞋，售价可超千元。至于特种珍稀动物，不仅在繁殖上增值幅度大，综合加工的产品增值更多，一组獭兔（4 母 1 公），母兔一年产仔 4 批，平均每一胎 6 只计，一组獭兔一年产仔共达（4×4×6＝）96 只，每只獭兔皮肉以 50 元计总产值，可达 4 800 元，为购进一组种价 400 元的 12 倍，将 96 张獭兔皮加工，可制成 12 件高档皮大衣，销售总价超万元。饲养银狐、蓝狐，皮肉加工产值更大。至于引种饲养名贵的鸵鸟，综合加工效益大得使人惊奇。鸵鸟为素食动物，寿命长达 70 年，一只母鸵鸟年产蛋 50 个，一生产蛋 40 年。自孵鸵鸟一年一只母鸵鸟可繁殖 50 只小鸵鸟，12 月龄可达 100 公斤。宰杀之，肉价每公斤 21.4~53.6 美元，为牛肉价的 10 倍、鸡肉价的 40 倍，一只蛋壳加工成工艺品，价值 300 美元。鸵鸟羽毛每公斤 120~1 000 美元，每张鸵鸟皮价值 570~810 美元，加工后每平方英尺 30~50 美元，每只成年鸵鸟售价 3 万~4 万美元，可见，饲养鸵鸟成本低而产值极高。我在此列举这些，是要说明养殖业必将成为我国农村广大农民致富的强大产业，从增值的幅度与速度来衡量，这一产业必将成为三大产业中最强大的支柱，承担运转巨轮功能，发挥转化自然力为社会生产力，创造巨额财富。

（4）湖南农村第三产业近年来有显著的发展，对自然、半自然经济转化为商品经济起了很大的推进作用，同时也在流通环节创造了大量财富，并使社会生产与消费进入良性循环新轨道，但还不能适应湖南全省经济腾飞的要求，有待在深化改革中健全和完善其体制，加速促进实现市场机制转轨。

——国营粮、油、肉、蔬菜的商店停业了，这一渠道主要由个体商贩进行营销，它有供应灵活的优越性，但个体商运输力小，又缺乏网络统一组织，致使产销需求难以衔接，常常脱节，一些牟取高利的商贩趁机任意哄抬价格，使生产者与消费者双方受损失。而日用百货商店虽在农村小城镇有所兴起，但货源供应与转运大多为个体商贩所操纵，假冒伪劣品泛滥城乡，广大消费者深受其害，但又无可奈何。为消除流通渠道这种违法行为，公有制商业连锁营销网络需要加快建立，发挥流通环节主导力量，已成为改革流通体制的紧迫任务。以公有制为主体多种经济成分并存，关键在于物价体系的稳定，缺乏公有制商业连锁链条的主导调控，金融机构的货币流通很难做到适量发行以稳定市场物价。近几年来通胀治理难度增大，与商业体制改革未臻完善是有密切关系的。

——金融市场近几年来在管理上下了很大功夫，发挥了对传统体制向市场经济体制转轨的重大作用。但在广阔的农村社会传统信用社改革与整顿还未达到健全的要求，这在湖南农村反映出来的弊病也是很明显的。前面我已提到当前农村出现的高利贷兼攫占地租的食利层日益猖獗，坑害广大农民群众，已引起强烈反响，农产品走向市场与乡镇企业难以兴办与发展，都是由于未能克服资金缺乏的阻力而处于滞后困境。而农业生产周期较长且受季节性支配，农产品出售得到的货币，在他对金融机构信任意识弱化的情况下，他宁愿将货币藏在箱子底下而不愿作资金储蓄。货币在这种收藏期间是失去货币功能的，也就是货币未转为资金而沉淀了，是一种浪费。即使及时买进生产资料，当生产季节未到，也是闲置在仓库里，实质上就是商品的积压，是一种浪费。直到现在，广大农民还未意识到这两种形式浪费是巨大的。为减少这种损失，我认为把现在的信用社改为股份合作银行，加快筹建步伐，向农村推广，并与社会保险机构密切协作，是迫切需要的。

——邮电业服务湖南农村居民，近年有很大的建设发展。程控电话已遍布到广大农村的乡镇，书报销售点与传递数量也大大增加。电视覆盖面已村村可以看到中央、省、地（市）乃至世界的重要新闻图像和信息，电影娱乐文化仍为广大农民所喜爱而经久不衰。作为邮局系统金融业务之一的小额汇兑，已成为农村货币流通一大渠道，包裹信件寄递速度已加快。所有这些媒介功能的作用发挥，对农村商品经济与文化的发展起了很大的促进影响。但作为现代化社会神经系统功能的发挥与两个文明建设的组成要素来衡量，仍有很大差距，特别是市场信息对于广大农民群众还很闭塞，这使生产很难适应市场要求。我国农村、农业、农民在国民经济组成要素中还是个大头，对市场信息欠了解，很不利于社会主义商品经济的发展。从区域经济角度来看，先进与落后、贫与富，商品经济发展水平是个测度器，商品经济欠发达地区的农民很难脱贫致富，广大农民很少有适销对路的商品出售，他们很难在货币上增收，因而也难以扩大农村市场容量，改善农民生活。因此，对农村加大市场的信息传递，对整个国民经济繁荣腾飞具有重大影响，邮电部门如何改进这方面的业务，应作为紧迫任务。

——湖南旅游资源相当丰富，但广大农民受惠并不大。服务旅游业的工作人员，大多是从城市人口中选拔培训的。旅游业的收入是由国有旅游企业支配的，从加强旅游管理方面看是无可非议的。但从农村人口就业方面来考虑，使农民集体与个体在旅游地带兴办更多的服务行业，带动农村经济发展等于旅游市场直接向农村展延。例如在旅游区建立的餐馆酒楼，农民可以直接从自己村落种养基地运来鲜活畜禽蔬菜进行精细加工，扩大增值收入，这比政府拨款支援后进地区农民脱贫致富效果更佳。农民从服务旅游得到的收入可以引发他们在靠近旅游地区建立新村，建立景观种养业，宣扬风土民情，吸引游客，这实际上就是扩大旅游区，增加旅游业收入。山东、广西这样做了，效果很好。我认为政府支援后进农村，尤其是少数民族地区发展经济文化，采用这种办法是会产生良好效益的。政府旅游管理部门作出规划、进行指导，加强为旅游服务的农民进行培训工作是容易实现的。我认为政府用扩展旅游产业去支援后进地区的农村，促进农业加速发展，使农民大幅度增收入，实际上是帮助该地区农民招商引资，建立不付利息的"绿色无烟工厂"。扶植农民增收的实质是政府把该地区优厚的两种形态地租分配给农民，使其充分地把自然生态力转化为社会生产力，生财致富，所以我认为这是政府支农最佳的路子和办法。

把农村三大产业结构调整好了，这对于城市国有企业深化改革大有助益。下面我将进而分析论证这个问题。

二、湖南国有企业深化改革在贯彻中央制定的改革路线、政策方针实践中值得注意的几个问题

江泽民主席1995年5月下旬在上海、长春召开的企业家座谈会讲话中强调："多年来改革和发展的经验告诉我们，任何时候都必须抓好两个大头：一是要加强农业的基础地位，一是要搞好国有大中型企业。这也是两个重点。"前者"关系到十几亿人口吃饭的大事"，后者关系到"整个国民经济发展的重

大经济问题，也是关系到社会主义制度命运的重大政治问题"。它是"国民经济的支柱"，要"始终保持公有制经济在国民经济中的主体地位，充分发挥国有经济的主导作用"。"如果失去公有制经济的主体地位和国有经济的主导作用，也就不可能建设有中国特色的社会主义。"江主席的这篇讲话内容对一系列问题分析阐述得很精辟，指导作用很大，他是对全国国有企业改革所作的重要指示，当然包括湖南在内。应该说，国有企业改革得到了灿烂的明灯和强大的武器。湖南国有企业在全部企业中占有最大的比重，搞好这方面的改革，对湖南经济的发展关系极大。省领导是清楚的，但要深入全面贯彻完成这方面的任务要下很大功夫。就我看，以下几个方面有必要作为重中之重多予研究考虑。

1. 对国有企业深化改革，既要看到已具备的有利条件，进一步坚定搞好湖南国有企业的决心和信心，又要清醒地估计到完成这项改革任务在实践中要解决的问题存在的复杂性和难度。江泽民主席在讲话中所指出的有利条件，湖南也基本具备了，但各地区国企改革存在的问题有共性，也有不同的特点。

湖南广大干群在"文革"期间受"左"的影响之深重是突出的，它对传统计划经济观念的转变有很大的束缚和阻力。这不是凭空夸大，回顾一下历史就会明白。

（1）"文革"期间发生的武斗，在湖南是闹得很厉害的，突出地暴露了"左"的思想意识。在经济体制改革上，反映出这种"左"的思想意识，不仅是广大群众，而且在基层干部乃至决策层，不少人在贯彻执行中央的改革开放路线、方针、政策上流露出来还是很浓厚的。例如，在农村人民公社体制改革、推行土地联产承包责任制开始时，抵制这种改革的思想意识在基层干部中表现出来是很强烈的。在产业结构调整改革上，湖南在乡镇企业起步较迟，发展很慢，而把改革难度很大的国有企业抱着不放，因而在改革进程中与先进地区造成十年的差距。原因当然是复杂的，但"左"的思想意识的残留阻碍改革开放观念的转变，已是毋庸讳言的事实，思想解放得迟，改革的行动必然是落后的。

（2）要充分估计国有企业改革比农村改革难度大得多。农村人民公社体制改革一个五年计划期间就完成了。土地联产承包制的建立，农业生产力就蓬勃发展起来了。以村为单位的双层经营与大农业结构调整，以及乡镇企业的兴起，都没有遇到思想观念上与改革实践中的重大阻力。农村基层干部与广大农民群众所缺的主要是技术、资金、市场信息。国有企业改革所遇到的阻力就大得多。首先是对改革目标——现代企业制度有明确的认识。许多专家学者无直接利害，还难统一认识，对实现这一目标具有密切利害关系的当事人就更不易统一认识和行动。因为实现这个目标要做到"产权清晰、权责明确、政企分开、管理科学",这不仅仅是思想观念上转变就可以办到,而且牵涉到"权与钱"的一场革命,阻力是来自这一矛盾。

①"产权清晰"是就传统计划经济体制政企不分来说的。要建立现代企业制度,不仅政企分开,使企业成为"四自"的商品生产经营的主体,而且要使原来隶属的行政部门职能由发号施令的"主人"转变为为企业服务的"仆人",这种革命性的转变包含人(用人权)、财(税利直接收入权)、物(经济物质利益占有权)。三方面权力转让出去,与其脱钩断线,这种革命没有高度自觉,在思想行动上是摆脱不了自我束缚的。许多行政部门所属的企业在这个关键改革上步履维艰,即使外表形式分开了,内容仍是"藕断丝连",缘由就是这"三权"不愿放弃,使自己由"主人"转变为"仆人"。

②"权责明确"是对有权而不负责任来说的。掌了"权"而使其"责"模糊不明是掩蔽"权与钱"合为一体的好方法,在岗位上掌握的权可以不负岗位上的职责,自然可以不顾一切,放肆牟私利抓钱。这样,个人的"荷包"可以鼓起来,单位的"小金库"可以满起来,"有钱能使鬼推磨",权就能显出神威,捞更多的钱。国有资产流失之严重,"小金库"禁而不绝,奥秘尽在权责不明这个葫芦里。我们传统计划经济体制的国有企业长期负盈不负亏,造成企业亏损面很大,资不抵债的企业大量存在,根源就在于旧体制的权责不明确的弊病上。一旦改革实现权责明确,在岗人员承担企业盈亏责任,权责就会成为企业创新的动力。

③"政企分开"不等于政府有关部门对其企业丢开不管,而是改变微观束缚,激发企业活力,克服企业吃国家的"大锅饭"、职工吃企业的"大锅饭"。政府从宏观调控市场,把市场竞争机制引入企业使其成为市场主体,在竞争的浪潮中奋搏,在奋搏中练内功、强筋骨、壮肌肉、增活力。政府在宏观上为企业创造良好的发展环境与生产发育的最佳气候。具体地说,政府用宏观调控服务企业,不是做企业"要吃喝什么就给什么"的侍奉仆人,而是使企业符合市场价值规律与供求规律的要求而成长。因为这是企业本质的规定,任何现代企业产销经营不符合这两种规律要求,它就失去了现代企业的营利本性,没有资格成为法人实体与市场主体而存在。

④"管理科学"是现代企业制度营利本性结构的重要因素,因而成为现代企业实体发育的必备条件。如果管理不科学,企业装备先进也不能在劳动生产率提高与降低成本上发挥作用,企业营利的本性就不能体现。由此可见,管理科学是现代企业制度不可缺少的构成要素和本性的要求,要使企业具备这个要素和实现这个要求,产权清晰、权责明确、政企分开是必需的前提条件。现代

企业制度这四大特征的内在联系具有不可分割的整体性，国有企业深化改革能否达到目标，就得看企业是否具备这四个特征，改革的难度和阻力也是由对这四大特征与内在联系认识不深刻、决心不坚定所造成。

2. 在国有企业深化改革的实践进程中，如何进一步加强改革领导，从实际出发处理好点面结合，以公有制为主体发挥主导作用，与多种经济成分为补充协调发展；如何把深化改革同加强企业管理结合起来，同促进发展、提高经济质量结合起来；如何抓好各项基础性工作与各项配套改革；如何依靠工人阶级与加强企业领导班子建设：所有这些问题江泽民主席都讲到了，我只就问题的存在作些分析和探索。

（1）关于"进一步加强对企业改革的领导"，江主席的讲话提出四条要求。第一，要加强学习。首先要学好小平同志建设有中国特色社会主义理论，学习党的十四大精神和十四届三中全会、四中全会的决定，同时要学习有关社会主义市场经济、科学技术、经营管理的新知识，并从实际出发，创造性地开展工作，担当起领导重任。第二，要把深化企业改革，推进现代企业制度试点工作摆到各级领导的重要议事日程上来。根据实际情况，制定总体方案。在对企业改革已有的打算和安排的基础上，还应进一步从总体上作出部署。有领导、有秩序地大力推进这项工作，要及时研究和解决企改过程中出现的矛盾和问题。省、区、市主要领导同志要亲自抓这件事。第三，深入实际，扎实工作。深化企改、建立现代企业制度，任务十分繁重，我们还缺乏经验，也没有现成的经验可供遵循，只有在现实中不断学习、探索和创造。因此，每一个领导干部都要深入到企业中，做细致的调查研究，掌握企改第一手材料，尊重群众的首创精神，及时总结经验，正确指导企业改革，使现代企业制度试点在一些重点和难点问题上能取得突破。第四，各部门要密切配合，加强协作。深化企改涉及各个方面，有关部门都应当把推进企改作为自身的重要工作。从全局出发，积极主动地帮助企业解决在改革中遇到的困难和问题，部门之间要加强协调，按照党的十四大精神和十四届三中全会决定的要求，统一思想，统一认识，齐心协力地推进企业改革。

上面江主席对企业改革的讲话，内容精辟，部署很全面具体，我正进一步学习。发表什么意见无异于画蛇添足，但在学习中有些体会和想法还是可以谈谈，下面我谈的都是一些想法。

（2）关于"坚持以公有制为主体，多种经济成分共同发展"这个重大方针。"在实践中具体贯彻，通过深化改革，加快转换企业经营机制，增强国有企业、集体所有制企业的市场竞争能力，保持公有制经济在国民经济中的主体地位，发挥国有经济在国民经济中的主导作用。""同时鼓励个体、私营、外资等其他经济成分的发展，作为公有制经济的补充，以充分有效地调动各方面的积极性，促进生产力的发展。""从总体上看，公有制的主体地位和国有经济的主导作用，主要体现在国家所有和集体所有的资产在社会总资产中占优势，体现在国有经济控制国家的经济命脉，体现在国有经济对国民经济发展的导向作用。""改革开放17年来……国有经济始终控制着国家的经济命脉，在电力、石油、天然气、石油加工、冶金、交通运输和大型成套设备制造业、化工等关系国计民生的重要行业中，国有经济都占有绝对的支配地位。特别是金融、通信、铁路、航空等属于国家经济命脉的领域，更是掌握在国家手里。"这都是事实，也讲得很具体。广大干群容易明白，但其中使干群还不易弄清的是我国经济中主要矛盾是什么，表现在哪里。学习过《矛盾论》的干群很易联想到这个理论问题，如果这点没有弄清楚就会产生疑问。第二、三产业中公有制经济已占主体地位，而第一产业即大农业中公有制是否已占主体地位、国家是否已经掌握了大农业经济的命脉，就我看，当前我国农村经济公有制的主体地位并不牢固，更不雄厚，因为土地联产承包生产责任制，土地是农村集体所有，双层经营体制并不健全，许多农民把承包土地当作"分田到户"的私有，这表现在承包后人口的变化很难调整，而各户是独立小生产经营占主体地位，集体公有性质只体现在土地占有上，人口变化不易调整土地承包的生产上，它反映出土地集体公有近似"私有化"而不是公有化的发展，双层经营的产权界定并不清晰，权责并不明确。因此我认为在现有基础上要进一步把大农业推向现代化新阶段，用现代科学技术装备股份合作的种养业基地，国家用国有企业制造的农业机械和农药化肥等生产资料折股投入大农业生存资料（粮、油、棉、肉、糖、蔬菜）生产基地，并大力向农村乡镇集体工业辐射技术与设备，使其加快发展，这又是国有企业自身开拓市场、壮大实力的好方向、好途径。这样办事是受欢迎的，基地的公有制主体地位才能稳固而发挥主导的强大作用。同时采用股份合作，整顿信用社与供销社并与国家银行、国有商店挂钩，使其成为公有制的实体。我认为"九五"期内应把这项改革任务完成，使第二、三产业中的公有制，与第一、二产业公有制相互促进、共同发展，使城乡主体地位和主导作用更强大，这也是缩小城乡差距、共同繁荣的强大动力。

（3）关于配套改革问题。江主席在讲话中提到国有企业改革、政企分开，政府机构职能也要配合改革；国有资产加强管理和监督也要配合改革；建立社会保障体系是国企改革调配人力与解决离退休人员后顾之忧必须跟上的；当前企业办社会负担过重也必须改革，使建立现代企业制度不背上包袱。这些改革不跟上就会拖企业改革的后腿，难以推进企业改革达到建立现代企业制度的目标。还有建立大企业集团，提高规模效益，牵涉到中小企业的改组与重新组合，这是要通过体制改革来进行组织大企业集团。关于政企分开，我在分析现代企业四个基本特征时已作了分析，这里只就以下几个问题作些分析，谈一些看法与想法。

——加强国有资产管理和监督。问题主要在于国有资产流失严重，亏损面大，要搞活企业提高效益、保值增值，这个问题不解决，国有企业的主体地位就会动摇，主导作用就难以发挥。产生这种严重事实，从体制上说是权责不明确，缺乏健全的管理和监督体系。从政治上说，是当事人对人民财产无责任心的品德堕落，因此不能得到人民的谅解，必须在改革进程中调查清楚。究竟这巨额国有资产流失到哪里去了？应有个明确交代和严肃处理。在这个基础上建立健全而严密的管理和监督的新体制，才能杜绝国有资产的流失，实现国有资产的保值增值。

——关于人员合理流动，企业富余人员和破产企业职工再就业是深化企业改革最棘手、影响最大的问题。从市场商品经济观点来看，优胜劣汰是客观规律，人员流动是必然的现象。值得注意的是，近代西欧产业革命，大量农民在农村失去土地生存基地，流入城市成为产业预备军的无产阶级，资本家在市场上买入劳动力形成产业职工队伍，无产阶级革命胜利掌握了政权，工人也就成了工厂主人。我们的国有企业大多是政府当权者安排自己子女或亲友的就业场所。"文化大革命"中，许多有权势的人把自己子女亲友送进工厂，是想从"造反派"提出的"工人领导一切"的口号沾到光荣，使自己子女、亲友成为"领导者"，而被批斗的"当权派"子女、亲人是响应"上山下乡"的号召，下到农村搞劳动改造。随着冤假错案的平反，这些上山下乡的青年回到城里，大多数进了学校或机关工作，这个历史上的"奇特变化"造成工人队伍来源的复杂性。虽已事过数十年，到现在工厂企业职工思想面貌已有改进，但这个复杂性残留的影响，在深化企业改革人员流动中仍是一大阻力。

——建立社会保障。《社会保险法》刚刚开始执行，许多职工还缺乏这种保险要交费的意识。许多企业由于亏损造成的资金困难，很难为职工交保险费，精简的富余人员留在城市有工作岗位可转换，进行再就业培训可以行得通，但原有企事业单位人浮于事现象普遍存在。新建的高科技产业并不需求精简富余人员，且难在素质上适应。搞第三产业，街道路旁小摊小贩已林立满目，并已成为物价最难管理的场所。流向农村么？与农村的大量剩余劳力矛盾相碰，会更增加新的矛盾，且现在的城里人要流入后进地区农村，生活上的差别，很难遣送下去。"人往高处走"，这是劳动价值规律作用的必然现象。近十年来，后进地区的城市与农村大量打工族流到沿海经济发达地区去的已达饱和，而且这些先进地区在经济向集约化转变过程中，没有较高文化素质与具有

240

专长的青壮年是流不出去的。由此可知，从理论来说，人员流动与商品流动是协调的，但从现实人员素质来说，却是矛盾重重、不易解决的。

——人员流动是商品经济体制中必然的现象。我国企业深化改革，逐步建立现代企业制度，必须处理好人员流动的去向问题。任何企业单位都不应把富余人员丢到社会了事，这就需要在试点企业制定和执行改革方案与面上改革全面铺开，做好全面规划，创造必要的条件，有计划、有步骤地把企业富余人员导向新创业的区域和新的工作岗位。我认为东西联姻、以东带西，开发中西部优势资源促进东部再上新台阶，在这过程中，政府要在中西部地区把基础设施加快改进，把现代工厂化的种养业基地首先在中西部资源优势的地区建立起来，并乘十四届五中全会通过的"九五"计划和2010年远景目标的建议公布宣传学习实施的东风来解决人员合理流动中的矛盾，是能迎刃而解的。我想中央是会这样做的。后面我还要就如何乘这强劲的东风深化改革前进另作专题、谈些构想。下面只就江主席讲话中关于企业资本金和债务问题谈些意见。

——关于企业负担过重如何解决好。江主席着重指出，国有企业特别是大中型企业资本金和债务的比例不合理，负债率过高，这是多年来的各种复杂因素造成的。这个问题如何解决好，提出的意见比较具体，我想就他的意见谈些看法和想法。

①"由于在企业发展过程中没有补充资本金，造成企业负担过重"有两种情况。一种情况是企业流动资金没有按规定比例补足，使企业周转困难，要靠向银行贷款，造成贷款利息负担过重。属于这种情况，如果经济结构不是有计划要缩小这个企业的规模，就应补足流动资金，解除企业借贷付息过重的负担，使企业运营能够顺利进行。另一种情况是，企业固定资产投资不足，设备不全，要向其他单位购进设备却付不出价款，成为债务负担。这应补充固定资产投资来解决企业债务负担的三角锁链。

②由于企业本身经营管理不善，造成债务负担过重。这也有两种情况。一种情况是企业产品市场上不需要而积压过多，造成流动资金被积压的产品沉淀了。另向银行贷款，造成债务负担。这不能迁就企业向上面要钱的要求，增发流动资金，应由企业自己去开拓市场，盘活资金。另一种情况是企业产品卖了出去，对方付不出全部价款而造成三角债链的负担。这需要用宏观调控手段由银行从中合理融资，解除三角债链的束缚，使企业伸起腰来继续营运。

③由于企业已成为夕阳产业，设备陈旧、产品质劣，不适合市场消费要求，企业自身又不奋起改进而造成资不抵债，亏损越来越严重。这也有两种情况。一种是这企业在国民经济结构中地位重要，垮不得，但经营不善，亏损日益严重，其责任在于厂领导无能。这需要调整领导班子，选能人去当家，使其

能带领职工奋进，挖潜革新，努力提高效益，"自我补充、自我造血"，健康成长。另一种情况是企业本身实不亏，当事人为个人谋私利以公肥私，假装亏损，用破产来赖债。这种情况属贪污腐败性政治问题，应彻底查清情节性质，依法处理。让它破产，依法追究责任，这是无法可救活，必须处理。

——破产善后与垂危挽救企业问题。我认为优胜劣汰这个市场规律，在我国社会主义制度下，重在发挥激励机制的正面作用，尽可能少用负面反作用，在依法破产之前，要想各种办法进行挽救，"置之死地而后生"的战略目的不在"死"而在"生"。我国国有企业从总体上说不是过多而是不足，国家在振兴初始时期创办一个企业是很艰苦的。整个国有企业这一经济成分类同"独生子女"，不同于经济发达的资本主义国家"子孙满堂"，死掉几个可不在乎。所以"独生子女"存在"父爱主义"是很自然的。因此对这个"独生子"身上出现的病症，应千方百计进行诊治，采用兼并、出租、联合、重组等等方式使企业生存下去，这对于职工来说是有很大的再生激励力，从绝望中获得再生，更能激起奋发的革新思想。总之，应在"育"上狠下功夫。

3. 关于地区经济协调发展（与缩小差距）问题。

《中共中央关于制定国民经济和社会发展"九五"计划和 2010 年远景目标的建议》中（22）"引导地区经济健康发展，促进全国经济合理布局。按照统筹规划、因地制宜、发挥优势、分工合作、协调发展的原则，正确处理全国经济总体发展与地区经济发展的关系，正确处理建立跨省（区、市）的具有特色的区域经济与发挥各省（区、市）积极性的关系，正确处理地区与地区之间的关系。""东部地区要充分利用有利条件，多利用一些国外资金、资源和市场，进一步增强经济活力。大力发展外向型经济，靠高新技术、集约经营，重点发展资源消耗少、附加价值高、技术含量高的产业和产品，同时建立比较发达的农业。在深化改革、转变经济增长方式、提高经济素质和效益方面迈出更大的步伐，促进经济又好又快地发展，为全国提供新的经验。中西部地区，要积极适应发展市场经济的要求，加快改革开放步伐，加强水利、交通、通信建设，充分利用现有的经济技术基础，发挥资源优势，大力发展农、林、牧业及其加工业，开发能源和矿产资源，积极发展优势产业和产品，提高加工深度，使资源优势逐步变为经济优势。国家要采取有力措施，支持中西部不发达地区的开发，支持民族地区、贫困地区脱贫致富和经济发展，主要是：实行规范的中央财政转移支付制度；优先在中西部地区安排资源开发和基础设施的建设项目；积极鼓励国内外投资者到中西部地区投资；理顺资源性产品价格体系；有步骤地引导东部某些资源初级加工和劳动密集型产业转移到中西部地区。东部经济发达地区要采取对口支援等多种形式帮助中西部地区和民族地区发展经济。"

　　"按照市场经济规律和经济内在联系以及地理自然特点，突破行政区划界限，在已有经济布局的基础上，以中心城市和交通要道为依托，进一步形成若干个跨省（区、市）的经济区域，包括以上海为龙头的长江三角洲及沿江地区经济带，以珠江三角洲和闽东南地区为主的东南沿海经济区，以辽东半岛、山东半岛、京津冀为主的环渤海经济圈，以亚欧大陆桥和京九等铁路大干线为纽带的经济带。同时，以东北、西南、西北等地区老工业基地和粮食、棉花、煤炭、石油等资源富集地区为依托，形成若干各具特色的重点产业区。"

　　"各地区要在国家规划和产业政策的指导下，选择适合本地条件的发展重点和优势产业，避免地区间产业结构趋同化，促进各地区经济在更高的起点上向前发展。积极推动地区间的优势互补、合理交换和横向经济联合。"

　　江泽民总书记在十四届三中全会闭幕式的讲话中指出："改革开放17年来，东部地区和中西部地区经济都取得了历史上前所未有的大发展。东部地区由于有较好的经济基础和有利的地理环境，加上国家政策上的一些支持，发展比中西部地区更快一些。对于东部地区与中西部地区经济发展中出现的差距扩大问题，必须认真对待，正确处理。"

　　"要以邓小平同志关于让一部分地区、一部分人先富起来，逐步实现共同富裕的战略思想来统一全党的认识，实现共同富裕是社会主义的根本原则和本质特征，绝不能动摇。要用历史的、辩证的观点，认识和处理地区差距问题。一是要看到各个地区发展不平衡是一个长期的历史的现象。二是要高度重视和采取有效措施正确解决地区差距问题。三是解决地区差距问题需要一个过程。应当把缩小地区差距作为一条长期坚持的重要方针。""解决地区发展差距，坚持区域经济协调发展，是今后改革和发展的一项战略任务。从'九五'开始，要更加重视支持中西部地区经济的发展，逐步加大解决地区差距继续扩大趋势的力度，积极朝着缩小差距的方向努力。中西部地区，要适应发展市场经济的要求，加快改革开放步伐，充分发挥资源优势，积极发展优势产业和产品，使资源优势逐步变为经济优势。……中央对五个经济特区和上海浦东新区的基本政策不变，在发展社会主义市场经济的过程中，有些具体办法要有所调整和完善。要把五个经济特区和浦东新区办得更好，进一步发挥经济特区、沿海开放城市和开放地带在改革与发展中的示范、辐射、带动作用。同时，东部地区要通过多种形式帮助中西部欠发达地区和民族地区发展经济，促进地区经济协调发展。"

　　李鹏总理在《建议》的《说明》中内容和江总书记讲话是一致的。只是把小平同志关于这个问题说过的话引述更具体。对于地区差距问题，小平同志说过："在本世纪末达到小康水平的时候，就要突出地提出和解决这个问题。"

我日来反复阅中央的《建议》和江总书记的《讲话》与李鹏总理的《说明》，认为都是正确的，有几点我想谈谈我一些想法和看法。

（1）东部与中西部地区经济发展差距的由来。

我国版图辽阔，在发展社会主义商品经济过程中出现地区之间的差距是必然的，要用马克思主义政治经济学的观点和方法进行分析论证，才能从本质上判断其是非。

——在商品市场经济条件下，任何一个国家版图内的各地区之间在经济发展水平上都不可能是齐一的，有高有低不平衡的差距，这是正常的、不可避免的现象。例如各地区居民收入上的差别，有家庭人口劳力上的差别；有所处的区位不同；有因生产要素、自然禀赋与开发不同；有因社会经济体制改革先后不同、思想解放与对外开放和乡镇企业招商引资起跑线不同、企业生产劳动素质与先进科技含量和经营管理水平以及对城乡辐射不同等等因素条件的差异，因而在一定时期各地区之间经济发展水平有差距，这是必然的、正常的现象。

——东部沿海地区与中西部内陆地区相比，前者经济发展较快，取得的成绩较显著。主要是由于：

①十一届三中全会后，领导和广大干群思想解放较早，商品经济意识较强，经济基础较好。

②在市场与对外开放方面，区位较优越，城市企业对农村辐射力较强，乡镇企业发展较快，基础设施较好。

③国家对东部地区在政策与投资上给予倾斜，招商引资吸引力较大，三资企业较多。

——中西部地区在以上三个方面滞后，城市国有企业比重虽大，但深化改革走得慢，对农村辐射力小，乡镇企业起步迟，地处内陆，中央给予对外开放政策后行；地理条件区位较差，吸引外资力弱，商品经济发展慢，积累资金少；富有矿产能源、人力等资源潜在优势，但开发力差，未能较快转化为现实优势。农业结构单一，缺乏以工补农、以工建农的促进力，农村市场狭小，外向型经济受区位制约大，传统经济体制向市场经济体制转化慢，致使内陆区域经济总体活力弱、发展慢，与东部沿海地区比差距越拉越大。

（2）《建议》提出，缩小东部沿海地区与中西部地区经济发展差距的措施。

中共中央十四届五中全会通过的《建议》把重视和解决地区发展差距的问题，作为一条重要方针提出来。李鹏总理的《说明》和江泽民总书记的《讲话》都引用邓小平同志说过的"在本世纪末达到小康水平的时候就要突出地提出和解决这个（差距）问题"。"九五"开始，就要逐步加大解决这个问题的力度。采取主要措施有五条：一是逐步增加对中西部地区的财政支持和建设投资，优先在中西部地区安排资源开发和基础设施建设项目；二是调整加工工业的地区布局，引导资源加工型和劳动密集型的产业向中西部地区转移；三是理顺资源性产品的价格，增强中西部地区自我发展的能力；四是加快中西部地区改革开放的步伐，引导外资更多地投向中西部地区；五是加强东部地区与中西部地区的经济联合与合作，鼓励向中西部地区投资。随着整个经济的发展和中央财政实力的增强，国家对中西部不发达地区的支持将会逐步增加。从中西部地区来说，加快发展，缩小差距，要靠发扬自力更生的精神，努力变资源优势为经济优势，增强自身的经济活力。

为了促进全国经济合理布局，《建议》提出，要按照市场规律和经济内在联系以及地理自然特点，突破行政区划界限，在已有经济布局的基础上，以中心城市和交通要道为依托，进一步形成若干个跨省（区、市）的经济区域，同时，以东北、西南、西北等地区老工业基地和粮食、棉花、煤炭、石油等资源富集地区为依托，形成若干各具特色的重点产业区，全国各地区都要在国家规划和产业政策的指导下，选择适合本地区条件的发展重点和优势产业，避免地区间产业结构趋同，促进经济在更高的起点上向前发展。

（3）我学习体会《建议》提出的缩小东部和中西部差距的措施是可行的、有效的，我有几点补充意见。我认为，中西部地区自身的优势要充分发挥并加快发展速度，才可能与东部缩小差距。如果速度不快于东部，差距很难缩小，这就很需要中央在措施上多给中西部加油。

中西部按人口拥有的山土与荒地、低产地比东部多，这是资源上的潜在优势。[1] 由于经济发展缓慢，迄今还缺乏资金和技术进行大力开发，使潜在的资源优势转化为现实经济优势，这靠东部协作与联合以及招商引资都不易在"九五"期间加快发展速度，需要中央财力支持。

①现代农业建设，水利必须先行。大西北水利建设取得了显著成效，但还没有从根本上解决黄河流域灌溉问题。宁夏扬黄水利工程，陕北地区收到重大效益，引水入腾格里沙漠防流沙东袭，也取得了治荒漠的宝贵经验。甘肃、青海、新疆水利工程投资回报率极高，但广阔的沙化地区改造为绿洲，也还刚刚起步。长江水利问题，三峡工程完成对流域防洪有重大改善，但各小河流域综合治理远未达到标准要求。要实现现代化大农业，完善生态系统，从根本上解决山丘、岗、平湖大农业稳产高产，必须首先进一步建设大水利工程，这需要巨大的人力、财力、物力投入。地方政府财力有限，老少边贫地区基层政府大多是赤字财政，许多地方政府对职工教师工资发不出还是普遍现象。至于广大

---

[1]　我国山区占全国国土面积 70%。

农民群众还刚进入温饱门槛，有的还未解决温饱问题，在这种情况下，要大量集资修建大水利工程是很难承受的。如果国家不大力支持，大水利工程本世纪是没有希望完成了，这对于中西部地区加速三大产业建设、发展经济是严重的阻力。特别是全球气候变暖、降雨集中、干旱延长，它带来的自然灾害若缺乏水利工程防卫，整个国民经济将遭到难以承受的破坏。因此，我认为国家少上其他项目，拿出几万个亿来兴建中西部大水利工程，作为"九五"期间重点建设项目，其回报率会超过其他任何项目的建设，以此光辉业绩跨入 21 世纪，它产生的效果必将为全国社会主义现代化建设创造更辉煌的前程。

②推进农业现代化，《建议》指出东部沿海地区已有条件可先行。我认为中西部地区只要大水利工程"九五"前期及时上马，有可能也更需要尽快推行农业现代化工程，因为大水利工程办好了，大农业就有了大发展的基础。广大农民收入大增，农村市场大大开拓了，为工业大发展与第三产业相应兴起奠定基础，城乡互促，必将产生巨大推动力。丰富资源的潜在优势就会成为现实优势，中西部地区经济腾飞速度将更快，由此缩小差距，进入共同富裕，新的历史阶段必将在下世纪中叶提前实现这一伟大战略目标，因为中西部地区拥有广阔的土地与巨大的劳动力资源，一旦实现了现代化大农业装备，加工业就有了丰富的原料创造雄厚的实力，加速经济腾飞。

③到目前尚有上千万人未脱贫，绝大部分在中西部老少边贫地区，贫困与教育落后、科盲众多、迷信流行是共存的。他们是中华民族大家庭的组成部分，是社会主义制度下处于最底层的劳苦大众，迄今还未沾受到改革开放带来的光辉，让这数千万人口带着贫困进入新世纪，是与具有中国特色社会主义制度的盛誉极不相称的。现在距本世纪末只有五年时间了，"九五"前期中央如不拿出专项来解决这个问题，中西部地区地方政府到 2010 年也是解决不了的。国家应在"九五"计划制订中把中西部地区水利建设、现代化大农业建设与扶贫工作拧成一股绳，采取有力措施，落到实处，与地方政府合力执行。我认为是能在"九五"期内创造奇迹的，它比三峡工程投入的回报率可能要大数十倍。

④东西联姻，以东带西、以西助东，优势互补，共同繁荣，是缩小地区差距的好办法。由国家牵头与中西部地方政府根据水利建设与交通基础设施的条件，共同作出开发，统一规划，向国内外招商引资，是促进中西部地区经济加速发展的好路子。如津、沪、杭许多纺织厂年来纷纷西进迁到新疆，投资垦荒，建立产棉基地，就地建厂，培训农村剩余劳动力转入工厂，加工棉花原料。这样既可节省远途运输原料的交通成本，便于将产品输往中亚、欧、非市场，又可将棉花加工剩下的棉油、枯饼供应当地农村，发展食油工业与饲料工业，带动畜牧业大发展，使放牧转入栏养，大量厩肥提供给棉田草地发展种植

业，农牧民增收、工厂盈利。通过各种股份公司吸收当地群众入股扩厂，形成商品产供销良性循环，促进东西经济齐飞。还可大力推广江苏华西村农民跨省建新村的办法①，既可为外省开垦荒土，建立现代大农业开发区与工业小区、农民住宅区、第三产业区，培训人才，带动当地农村经济加速发展，又可为华西村吸引更多外资，向外省区扩建许多"新华西村"，使华西村这只"母鸡"用自己的生育力孵出一大群"新华西村"坐落在中西部各省、区，发挥强大的辐射带动力。如果东部其他各行业的先进单位都能效仿华西村的做法，那么中西部必将比东部以更高的速度腾飞，较快消除差距。

⑤东部与中西部"携手工程"正在推进。这种东西合作是以中西部拥有原料的优势与东部企业拥有资金技术（包括设备和管理经验）的优势，在优势互补、互利互促、共同繁荣的原则指引下两方用合作的方式携手。目前轻工业系统正在继续推进这项工程，东部地区的纺织企业西进到新疆建立棉花基地，就地建纺织工厂，进行种植加工生产合作。还有轻工总会于1994年10月提出的实施东西部合作的"携手工程"，这是因中西部地区牛、羊皮（还有猪皮）资源丰富，分别占全国的52%和68%，而东部沿海地区近年来通过利用外资合作，皮革加工业发展迅猛，但一缺原料，二受环境制约（即不如中西部拥有广阔山土与草原），为此，轻工总会将于"九五"期间有步骤地推进皮革行业由东向西调整与转移，并给予适当的政策扶植。这是轻工总会为加快中西部地区发展，提出全方位推进东西部合作、促进轻工业梯度转移的重要举措之一。一年来，列入这一工程的十多个项目进展顺利，在全行业引起强烈反响。不少地方纷纷要求加入"携手工程"，轻工总会最近做出决定，首先扩大"携手工程"的范围，按原来的东西部十省（市、区）的"五对五"对口合作，扩大到"十对十"对口合作。其次，进一步扩大合作的领域和内容，由单纯工业生产项目合作扩大为经济贸易、信息交流、人才培训等多方面。如宁夏轻纺工业所与福建轻纺总公司最近签署合作意向书，确定建立领导人、企业家互访制度，近期宁夏将派六名大中型企业的厂级干部赴福建对口企业挂职半年。再次，除继续组织落实一批合作项目外，选择重点行业实施重点突破。轻工总会准备以皮革行业和制糖行业为重点，加速产业梯度转移，将组织、引导东部企业向西部转移部分制糖生产厂家，逐步形成以西部为主的糖料种植、食糖生产、综合利用及市场营销的现代制糖工业体系。

从上面轻纺的"携手工程"与"新华西村"两种东西合作模式，我有以下的看法，得到以下的启示。

---

① 江苏华西村农民跨省建新村，见1995年10月9日《中国乡镇企业报》，还可以将"新华西村"模式改进成瑞士的"生态村"。

——"东西合作工程"已由梯度推进的理论宣传进到具体实践的阶段，虽然这种合作空间领域还不广阔，还是星星之火，未成燎原之势。轻工系统的合作还限于工业生产合作与人才培训的初始方式，"新华西村"的标杆仅在黑龙江树立一个，但这种实践行动的影响肯定具有深远意义。"九五"以及到 2010 年期间必将形成燎原态势，把东西合作工程广泛地加速推向前进。

——就轻工行业的"携手工程"一个模式两种内容来看，我认为西进的棉纺工厂与皮革工厂对西部农村经济发展影响力，前者大于后者。因为皮革工厂产品是牛羊皮加工制成的皮货服装，在加工过程中没有副产品留给提供牛羊皮的农村农民综合利用发展种养业。棉纺工厂在皮棉加工过程中剥出大量棉籽供农民榨油，产出油脂与枯饼用作饲料，带动养殖业的发展；增产肉类皮毛商品与厩肥，改良土壤肥力，增产棉花，增产籽棉与棉杆，提高牧羊质量，发展畜牧业。也就是说，棉纺厂的副产品形成大农业扩大再生产的良性循环，使农民不仅在出售棉花上得价格收益，而且在种棉基地上形成种养再生产良性循环，可以带动农村经济发展效力更强。由此可以得到如下的启示：东西部"携手工程"的合作项目，开发的主要产品、留下的副产品能带动当地农村"种养加"扩大再生产良性循环，增长幅度愈大，带动效应愈大，缩小东西差距相应愈快。

——"东西合作工程"采用"新华西村"模式，对中西部后进地区资源的开发具有更大的全方位的启动力。因为这种模式的内容包括了三大产业全方位开发。首先从垦荒造田工程创建丰产田入手，先搞大农业基地建设，即农业开发区、农民住宅区建设、工业小区建设、第三产业区建设、文化卫生区建设，这五区建设工程相继推进。这是现代化新农村走上富裕轨道的新农民进入社会主义市场经济体制、实现"两个转变"快速进程的最佳途径。"五站华西村"首先集结 4 000 名农民，租 10 余台推土机和拖拉机进入原始草原，会战 10 天就翻耕了土地 1 200 多亩，修建田间大道 2 000 多米，建造沟渠 1 300 多米，完成土方 5.8 万立方。1996 年，全村人均收入翻一番，在工业小区创办两家乡镇工业，三年内达 1 亿元产值。这一举措激励了全省农民创业求富的巨大热情。这是五站镇农民与华西村农民共创事业。

"五站华西村"虽刚起步，我们未看到该村建设全部规划，但我已得到如下的启示：

"五站华西村"的建设是遵循市场规律，跨省合作创业，华西以启动资金和技术辐射，利用五站镇土地、劳力等资源优势，从垦农入手建立"五区"、三大产业基地，优化产业结构，建立支柱产业、龙头产品，自我积累资金，自我发展，朝着农村三大产业全面发展，实现现代化社会主义新农村战略目标。这种跨省树标杆的做法，华西人投资不多，带动力和影响却巨大，可以用作合作吸引各行业与外资入股，以先富带后富，东西合作，优势互补，是共同繁荣的最佳选择。

4. 关于沿海特区与促进内陆经济发展，特区再上新台阶问题。

我国沿海五个特区，中央已明确指示不撤销，继续发挥窗口与先导作用，再上新台阶。问题是如何进一步在扩大对外开放中发挥什么样的窗口与先导作用。特区本身不拥有地下地上资源优势，只有与国外联系的区位优势，外商外资年来已相续向内陆投资。有些专家学者认为，返关后，国门大开，各行业外向型企业直接走向世界参与国际竞争，外商投资内陆都开放了，已不需要特区中介，因而特区的窗口作用不生效了。看来，特区已完成了开放初期的历史任务，今后的新任务如何是值得研究的，我的想法看法如下。

（1）可以承担招商引资的信息市场的集中地功能。外商要向中国投资，先到特区掌握信息，有目标地来内陆考察，以免盲目地到处乱跑。

（2）可以承担国外引进技术设备的产品试验中介场所功能。国际上也有假冒伪劣的欺骗行为，国内企业到外面引进的技术设备在订立意向合同后，先在特区试产验证，以免引起投产后发现忌讳的种种麻烦。

（3）特区可以承担常设的展销馆任务。出口、进口商品样品都可先在特区展览，以供中外顾客自由选择。这样的特区内地大城市都可开设，可以分行业设置产品样本展览馆。